FORSCHUNGSBERICHT DES LANDES NORDRHEIN-WESTFALEN

Nr. 3118 / Fachgruppe Wirtschafts- und Sozialwissenschaften

Herausgegeben vom Minister für Wissenschaft und Forschung

Prof. Dr. Joachim Frohn
Dr. Hansjörg Haas

Fakultät für Wirtschaftswissenschaften
Universität Bielefeld

Das ökonometrische Programmsystem EPS

Westdeutscher Verlag 1982

CIP-Kurztitelaufnahme der Deutschen Bibliothek

Frohn, Joachim:
Das ökonometrische Programmsystem EPS / Joachim Frohn ; Hansjörg Haas. - Opladen : Westdeutscher Verlag, 1982.
(Forschungsberichte des Landes Nordrhein-Westfalen ; Nr. 3118 : Fachgruppe Wirtschafts- u. Sozialwiss.)

NE: Haas, Hansjörg:; Nordrhein-Westfalen: Forschungsberichte des Landes ...

Herstellung: Westdeutscher Verlag

ISBN 978-3-531-03118-7 ISBN 978-3-322-87574-7 (eBook)
DOI 10.1007/978-3-322-87574-7

INHALT

0. VORWORT

Der vorliegende Forschungsbericht gibt einen Überblick über Aufbau und Arbeitsweise des ökonometrischen Programmsystems EPS (econometric program system), das im wesentlichen im Rahmen eines vom Ministerium für Wissenschaft und Forschung des Landes Nordrhein-Westfalen geförderten Forschungsprojekts von einer Arbeitsgruppe am Lehrbereich Statistik und Ökonometrie der Fakultät für Wirtschaftswissenschaften der Universität Bielefeld entwickelt worden ist. Es baut auf einer bereits in den Jahren 1973, 1974 von einer Projektgruppe an der Freien Universität Berlin erstellten Basisversion ([7] [8]) auf.

EPS wurde primär für den Einsatz in der Ökonometrie-Ausbildung an Universitäten entwickelt: Da eine wirkliche Beherrschung der ökonometrischen Konzepte und Methoden erst über ihre Anwendungen - möglichst auf empirische, zumindest aber realitätsnahe Probleme - erreicht werden kann, muß ein Programmsystem zur Verfügung stehen, das von den Studenten zur Bearbeitung solcher Fragestellungen herangezogen werden kann. Dabei konnte nach unserer Einschätzung zum Zeitpunkt der Planung des Forschungsprojekts nicht auf existierende Programmsysteme zurückgegriffen werden, da diese sich im allgemeinen an "professionelle" Anwender ökonometrischer Methoden wenden und von daher in Organisation und Sprache für den in der EDV nicht sehr geübten Studenten meist zu kompliziert sind. Außerdem standen zum damaligen Zeitpunkt keine für die an der Universität Bielefeld installierte Rechenanlage TR44o geeigneten Programmsysteme zur Verfügung.

Die Kommandosprache von EPS orientiert sich bewußt stark an der üblichen ökonometrischen Diktion, um auf diese Weise den Studenten den Zugang zum System und seine Anwendung zu erleichtern. Neben den eigentlichen ökonometrischen Methoden, die sich ausschließlich auf lineare Modelle beziehen, kann der Benutzer auch wichtige statistische Kennziffern berechnen lassen, die zur Charakterisierung von Datenreihen notwendig sind.

Großer Wert wurde auf eine übersichtliche, durch Graphiken ergänzbare Ergebnisdarstellung gelegt. Für den Benutzer steht eine Hintergrunddatei mit den wichtigsten Größen aus der volkswirtschaftlichen Gesamtrechnung zur Verfügung; außerdem kann er in eine eigene Arbeitsdatei all jene Daten aufnehmen, die er für seine Arbeit zusätzlich benötigt.

EPS kann sowohl im Batch- als auch im Dialog-Betrieb benutzt werden. Der vorliegende Bericht bezieht sich vornehmlich auf die Batch-Version; Anhang I enthält einige wichtige Hinweise für den Dialog-Betrieb.

Im wesentlichen wurden die Arbeiten an EPS im Juli 1977 begonnen und Mitte 1979 abgeschlossen; einige Ergänzungen wurden noch bis Mitte 1981 im Rahmen von einzelnen, von der Universität Bielefeld finanzierten Forschungsprojekten vorgenommen.

Die wissenschaftliche und organisatorische Leitung des Projekts lag in den Händen von Prof.Dr. Joachim Frohn und Dr. Hansjörg Haas. Folgende Mitarbeiter haben Beiträge zur Erstellung von EPS geleistet:

Dr. H. Tschakert,
H. Brand,
B. Siekmann,
J. Derschum,
Th. Garmhausen,
W. Bosse,
J. Losch.

Im Anhang befindet sich eine Zusammenstellung der von den Projektmitarbeitern erstellten Arbeitsberichte.

Der Forschungsbericht ist wie folgt aufgebaut: Nach einem kurzen Überblick über den Leistungsumfang von EPS folgt eine Beschreibung der EPS-Kommandosprache (Syntax, Daten- und Modellverwaltung, Schätzen und Testen). Anhang I enthält einige Hinweise zur Benutzung von EPS im Dialog-Betrieb, Anhang II eine Zusammenstellung der berücksichtigten ökonometrischen Konzepte und Verfahren, Anhang III das Kommandohandbuch und Anhang IV die notwendigen Hinweise für das Starten von EPS auf der TR44o. Angaben über die im Rahmen des Forschungsprojekts erstellten Arbeitsberichte finden sich im Anhang VI.

EPS wird außer in Bielefeld in unterschiedlichen Versionen bereits an Universitäten sowie einigen wissenschaftlichen Einrichtungen in Berlin, Hannover, Saarbrücken und Wien genutzt. An der Universität Bielefeld ist es in den letzten zwei Jahren erfolgreich sowohl in der Ökonometrie-Ausbildung als auch für die Anfertigung von Forschungs- und Prüfungsarbeiten herangezogen worden. Interessenten kann EPS auf Anforderung gern zur Verfügung gestellt werden.

Ohne die finanzielle Unterstützung des Ministeriums für Wissenschaft und Forschung des Landes Nordrhein-Westfalen, aber auch der Universität Bielefeld hätte das Forschungsprojekt nicht durchgeführt werden können. Diesen beiden Institutionen gilt daher unser herzlicher Dank. Ebenso bedanken wir uns bei unseren Mitarbeitern, die mit überaus großem Engagement die Arbeiten vorangebracht haben. Schließlich möchten wir auch Frau Savrda-Höke herzlich danken, die diesen Abschlußbericht, aber auch alle früheren Forschungsberichte geschrieben hat.

Joachim Frohn　　　　Hansjörg Haas

1. ÜBERBLICK ÜBER DEN LEISTUNGSUMFANG VON EPS

EPS ist ein Programmsystem, das sich in erster Linie an die sich in der Ausbildung befindlichen Ökonometrie-Studenten wendet. Es ermöglicht mittels einer einfachen, an der ökonometrischen Fachsprache orientierten Kommandosprache den Aufbau, das Schätzen und Testen linearer ökonometrischer Modelle. Dieser zentrale Bereich wird ergänzt durch Möglichkeiten der vorbereitenden Datenanalyse, der Ergebnisaufbereitung und der Daten- und Modellverwaltung.

Folgende Schätzverfahren stehen innerhalb von EPS zur Verfügung:

I. <u>Einzelgleichungsverfahren</u>

1. Ordinary Least Squares (OLS),
2. OLS unter linearen Gleichheitsrestriktionen (ROLS),
3. Generalized Least Squares unter Berücksichtigung von Autokorrelation (GLSAUT),
4. GLSAUT unter linearen Gleichheitsrestriktionen (RGLSAUT),
5. Generalized Least Squares mit Berücksichtigung von Heteroskedastizität (GLSHET),
6. GLSHET unter linearen Gleichheitsrestriktionen (RGLSHET).

II. <u>Mehrgleichungsverfahren</u>

1. k-Klasse und Doppel-k-Klasse-Schätzer (KCLASS) mit den Unterfällen:

   a) OLS (k=O),

   b) TSLS (k=1),

   c) LISE (k=λ),

   d) Doppel-k-Klasse;

2. KCLASS unter linearen Gleichheitsrestriktionen (RKCLASS),

3. Three Stage Least Squares (THREESLS),

4. THREESLS unter linearen Gleichheitsrestriktionen auch über Gleichungen (R3SLS).

Folgende Informationen werden im Ergebnisprotokoll eines Regressionslaufes für jede Gleichung ausgegeben.

1. Titel des Laufes,
2. Gleichungs- und Modellname,
3. verwendetes Schätzverfahren, Schätzzeitraum und Periodizität,
4. Gleichung und u.U. verwendete Restriktionen.

5. Eigentliche Regressionsergebnisse, bestehend aus:

   a) Parametername,
   b) geschätzter Koeffizient,
   c) Standardabweichung,
   d) t-Wert,
   e) empirisches Signifikanzniveau.

6. Stat. Maßzahlen:

   a) Bestimmtheitsmaß R^2,
   b) korr. Bestimmtheitsmaß R_k^2 ,
   c) Durbin-Watson-Maß,
   d) Quadratsumme der Residuen,
   e) geschätzte Varianz der Residuen.

Der Benutzer hat die Möglichkeit, sich nach einem Schätzprozeß weitere Teststatistiken und Informationen berechnen zu lassen wie

1. Konfidenzintervalle für die Parameter,
2. Homoskedastizitätstest,
3. Strukturbruchtests,
4. Prediktortests,
5. F-Test auf den Erklärungsansatz,
6. Test auf Linearkombinationen,
7. Durbin-Watson-Test für Gleichungen ohne Absolutglied,
8. Ausgabe der empirischen, der angepaßten Werte der zu erklärenden Variablen und der Residuen,
9. graphische Gegenüberstellung von empirischen und angepaßten Werten,
10. Π-Matrix der reduzierten Form,
11. Kovarianzmatrizen der Störgrößen der strukturellen und der reduzierten Form.

Die vorbereitende Datenanalyse umfaßt:

1. Graphische Darstellung von bis zu 9 Zeitreihen gemeinsam gegen die Zeit oder eine beliebige andere Variable,

2. Berechnung von Interkorrelationstabellen nach Pearson oder Spearman (Rangkorrelation),

3. Berechnung statistischer Maßzahlen wie Mittelwert, Standardabweichung, Variationskoeffizient, Minimum, Maximum, Korrelation mit der Zeit, Schiefe, Exzeß.

Hilfsbefehle ermöglichen das Auflisten von Modellen, Gleichungen und Zeitreihen der Datenbanken sowie die Analyse linearer ökonometrischer Modelle im Hinblick auf darin enthaltene gemeinsam abhängige und vorherbestimmte Variable und auf die Identifizierbarkeit der einzelnen Gleichungen nach dem Abzählkriterium. In der neuesten EPS-Version wird die Untersuchung des betrachteten Modells auf Blockdiagonalität und -rekursivität angeboten.

Das Programm enthält einen eigenen Formelübersetzer, so daß über arithmetische Operationen beliebige neue Variablen berechnet werden können.

Die EPS-Kommandosprache unterstützt die Eingabe von Gleichungen. So können innerhalb einer Gleichungsspezifikation beliebig komplizierte arithmetische Ausdrücke, Lead- und Lag-Operationen, Funktionen wie LN, LOG, EXP, COS, SIN und einige Spezialfunktionen verwendet werden.

Jede Gleichung wird auf einen vom Benutzer kreierten Modellfile unter einem Namen abgespeichert. Jeder Benutzer kann bis zu 16 Modellfiles erzeugen. Modelle werden einfach durch Definition eines Modellnamens und Angabe der Namen der Gleichungen, die zum Modell gehören sollen, definiert. Soll ein Modell geschätzt werden, werden die Modellfiles in einer vom Benutzer vorgegebenen Reihenfolge, der sogenannten Modellfilehierarchie, nach den entsprechenden Gleichungen durchsucht. Wurden alle Gleichungen gefunden, erfolgt eine Untersuchung des Modells auf gemeinsam abhängige und vorherbestimmte Variable mit anschließender Identifikationsprüfung. Danach werden die Datenfiles nach den Basisvariablen durchsucht (analog zur Modellfilehierarchie gibt es hier eine Datenfilehierarchie). Daran anschließend werden die gemeinsam abhängigen und die vorherbestimmten Variablen (die in Form von arithmetischen Ausdrücken wie zum Beispiel (W1 + W2) oder LN(K(T)/Q(T-1)) vorliegen können) erzeugt. Erst jetzt erfolgt der eigentliche Schätzvorgang, dessen wichtigste Ergebnisse und Zwischenschritte auf einer Hilfsdatei abgespeichert werden.

Der Benutzer hat nun die Möglichkeit, bestimmte Ausgaben zu verlangen, die u.U. weitere Berechnungen - auf der Basis der in der Hilfsdatei zwischengespeicherten Informationen - nötig machen.

Einmal definierte Daten- und Modellfiles können für späteren Wiederzugriff als Platten- oder Banddateien gerettet und permanent gemacht werden. So kann in darauf folgenden EPS-Läufen unmittelbar auf die früher definierten Modelle und Variablen etc. zurückgegriffen werden.

2. DIE EPS-KOMMANDOSPRACHE

Alle EPS-Kommandos sind im Kommandohandbuch (Anhang III) dargestellt und ausführlich kommentiert. In diesem Abschnitt sind nur der grundsätzliche Aufbau von EPS-Kommandos sowie die wichtigsten Verknüpfungen zwischen ihnen erläutert.

2.1 Ein Beispiel

Die EPS-Kommandosprache soll anhand eines Beispiels eingeführt werden. Es stammt aus dem Lehrbuch 'Econometric Methods' von J. Johnston (1963) und zeigt die Schätzung der Parameter eines Dreigleichungsmodells:

Konsumfunktion:	$C_t = a_o + a_1 Y_t + u_{1t}$
Invest.-Funktion:	$I_t = b_o + b_1 Y_t + b_2 I_{t-1} + u_{2t}$
Volkseinkommens-Identität:	$Y_t = C_t + I_t + Z_t$

Als Schätzverfahren sollen die zweistufige Methode der kleinsten Quadrate (TSLS) sowie das 'Limited-Information-Single-Equation-Verfahren' (LISE) Verwendung finden. Die Schätzung basiert auf Jahresdaten für den Beobachtungszeitraum 1948 bis 1958.

```
TITLE,TEXT='EPS-BEISPIEL NACH JOHNSTON,J. (1963),P.268-272';
C&
C&       JOHNSTON,J.: ECONOMETRIC METHODS. 1.ED. LONDON 1963
C&
C&       ***************** DATENDEFINITION *****************
C&
DFDEFINE, NAME=DFILE1;
DFHIERAR, ORDER=DFILE1;
DATA,FILE=DFILE1,
     NAMES=YEAR Y C I Z,
     BEGIN=1948 1,
     PERIODIC=1,
     NOBS=11,
     OBSFRV= 48 49 50 51 52 53 54 55 56 57 58
             13.895 14.377 14.843 15.307 15.360 15.951 16.680 17.237
             17.547 17.788 17.699
             10.706 10.940 11.250 11.089 11.023 11.474 12.023 12.443
             12.548 12.802 13.096
             1.024 1.078 1.123 1.052 0.980 1.073 1.281 1.474 1.591
             1.668 1.709
             2.165 2.359 2.47 3.166 3.357  3.404 3.376 3.32 3.408 3.318 2.894;

PRINT,DFILE1.ALL;
STATIST,DFILE1.ALL;
CORRELAT,DFILE1.ALL;
PLOT,Y WITH C BY TIME;
PLOT, I WITH Z BY TIME;

C&     ************** MODELLDEFINITION ******************

MFDEFINE,NAME=MFILE1;
MFHIERAR,MFILE1;
STEQ,NAME=MFILE1.CONSUM,EQUATION=C(T)=A0+A1*Y(T);
STEQ,NAME=MFILE1.INVEST,EQUATION=I(T)=B0+B1*Y(T)+B2*I(T-1);
IDENTITY,MFILE1.Y, Y=C1*C + I*C2 + C3*Z,PARAM=C1 C2 C3,PVALUE=C1 1 C2 1 C3 1;
MODEL,NAME=MFILE1.JOHNSTON, EQUATION=CONSUM INVEST Y;
ANALYSE,MFILE1.JOHNSTON;
C&
C&     **************  PARAMETERSCHAETZUNG  ***************
C&
KCLASS,JOHNSTON,METHOD=LISE;
KCLASS,MODEL=JOHNSTON,METHOD=TSLS,OUTPUT=NO;
RESULTS,EQUATION=CONSUM,RESID1=PLOT;
C&
C&     ************** RETTEN DER MODELL- UND DATENFILES **************
C&
MFSAVE;
DFSAVE;
STOP;
```

Überblicksweise seien die einzelnen Arbeitsphasen dieses Beispiels hier zusammengestellt:

Nachdem der Benutzer dem EPS-Lauf einen Titel gegeben hat, folgen einige Kommentare, gekennzeichnet durch C&. Anschliessend wird ein Datenfile mit dem Namen DFILE1 erzeugt und in die Datenfilehierarchie an erster Stelle eingetragen. Daraufhin erfolgt über das DATA-Kommando das Einlesen der Daten, und zwar für die Zeitreihen YEAR, Y, C, I und Z, jeweils in Jahreswerten für den Zeitraum 1948 bis 1958. Eine

Auflistung der eingelesenen Reihen (PRINT-Befehl), die Berechnung statistischer Maßzahlen (STATIST) und einer Interkorrelationstabelle (CORRELAT) schließt den Datenteil ab.

Das PRINT-Kommando führt zu folgender Auflistung der Zeitreihen:

```
TIME SERIES FOR

C       :     FROM 1948.   1 TO 1958.   1
          10.7060       10.9400       11.2500       11.0890       11.0230
          11.4740       12.0230       12.4430       12.5480       12.8020
          13.0960

I       :     FROM 1948.   1 TO 1958.   1
           1.0240        1.0780        1.1230        1.0520        0.9800
           1.0730        1.2810        1.4740        1.5910        1.6680
           1.7090

Y       :     FROM 1948.   1 TO 1958.   1
          13.8950       14.3770       14.8430       15.3070       15.3600
          15.9510       16.6800       17.2370       17.5470       17.7880
          17.6990

YEAR    :     FROM 1948.   1 TO 1958.   1
          48.0000       49.0000       50.0000       51.0000       52.0000
          53.0000       54.0000       55.0000       56.0000       57.0000
          58.0000

Z       :     FROM 1948.   1 TO 1958.   1
           2.1650        2.3590        2.4700        3.1660        3.3570
           3.4040        3.3760        3.3200        3.4080        3.3180
           2.8940
```

Das STATIST-Kommando errechnet folgende Maßzahlen für die eingelesenen Reihen:

STATISTICS FOR

NAME	NOBS	BEGIN		END		PER	MIN	MAX	RANGE
C	11	1948.	1	1958.	1	1	10.706	13.096	2.390
I	11	1948.	1	1958.	1	1	0.980	1.709	0.729
Y	11	1948.	1	1958.	1	1	13.895	17.788	3.893
YEAR	11	1948.	1	1958.	1	1	48.000	58.000	10.000
Z	11	1948.	1	1958.	1	1	2.165	3.408	1.243

NAME	MEAN	STD.DEV.	VARIANCE	R(TIME,V)
C	11.763	0.806	0.650	0.963
I	1.278	0.267	0.071	0.897
Y	16.062	1.339	1.793	0.987
YEAR	53.000	3.162	10.000	1.000
Z	3.022	0.450	0.202	0.679

CORRELAT führt zu dieser Interkorrelationstabelle:

COEFFICIENTS OF CORRELATION FOR OBSERVATION 1948. 1 TO 1958. 1
METHOD: PEARSON

	C	I	Y	YEAR	Z
C	1.000**	0.973**	0.966**	0.963**	0.505
(N)	(11)	(11)	(11)	(11)	(11)
I	0.973**	1.000**	0.904**	0.897**	0.352
(N)	(11)	(11)	(11)	(11)	(11)
Y	0.966**	0.904**	1.000**	0.987**	0.710*
(N)	(11)	(11)	(11)	(11)	(11)
YEAR	0.963**	0.897**	0.987**	1.000**	0.679*
(N)	(11)	(11)	(11)	(11)	(11)
Z	0.505	0.352	0.710*	0.679*	1.000**
(N)	(11)	(11)	(11)	(11)	(11)

N := NUMBER OF COMMON OBSERVATIONS
R = -99.999: NUMBER OF (COMMON) OBSERVATIONS <= 2

Ein Stern (*) hinter dem Korrelationskoeffizienten bedeutet hier, daß dieser bei einem Signifikanzniveau von kleiner gleich 5% gegen Null gesichert ist, zwei Sterne bedeuten ein Signifikanzniveau von kleiner gleich 1%.

Die beiden PLOT-Kommandos führen zu graphischen Darstellungen. In der ersten wird die Variable Y zusammen mit C gegen die Zeit, in der zweiten I zusammen mit Z gegen die Zeit geplottet.

INDEPENDENT VARIABLE: TIME

DEPENDENT VARIABLES: DFILE1 .Y ****
DFILE1 .C ++++

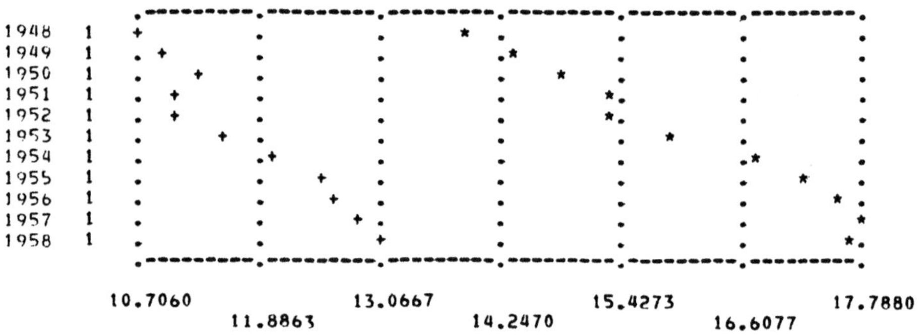

ALL REQUIRED COMBINATIONS ARE PLOTTED

INDEPENDENT VARIABLE: TIME

DEPENDENT VARIABLES: DFILE1 .I ****
DFILE1 .Z ++++

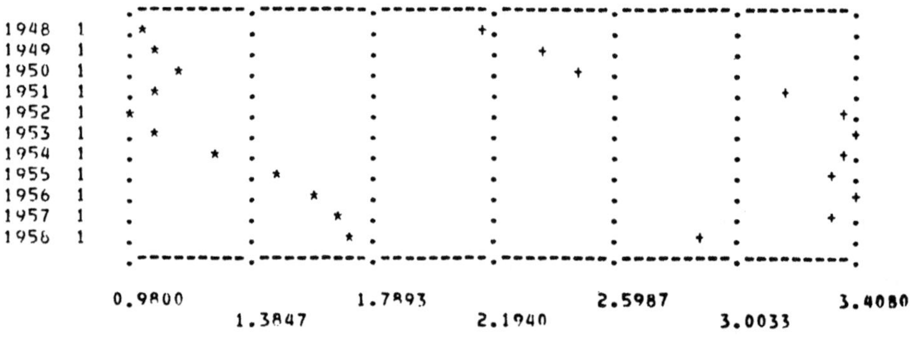

Es folgt nun die Modelldefinition. Analog zum Datenfile wird ein Modellfile (MFILE1) erzeugt und in die Modellfilehierarchie eingetragen. In diesen File können nun Gleichungen abgespeichert werden. Stochastische Gleichungen werden über das STEQ-Kommando, Identitäten über das IDENTITY-Kommando definiert. Die Angabe der Gleichungen erfolgt hier in einer Form, wie sie in ökonometrischer Notation üblich ist.

Nun wird das Modell unter dem Namen 'JOHNSTON' definiert:

Es besteht aus den vorher erzeugten Gleichungen CONSUM, INVEST und Y.

Mit dem ANALYSE-Kommando verlangt der Benutzer die Untersuchung des Modells auf endogene bzw. vorherbestimmte Variable und auf Identifizierbarkeit der einzelnen Gleichungen. Folgende Übersicht wird erstellt:

```
CHECK ON  I D E N T I F I A B I L I T Y  BY THE ORDER CONDITION:

EQUATION  END.EXCL. END.INCL. PRED.EXCL. PRED.INCL.  RESULT
--------  --------- --------- ---------- ----------  ------

CONSUM        1         2         2          1       OVERIDENTIFIED
INVEST        1         2         1          2       EXACT IDENTIFIED
Y             0         3         2          1       EXACT IDENTIFIED

LIST OF ALL MODELVARIABLES IN MODEL: 'JOHNSTON'

 ENDOGENOUS MODELVARIABLES :

     C(T);
     I(T);
     Y(T);

 PREDETERMINED MODELVARIABLES :

     1.;
     +I(T-1);
     Z(T);
```

Anschließend erfolgt die Schätzung der Parameter des JOHNSTON-Modells: zuerst mit dem Limited-Information-Single-Equation-Verfahren (LISE) und danach mit Two-Stage-Least-Squares (TSLS). Beide Verfahren sind als Spezialfall im k-Klasse-Schätzverfahren (KCLASS) enthalten. Bei der TSLS-Schätzung soll der Standardoutput unterdrückt werden. Im Anschluß an diese Schätzung werden über das RESULT-Kommando nur die Schätzergebnisse für die Konsumfunktion abgefordert, wobei zusätzlich noch die graphische Gegenüberstellung der empirischen und angepaßten Reihe für den Konsum verlangt wird.

Als Ergebnis des ersten KCLASS-Kommandos werden diese Tabellen ausgegeben:

LISE-Schätzung der Konsumfunktion CONSUM:

```
==========================================================================
EPS-BEISPIEL NACH JOHNSTON,J. (1963),P.268-272
MODEL : JOHNSTON
EQUATION NAME: CONSUM
PERIOD : 1949  1 TO  1958  1  ,PERIODICITY:  1 ,METHOD: LISE
EQUATION :C(T)
       =A0
       +A1*Y(T)
==========================================================================

PARAM-NAME        ESTIMATION        STD.-ERROR        T-STATISTIC   SIGN.LEVEL

A0                   4.41481           1.84590           2.39168        0.0437
A1                   0.45789           0.11323           4.04391        0.0037
--------------------------------------------------------------------------

CONFIDENCE-INTERVALS:

  P(     0.19682 <= A1        <=      0.71896 ) = 0.95
  P(     0.15882 <= A0        <=      8.67080 ) = 0.95
--------------------------------------------------------------------------

COEFF. OF DETERMINATION R**2=0.99945 ADJUSTED R**2 =              0.99931
DURBIN-WATSON( 10, 1)=           0.51044
SS RESIDUALS=                    0.77791 ESTIMATED  VAR(RES)=      0.09724
TEST ON HOMOSC.:F(  3,  3)=      0.83701 SIGN.-LEVEL =             0.55641
--------------------------------------------------------------------------
```

LISE-Schätzung der Investitionsfunktion INVEST:

```
==========================================================================
EPS-BEISPIEL NACH JOHNSTON,J. (1963),P.268-272
MODEL : JOHNSTON
EQUATION NAME: INVEST
PERIOD : 1949  1 TO  1958  1  ,PERIODICITY:  1 ,METHOD: LISE
EQUATION :I(T)
       =B0
       +B1*Y(T)
       +B2*I(T-1)
==========================================================================

PARAM-NAME        ESTIMATION        STD.-ERROR        T-STATISTIC   SIGN.LEVEL

B0                  -0.36710           0.58544          -0.62705        0.5505
B1                   0.03386           0.05097           0.66435        0.5277
B2                   0.90632           0.24234           3.73979        0.0073
--------------------------------------------------------------------------

CONFIDENCE-INTERVALS:

  P(    -0.08663 <= B1        <=      0.15436 ) = 0.95
  P(    -1.75107 <= B0        <=      1.01687 ) = 0.95
  P(     0.33342 <= B2        <=      1.47922 ) = 0.95
--------------------------------------------------------------------------

COEFF. OF DETERMINATION R**2=0.99692 ADJUSTED R**2 =              0.99560
DURBIN-WATSON( 10, 2)=          0.96463
SS RESIDUALS=                    0.05451 ESTIMATED  VAR(RES)=      0.00779
TEST ON HOMOSC.:F(  2,  2)= 23.87274 SIGN.-LEVEL =               0.04020
--------------------------------------------------------------------------
```

Beim zweiten KCLASS-Kommando (Two Stage Least Squares-Schätzung) wird der Standardoutput unterdrückt und erst mit dem darauf folgenden RESULTS-Kommando genauer spezifiziert. Es werden nur die TSLS-Schätzwerte für die Konsumfunktion verlangt; zusätzlich erfolgt noch eine Tabellierung und graphische Darstellung von empirischer und angepaßter abhängiger Variablen und der Residuen:

TSLS-Schätzwerte für die Konsumfunktion:

```
========================================================================
EPS-BEISPIEL NACH JOHNSTON,J. (1963),P.268-272
MODEL : JOHNSTON
EQUATION NAME: CONSUM
PERIOD : 1949  1 TO  1958  1  ,PERIODICITY:  1 ,METHOD: TSLS
EQUATION :C(T)
       =A0
        +A1*Y(T)
========================================================================

PARAM-NAME      ESTIMATION        STD.-ERROR        T-STATISTIC  SIGN.LEVEL

A0                 2.17244           1.04050           2.08787       0.0703
A1                 0.59564           0.06376           9.34193       0.0000
------------------------------------------------------------------------

CONFIDENCE-INTERVALS:

  P(    0.44863 <= A1          <=        0.74265 ) = 0.95
  P(   -0.226599 <= A0         <=        4.57147 ) = 0.95
------------------------------------------------------------------------

COEFF. OF DETERMINATION R**2=0.99970 ADJUSTED R**2 =             0.99962
DURBIN-WATSON( 10, 1)=         0.87150
SS RESIDUALS=                  0.42637 ESTIMATED  VAR(RES)=      0.05330
TEST ON HOMOSC.:F(  3,  3)=  0.83701 SIGN.-LEVEL =             0.55641
------------------------------------------------------------------------
```

Tabellarische bzw. graphische Darstellung der Anpassungsqualität:

```
   EMPIRICAL        FITTED       RESIDUALS    -2    -1     0     1    2STD

0.109400E+02  0.107360E+02  0.204047E+00   .     .     I    *.    . 1949  1
0.112500E+02  0.110135E+02  0.236479E+00   .     .     I     *    . 1950  1
0.110890E+02  0.112899E+02 -0.200898E+00   .    .*     I     .    . 1951  1
0.110230E+02  0.113215E+02 -0.298467E+00   .   *.      I     .    . 1952  1
0.114740E+02  0.116735E+02 -0.199490E+00   .    .*     I     .    . 1953  1
0.120230E+02  0.121077E+02 -0.847111E-01   .     .    *I     .    . 1954  1
0.124430E+02  0.124395E+02  0.351753E-02   .     .     *     .    . 1955  1
0.125480E+02  0.126241E+02 -0.761308E-01   .     .    *I     .    . 1956  1
0.128020E+02  0.127677E+02  0.343200E-01   .     .     *     .    . 1957  1
0.130960E+02  0.127147E+02  0.381332E+00   .     .     I     .  * . 1958  1
```

Neben einer Auflistung von empirischer und angepaßter zu erklärender Variablen werden die Residuen im Zwei-Sigma-Bereich graphisch dargestellt.

```
PLOT OF DEPENDENT VARIABLE IN EQUAT. CONSUM   (EMPIRICAL (*), FITTED (+))

          ,---------.---------.---------.---------.---------.---------.
1949  1   +    *    .         .         .         .         .         .
1950  1   ,      +  .  *      .         .         .         .         .
1951  1   ,        *.   +     .         .         .         .         .
1952  1   .      *  .    +    .         .         .         .         .
1953  1   ,         .        *.   +     .         .         .         .
1954  1   ,         .         .         .  * +    .         .         .
1955  1   ,         .         .         .         .  +      .         .
1956  1   .         .         .         .         .     * + .         .
1957  1   ,         .         .         .         .         . +*      .
1958  1   ,         ,         .         .         .         +         *
          .---------.---------.---------.---------.---------.---------.

        10.7360             11.5226             12.3093             13.0960
                  11.1293             11.9160             12.7027
```

Die errechneten Schätzergebnisse unterscheiden sich etwas von denen bei JOHNSTON. Dies ist darauf zurückzuführen, daß dieser die Zeitreihenwerte auf zwei Stellen nach dem Komma aufrundet, während hier mit der vollen Stellenzahl gerechnet wird.

Nach den Schätzungen werden die Modell- und Datenfiles über die Kommandos MFSAVE und DFSAVE weggeschrieben, so daß in weiteren EPS-Läufen darauf zurückgegriffen werden kann. STOP schließt den EPS-Lauf ab.

2.2 Die Syntax eines EPS-Befehls

EPS-Befehle ermöglichen dem EPS-Anwender die Übergabe von Informationen an das Programmsystem und ebenso auch die Abforderung von Leistungen vom Programmsystem.

Der - von wenigen Ausnahmen abgesehen - syntaktische Aufbau eines EPS-Befehls ist der folgende:

Kommandowort [,Spezifikationsname = Spezifikationswert];

Dabei gibt die eckige Klammerung an, daß die entsprechende Sequenz mehrmals nach einem Kommandowort stehen kann. Jeder EPS-Befehl wird durch ein Semikolon ; abgeschlossen.

Ein Kommandowort ist ein Element aus der Liste der EPS-Kommandos. Es werden nur die ersten acht Zeichen ausgewertet. Abkürzungsmöglichkeiten bestehen insoweit, als das abgekürzte Kommandowort noch eindeutig identifizierbar sein muß. So kann z.B. das Kommando RESTRICT als REST abgekürzt werden, da es dann noch von RESULT (Abkürzung RESU) unterschieden werden kann.

Ein Spezifikationsname ist ein Element aus der Liste der zum entsprechenden EPS-Kommandowort gehörenden Schlüsselwörter. Vor dem Spezifikationsnamen muß (außer wenn er direkt hinter dem Kommandowort steht - hier genügt auch ein Blank) ein Komma stehen. Nach dem Spezifikationsnamen folgt ein Gleichheitszeichen. Der Spezifikationsname kann ebenfalls abgekürzt werden.

Als Spezifikationswert werden z.T. optionale, z.T. notwendige Informationen zum jeweiligen Spezifikationsnamen übergeben. Spezifikationswerte können zum entsprechenden Spezifikationsnamen gehörende Schlüsselworte (Beispiel: OUTPUT=MIN), vom Benutzer vorgegebene Namen (Beispiel: FILE=XFILE) oder auch numerische Werte und Texte sein (Beispiel: TITLE, TEXT='DIES IST EIN TEXT'; DATA, OBS=1 2 2 ...,...;). Schlüsselworte dürfen abgekürzt werden.

Ein Spezifikationswert kann aus mehr als einem Element bestehen. Die einzelnen Elemente werden durch Blank voneinander getrennt. (Beispiel: CORRELAT,VARIABLE=Y C I;)

Zur Trennung darf keinesfalls das Komma verwendet werden, da dieses zur Identifikation von 'Spez.nam=Spez.wert'-Sequenzen dient. Ausnahmen mußten bei den Spezifikationen TEXT (Kommando TITLE) und FORMAT (Kommando DATA) sowie zur Trennung der Argumente in Funktionsaufrufen wie z.B. LAG(Y,2) zugelassen werden (s. dort).

Benutzerdefinierte Namen dürfen aus maximal acht alphanumerischen Zeichen bestehen, wobei das erste Zeichen ein alphabetisches sein muß. Sonderzeichen sind innerhalb von Namen nicht erlaubt.

Richtige Namen: CONSUM, VAR1o3, Y
falsche Namen: A*B, 4TOP

Ist ein Name zu lang, werden nur die ersten acht Zeichen ausgewertet, anstelle von CONSUMPTION also CONSUMPT.

Der Benutzer sollte weder Kommandoworte noch Spezifikationsnamen als Spezifikationswerte verwenden. Außerdem sollten das Symbol T und sämtliche Funktionsnamen wie LN, LOG, SIN, EXP etc. nicht benutzt werden (siehe COMPUTE-Kommando).

Das Semikolon (;) schließt ein EPS-Kommando ab.

Mehrere Kommandos können innerhalb einer Textzeile (Lochkarte, Bildschirmzeile) stehen, ein Kommando kann auch über mehrere Zeilen gehen. Das Zeilenende trennt, es wird wie ein Blank behandelt. Ein Satz (Textzeile auf Bildschirm, Teletype) darf maximal 8o Zeichen haben.

Es ist deshalb nicht erlaubt, Kommandoworte oder Spezifikationsnamen über zwei Zeilen zu schreiben.

Aus Gründen der Übersichtlichkeit empfiehlt es sich, nur ein EPS-Kommando pro Zeile zu schreiben. Manche Anwender verwenden (zumindest im Stapelbetrieb) deswegen sogar eine Quasi-Formatierung und schreiben EPS-Befehle in der Form

```
Kommandowort, Spezname 1 = Spezwert 1
            , Spezname 2 = Spezwert 2
                  :
            , Spezname N = Spezwert N;
```

Dies erleichtert die Lesbarkeit - und auch das schnelle Ersetzen von fehlerhaften Spezifikationen - erheblich.

Der Spezifikationsname und das Gleichheitszeichen können weggelassen werden, wenn die in der Beschreibung der EPS-Kommandos vorgegebene Standardreihenfolge der Spezifikationsnamen eingehalten wird.

Beispiel: Zum Kommando IDENTITY gehören die Spezifikationsnamen NAME, EQUAT, PARAM und PVALUE, wobei die Standardreihenfolge entsprechend definiert ist. Eine Identitätsgleichung könnte nun (ohne Berücksichtigung der Reihenfolge) wie folgt definiert werden:

```
IDENTITY,PVALUE=I1 1.0 I2 1,
         NAME=MFILE.GNP,
         EQUATION= Y=I1*C + I*I2,
         PARAM=I1 I2;
```

Wird die Standardreihenfolge eingehalten, kann das EPS-Kommando einfacher als

```
ID,MFILE.GNP,Y=I1*C + I*I2,I1 I2,I1 1 I2 1;
```

geschrieben werden.

Beispiele für EPS-Kommandos:

```
COMPUTE,FILE=USDATA,EXPR= NEWVAR=0.85*(C+I+G);

THREESLS,MODEL=MODFILE.USMODEL;

RESTRICT,NAME=MODFIL.R1,RESTR=ALPHA+BETA=1 GAMMA+3*ALPHA=7.5;

PLOT,C WITH Y WITH I BY TIME;

LIST,MODEL,USMODEL;
```

2.3. Datenverwaltung, Modellverwaltung und Methodenanwendung

Nachdem der Aufbau von EPS-Kommandos erläutert wurde, wenden wir uns im Folgenden dem Zusammenspiel dieser Kommandos zu, wobei drei Schwerpunkte gesetzt werden.

Im Bereich 'Datenverwaltung' wird die formatierte und unformatierte Überführung von Rohdaten in benutzereigene EPS-Datenfiles, deren Abspeicherung und der Wiederzugriff darauf behandelt. Zusätzlich werden hier Hinweise für die Benutzung des Background-Datenfiles, der u.U. vom Institut dem Benutzer zusätzlich zur Verfügung gestellt wird, gegeben. Unter dem Stichwort 'Modellverwaltung' werden die Möglichkeiten zum Abspeichern und Verwalten von linearen ökonometrischen Gleichungen im Modellfile und die Zusammenfassung von Gleichungen zu ökonometrischen Mehrgleichungsmodellen erläutert. Der Schwerpunkt 'Methodenanwendung' gibt Hinweise für die Anwendung des im EPS zur Verfügung stehenden methodischen Instrumentariums.

2.3.1 Datenverwaltung

Jeder EPS-Anwender verfügt während eines EPS-Laufes über jeweils bis zu 16 temporäre Datenfiles und Modellfiles. Auf Datenfiles werden Zeitreihen und ihre Kenndaten (Name, Periodizität etc.), in Modellfiles Gleichungen, Restriktionen, Modellbeschreibungen, Parameterschätzwerte abgelegt. Diese Files können zu Beginn eines EPS-Laufes bereits existieren - dann handelt es sich um Kopien sogenannter EPS-System-Files - oder erst vom Benutzer während des Laufes definiert und gefüllt werden. Es stehen EPS-Kommandos (DFSAVE, MFSAVE) zur Verfügung, mit denen während eines EPS-Laufes die Modell- und Datenfiles als EPS-System-Files auf permanente Dateien geschrieben werden können, so daß sie für späteren Wiederzugriff zur Verfügung stehen. [1)]

---

1) Siehe hierzu Anhang IV.

Weiterhin verfügt der Benutzer über den Zugriff auf einen Hintergrund-Datenfile (Backgroundfile), von dem er nur lesen, auf den er aber nicht schreiben kann. Dabei wurde von der Überlegung ausgegangen, daß eine Datei existieren sollte, in der die wesentlichen Reihen der volkswirtschaftlichen Gesamtrechnung (VGR) gespeichert sind.

Die Hintergrunddatei sollte durch das am Ort befindliche ökonometrische Institut aufgebaut und gepflegt werden. Die Benutzer halten dann in ihren eigenen Dateien nur jene Reihen, die für ihre Forschungsaktivitäten von Bedeutung sind und nicht in der Hintergrunddatei vorhanden sind. Dieser Gesichtspunkt sollte gerade bei einem Programmsystem, das in der Ökonometrieausbildung eingesetzt werden soll, nicht gering geschätzt werden, arbeiten hier doch viele Studenten mit im allgemeinen identischen Datenbeständen.

Jeder Benutzer kann den Hintergrundfile durch einen anderen Datenfile (z.B. eines anderen Benutzers) ersetzen.

Eine besondere Stellung besitzt der Datenfile NONAME, der von EPS automatisch zur Verfügung gestellt wird. (Hinweis: Es existiert auch ein Modellfile gleichen Namens). Wird in einem schreibenden Kommando (DATA, COMPUTE) der Datenfile, auf den geschrieben werden soll, nicht genannt, so wird automatisch auf den Datenfile NONAME geschrieben. Solange der Benutzer keine eigene Datenfile-Hierarchie definiert hat, steht nur der Datenfile NONAME in der Hierarchie-Liste. Dadurch ist es möglich, ohne explizite Verwendung von durch den EPS-Anwender selbst erzeugten Datenfiles mit EPS zu arbeiten.

Temporäre Datenfiles können innerhalb eines EPS-Laufes durch das DFDEFINE-Kommando erzeugt werden:

```
DFDEFINE, NAME=dfile;
```

dfile ist ein vom Anwender zu wählender Datenfilename.

So wird z.B. durch das Kommando DFDEF, USDATA; ein Datenfile mit dem Namen USDATA geschaffen. Das analog aufgebaute Kommando DFDELETE ermöglicht das Löschen von Datenfiles.

Weiterhin werden Datenfiles automatisch dann erzeugt, wenn im DATA- oder COMPUTE-Kommando ein Datenfilename verwendet wird, der bisher nicht existierte. So wird z.B. durch das Kommando

```
COMPUTE,FILE=USNEW,EXPR= Z=Y**2;
```

ein Datenfile USNEW erzeugt, in den die Zeitreihe Z eingetragen wird. Es erfolgt dann eine entsprechende Meldung über die Generierung eines neuen Datenfiles.

2.3.1.1 Einlesen von Daten

Im allgemeinen werden Datenfiles mit Rohdaten auf Lochkarten oder in Textdateien, z.B. auf Magnetband oder Platte, versorgt. Ein kleinerer Teil der Rohdaten kann direkt über das Bildschirmgerät eingegeben werden.

Zur Eingabe von Rohdaten steht das Kommando DATA zur Verfügung. Ein einfaches DATA-Kommando ist das folgende:

```
DATA,FILE=USDATA,
     NAME=DUMMY72,
     BEGIN=1970 2
     PERIODIC=4,
     NOBS=20,
     OBSERV= 0 0 0  0 0 0 0  1 1 1 1  0 0 0 0
             0 0 0 0  0 0 0 0  1;
```

Mit diesem Befehl wird eine Dummyvariable mit dem Namen DUMMY72 in den Datenfile USDATA eingelesen. Die erste Beobachtung gehört zum 2. Quartal 197o, aus der Periodizität geht hervor, daß es sich um Vierteljahreswerte handelt. Die Dummyvariable hat 1972 in allen vier Quartalen den Wert 1, sonst O.

Ein weiteres Beispiel: Nehmen wir an, es sollen drei Zeitreihen (Jahreswerte) mit jeweils 5 Beobachtungen eingelesen werden. Dazu geben wir folgendes EPS-Kommando:

```
DATA, FILE=BRDDATA,NAMES=X1 X2 X3,
      BEGIN=1975 1, NOBS=5,DORG=O,OBS=
      60.4 70.2 -6.7   70.9 75.3 0.4
      74.3 72.1  4.2   79.1 75  6.9
      78.8 76.2  7.3;
```

Auf den Datenfile BRDDATA werden drei Zeitreihen X1, X2 und X3 geschrieben, jeweils mit Jahreswerten von 1975 bis 1979. Die Spezifikation PERIODIC kann weggelassen werden, da Periodizität von 1 (Jahreswerte) voreingestellt ist. Gegenüber dem ersten Beispiel neu ist die Spezifikation DORG=O. Sie besagt, daß die Beobachtungen 'observation by observation' vorliegen, daß also die erste Beobachtung den 1975er Wert für X1, die zweite den 1975er Wert für X2 etc. darstellt. Alternativ dazu gibt es die Datenorganisation DORG=V (variable by variable). Hier würden dann die ersten fünf Beobachtungen zur Variablen X1, die nächsten fünf zu X2 und die letzten zu X3 gehören:

Die entsprechenden Spezifikationen müßten dann lauten:

```
DATA, FILE=BRDDATA,NAMES=X1 X2 X3,
      BEGIN=1975 1, NOBS=5,DORG=V,OBS=

      60.4 70.9 74.3 79.1 78.8
      70.2 75.3 72.1 75.0 76.2
      -6.7 0.4 4.2 6.9 7.3;
```

Das DATA-Kommando verfügt über viele Spezifikationen, die ihm eine hohe Flexibilität bezüglich der zulässigen Formatierung der einzulesenden Daten verleihen.

Meist liegen Rohdaten in <u>formatierter</u> Form vor. Formatierte Rohdaten können innerhalb von EPS nur von externen Files, nicht aber als Spezifikationswerte, z.B. zu OBSERV, übergeben werden. Formatierte Rohdaten müssen also, bevor sie mit EPS verarbeitet werden können, unter Zuhilfenahme von Betriebssystem-Routinen auf Platte oder Band kopiert werden. Dieser Rohdatenfile kann dann von EPS gelesen werden.

Liegen die Rohdaten formatiert vor, müssen beim Starten von EPS die Dateien, auf denen die Daten zu finden sind, angegeben werden, wobei die Spezifikationen F (formated Data) und TF (Träger formated Data) des EPS-Starte-Kommandos zu besetzen sind. [1)]

Angenommen, die folgenden Rohdatensätze stehen auf Datei XXX auf Wechselplatte W32 (WTKOOO(UWKOOO)):

Satz-Nr.:	
1	6o47o2-67
2	7o9753 4
3	743721 42
4	79175o 69
5	788762 73

EPS wird dann wie folgt gestartet:

```
ÜEPS,F=XXX,TF=W32<WTK000<UWK000>>,COMMANDS=/
```

Das EPS-Kommando DATA, mit dem die formatierten Rohdaten gelesen werden sollen, muß mit den Spezifikationen INPUTMED und FORMAT besetzt werden. Über die Spezifikation INPUTMED wird festgelegt, daß die Rohdaten von externen Dateien gelesen werden sollen: INPUT=FILE. FILE ist hier ein Schlüsselwort; es darf nicht der Rohdatenfilename genannt werden. Ist INPUTMED mit FILE besetzt, muß ein FORMAT spezifiziert werden.

---

1) Diese Angaben beziehen sich auf die Rechenanlage TR44o. Siehe hierzu auch Anhang IV.

Das DATA-Kommando, mit dem der oben angegebene Datensatz gelesen werden kann, hat dann folgenden Aufbau:

```
DATA,FILE=BRDDATA,NAMES=X1 X2 X3, BEGIN=1975 1, NOBS=5,DORG=0,
    INPUT=FILE,FORMAT=(3F3.2);
```

Die eingelesenen Daten sind dieselben, die in den vorhergehenden Beispielen über die Spezifikation OBSERV eingegeben wurden.

Formatangaben legen fest, in welcher Weise Zeichen und Zeichenfolgen, die in den einzelnen Sätzen des Rohdatenfiles enthalten sind, den über die Spezifikation NAME angegebenen Variablen zugeordnet werden sollen.

Eine Formatvereinbarung wird in runden Klammern eingeschlossen. Innerhalb der Klammern sind folgende Spezifikationen erlaubt:

1. <u>/-Spezifikation</u>

   Ein Schrägstrich (Slash) gibt an, daß auf einen neuen Satz übergegangen werden soll. Es können beliebig viele Slashes gesetzt werden, wobei z.B. /// durch 3/ ersetzt werden kann.

2. <u>X-Spezifikation</u>

   Diese Spezifikation erlaubt das Überspringen von Zeichen eines Satzes. So gibt z.B. die Spezifikation FORMAT=(3X,...) an, daß die ersten drei Zeichen nicht gelesen werden sollen.

3. <u>Die F-Spezifikation</u>

   Die F-Spezifikation gibt an, wie Zeichen oder Zeichenfolgen in reelle Zahlen umzusetzen sind. Die allgemeine Form der F-Spezifikation ist:

kFw.d

Dabei bedeuten:

k ein Wiederholungsfaktor, der für k=1 weggelassen werden kann,

F das Symbol für die F-Spezifikation,

w eine ganze Zahl, die angibt, wieviele aufeinanderfolgende Zeichen die einzulesende Zahl hat,

d gibt an, wieviele Zeichen davon hinter dem Dezimalpunkt stehen.

Beispiele:

Nr. des Zeichens	1 2 3 4 5 6 7 8 9
Satz 1	Z 1 1 1 1 2 9 7 3 8 8 3 7 . 2
Satz 2	Z 1 2 4 3 3 1 2 1 9 3 6 1 2 6

Einzulesende Variable: NAMES=X1 X2 X3,

1. FORMAT=(3X,F4.1,2F3.2,/)

   X1=112.9 X2=7.38 X3=8.37

   Der zweite Satz wird übersprungen.

2. FORMAT=(1X,F6.3,F2.o,F2.2,/)

   X1=111.129 X2=73.o X3=8.8

   Satz 2 wird übersprungen.

3. FORMAT=(1X,F6.3,/,1X,F2.o,F4.3)

   X1=111.129, X2=2.o, X3=4.341

Eine besondere Stellung nimmt ein Dezimalpunkt, der in einer einzulesenden Zeichenfolge steht, ein. Das Format

4. FORMAT=(3X,F6.3,F3.o,F3.o,/)

erbringt

X1 = 112,973

X2 = 883,o

X3 = 7.2

X3 wird hier 7.2 gesetzt, obwohl als Format F3.o angegeben war. Dies ist ein Ergebnis der Konvention, daß die Dezimalpunktsetzung im Eingabesatz gegenüber der Formatanweisung Vorrang hat.

Innerhalb von Formatspezifikationen können zu wiederholende Formatsequenzen in Klammern gesetzt und mit Wiederholungsfaktor vergeben werden.

5a: FORMAT=(3X,4F3.2,3X,4F3.2,6X,F3.o)

kann als

5b: FORMAT=(2(3X,4F3.2),6X,F3.o)

geschrieben werden.

Wichtig ist noch zu wissen, daß das Formatende ebenfalls den Übergang auf einen neuen Satz bewirkt.

Zusätzlich zu X-,/- und F-Spezifikationen ist auch die E-Spezifikation zugelassen. Hierzu wird auf FORTRAN-Handbücher verwiesen. Nicht zugelassen sind I- und A-Spezifikationen, da EPS weder ganzzahlige noch Variablen vom Typ Alpha kennt.

2.3.1.2 Berechnung von neuen Variablen

Zwei Möglichkeiten werden angeboten, um neue Zeitreihen in die Datenbank aufzunehmen. Die erste ist die Eingabe der entsprechenden Reihe mit Hilfe des DATA-Kommandos, die zweite die Generierung neuer Variablen über arithmetische Operationen. Hierfür steht das Kommando

COMPUTE

zur Verfügung, das durch drei Spezifikationen (FILE, EXPRESSION und PERIOD) mit Information versorgt wird.

Der Spezifikationswert zu FILE gibt an, auf welchem Datenfile die zu generierende Variable abgespeichert werden soll.

Der Spezifikationswert zu EXPRESSION entspricht dem arithmetischen Ausdruck, gemäß dem die neue Variable erzeugt werden soll, z.B. X = A + B + C. Auf der linken Seite steht dabei der Name der zu generierenden Variablen, gefolgt von einem Gleichheitszeichen. Auf der rechten Seite steht der eigentliche arithmetische Ausdruck.

Folgende Elemente sind innerhalb des arithmetischen Ausdrucks zugelassen:

1. Arithmetische Operatoren:

Subtraktion	(-)
Addition	(+)
Multiplikation	(*)
Division	(/)
Potenzierung	(**)

Logische Operatoren stehen nicht zur Verfügung!

2. Funktionen

LN(Z)	natürlicher Logarithmus
LOG(Z)	Logarithmus zur Basis 1o
EXP(Z)	Exponentialfunktion
SQRT(Z)	Quadratwurzel
SIN (Z)	Sinus
COS(Z)	Cosinus
TAN(Z)	Tangens
COT(Z)	Cotangens
ABS(Z)	Absolutbetrag
RND(Z)	Aufrundung auf ganze Zahlen
MDGL(Z)	Modigliani-Funktion

$$MDGL(Z)_t = \max_{t_1 \leq t} Z_{t_1}$$

GRATE(Z,α) Wachstumsraten-Operator

$$GRATE(Z,\alpha)_t = \frac{Z_t - Z_{t-\alpha}}{Z_{t-\alpha}}$$

ZSCORE(Z,α,β) Z-Transformation. Eine Zeitreihe Z wird transformiert in eine Zeitreihe mit Mittelwert α und Standardabweichung β

$$ZSCORE(Z,\alpha,\beta)_t = \frac{Z_t - \frac{1}{T}\sum_{i=1}^{T} Z_i}{\sqrt{\frac{1}{T-1}\sum_{i=1}^{T}(Z_i - \frac{1}{T}\sum_{j=1}^{T} Z_j)^2}} \cdot \beta + \alpha$$

BASE(Z,α,β) Umbasierung

$$BASE(Z,\alpha,\beta)_t = \frac{Z_t}{Z_{t_1}}$$

mit t_1: Beobachtungszeitpunkt

α: Jahr

β: Periode

SET(Z,α,β) erzeugt eine Zeitreihe mit dem Wert der Zeitreihe Z im Zeitpunkt Jahr α, Periode β

X = SET(Z,196o,2)

Die Variable X erhält für alle t den Wert der Variablen Z im Jahr 196o, zweite Periode

DSBR(Z) Duesenberry-Funktion

$$DSBR(Z)_t = Z_t / \max_{t_1 \leq t} Z_{t_1}$$

DEVI(Z) Mittelwerttransformation

$$DEVI(Z)_t = Z_t - \frac{1}{T} \sum_{i=1}^{T} Z_i$$

LAG(Z,α) Lagoperator

$$LAG(Z,\alpha)_t = Z_{t-\alpha}$$

LEAD(Z,α) Leadoperator

$$LEAD(Z,\alpha)_t = Z_{t+\alpha}$$

DELTA(Z,α,β) Differenzenoperator

$$DELTA(Z,\alpha,\beta) = Z_{t-\alpha} - Z_{t-\beta}$$

MVAV(Z,α) Moving Average Operator

$$MVAV(Z,\alpha)_t = \frac{1}{\alpha} \sum_{i=a}^{e} Z_i$$

mit:

$$a = t - [\frac{\alpha}{2}]$$

$$e = a + \alpha - 1$$

$$[\alpha] := \max_{n \in \mathbb{N}} \{n \leq \alpha\}$$

MAX(Z) Maximumfunktion

X = MAX(Z): Die Variable X erhält für alle Zeitpunkte den Maximalwert der Reihe Z zugewiesen

MIN(Z) Minimumfunktion, analog.

Weitere Funktionen wie Zufallszahlen etc. werden in neueren EPS-Versionen zur Verfügung gestellt.

Neben arithmetischen Operatoren und Funktionen sind zulässig:

3. Konstanten (ganzzahlig oder reellwertig),
4. Namen von Zeitreihen (auch mit impliziter Lead/Lag-Vereinbarung).

   Die genannten Zeitreihen müssen bereits in den Datenfiles verfügbar sein!
5. Runde Klammern ( ).

Zulässige Spezifikationswerte zu EXPRESSION sind beispielsweise:

```
X = A**2
X = 14 * V(T-1) + 7.2
X = (LN(K) + LN(L))/2.3 + 4 * X
```

(Hier wird die Variable X überschrieben!)

XDIFF = DELTA(X,1,2)

entspricht XDIFF = X(T-1) - X(T-2),

XCHANGE = ABS(GRATE(X,4))

entspricht ABS((X(T) - X(T-4))/X(T-4)).

Nicht zulässig:

LN(X) = A + B

(auf der linken Seite steht keine einfache Variable)

X = (LN(K) + LN(L)/2.3 + 4 * X

(Klammerniveau nicht geschlossen)

X = 14

(auf der rechten Seite keine Variable).

Der Spezifikationswert zu PERIOD übergibt den Zeitraum, für den die neue Variable generiert werden soll, mit den vier Werten: Anfangsjahr, Anfangsperiode, Endjahr, Endperiode, z.B.

PERIOD = 196o 2 1981 1

Die neue Zeitreihe soll von 196o, 2. Periode, bis 1981, 1. Periode definiert sein. Sofern die hier angegebenen Beobachtungsbereiche durch die im arithmetischen Ausdruck vorkommenden Variablen nicht abgedeckt sind, wird automatisch eine entsprechende Anpassung vorgenommen. Ist PERIOD nicht besetzt, wird die neue Variable über den maximal möglichen Zeitraum erzeugt.

Wichtig: Es dürfen im arithmetischen Ausdruck nur Variablen mit gleicher Periodizität vorkommen.

2.3.1.3 Die Datenfilehierarchie

Vor allen Dingen bei fortgeschrittenen Anwendungen gewinnt das Hierarchiekonzept Bedeutung. Der EPS-Benutzer muß die Datenfiles in eine Datenfilehierarchie eintragen, wobei es nicht notwendig ist, sämtliche Files zu nennen. Wichtig ist, daß für Lesevorgänge aus Datenfiles nur jene zur Verfügung stehen, die in der Datenfilehierarchie genannt sind.

Definiert der EPS-Anwender keine eigene Datenfile-Hierarchie, so ist in der Hierarchie nur der von EPS automatisch zur Verfügung gestellte Datenfile NONAME enthalten.

Eine Datenfileherarchie wird über das Kommando

DFHIERAR,ORDER=dfile1...dfileN;

definiert.

Sie legt fest, welche und in welcher Reihenfolge die Datenfiles nach bestimmten Variablen durchsucht werden. Der Suchvorgang wird beendet, sobald die entsprechende Variable gefunden wurde.

Dieses Konzept hat viele Anwendungsmöglichkeiten. So ist es zum Beispiel möglich, Sektordaten jeweils unter identischen Namen in verschiedenen Datenfiles abzuspeichern.

Durch einfache Umstellung der Datenfilehierarchie kann dann einmal mit Daten dieses, ein anderes Mal mit Daten jenes Sektors gearbeitet werden.

<u>Beispiel</u>:

```
DATA,FILE=BRD,NAME=Y,.....;
DATA,FILE=SEKTOR1,NAME=C,...;
DATA,FILE=SEKTOR2,NAME=C,...;
DATA,FILE=SEKTOR3,NAME=C,...;
  .       .          .   .
  .       .          .   .
  .       .          .   .
DATA,FILE=SEKTORN,NAME=C,...;
STEQ,NAME=MFILE.KONSUM,C=A0+A1*C(T-1)+A2*Y;
MFHIER,ORDER=MFILE;
'DFHIER,ORDER=BRD SEKTOR1;
```

Fortsetzung:

```
OLS,KONSUM;
DFHIER,BRD SEKTOR2;
OLS,KONSUM;
DFHIER,BRD SEKTOR3;
  .
  .
OLS,KONSUM;
STOP;
```

Zuerst wird das Volkseinkommen Y auf den Datenfile BRD gespeichert, dann der jeweilige Sektorkonsum auf die Datenfiles SEKTOR1 bis SEKTOR N ; im Anschluß daran wird eine Konsumfunktion definiert, die den Sektorkonsum in Abhängigkeit vom Volkseinkommen Y und dem verzögerten Sektorkonsum ausdrückt. Über die Datenfilehierarchie wird nun bestimmt, in welcher Reihenfolge welche Datenfiles nach den in der Gleichung vorkommenden Variablen durchsucht werden.

So wird bei der ersten OLS-Anweisung zuerst der File BRD, dann der FILE SEKTOR1 nach der Variablen C durchsucht und im letzteren gefunden. Man verwendet bei der Schätzung also die Daten des Sektors 1. Entsprechend werden bei der zweiten OLS-Anweisung die Daten von Sektor 2 verwendet, ohne daß wir die Gleichung neu definiert haben.

2.3.1.4 Vorbereitende Datenanalyse

Mehrere EPS-Kommandos erlauben eine Inspektion bzw. Auswertung der verfügbaren Zeitreihen auf niedrigem Niveau.

Zur ersten Gruppe gehören die Kommandos PRINTDAT und PLOT, zur zweiten die Kommandos STATIST und CORRELAT.

Das Kommando PRINTDAT erlaubt die Auflistung von Zeitreihen, PLOT ermöglicht die graphische Darstellung einer oder mehrerer Variablen gegen die Zeit oder eine beliebige andere Variable.

Das Kommando STATIST erlaubt die Berechnung statistischer Maßzahlen für einzelne Variable: Zahl der Beobachtungen, Anfangszeitpunkt, Endzeitpunkt, Periodizität, kleinster und größter Wert, Spannweite, Mittelwert, Standardabweichung, Varianz, Schiefe, Kurtosis, Variationskoeffizient, Korrelation mit der Zeit.

Das Kommando CORRELAT ermöglicht die Berechnung von Korrelationskoeffizienten für angegebene Variablenpaare oder Interkorrelationstabellen für Variablenlisten. Dabei können die Koeffizienten nach PEARSON oder nach SPEARMAN berechnet werden.

Einen Überblick über den Inhalt der Datenbank erhält man mit Hilfe des Kommandos DFINFO. Es können die Namen der Datenfiles, die aktuelle Datenfilehierarchie und die Namen der in den Datenfiles befindlichen Zeitreihen erfragt werden.

2.3.2 Modellverwaltung

Lineare ökonometrische Modelle bestehen aus stochastischen Verhaltensgleichungen und/oder Identitätsgleichungen, deren Parameter bestimmten Restriktionen (im EPS Beschränkung auf lineare Gleichheitsrestriktionen) unterliegen.

EPS verfügt für die Modellverwaltung über ein Dateikonzept analog zu dem bei der Datenverwaltung benutzten. Wie dort kann der Anwender bis zu 16 Modellfiles erzeugen und diese in eine Modellfilehierarchie eintragen. Der wesentliche Unterschied ist durch das Fehlen eines Hintergrundmodellfiles gegeben.

Die Kommandos im Zusammenhang mit Modellfiles entsprechen denen für Datenfiles.

Modellfiles werden erzeugt durch das Kommando

MFDEFINE,NAME=mfile;

wobei mfile ein vom Benutzer vorzugebener Modellfilename ist. Mit den Kommandos STEQ, IDENTITY, RESTRICT, MODEL wird auf Modellfiles geschrieben. Existiert der dort angegebene Modellfile noch nicht, wird er automatisch erzeugt.

Das Kommando MFDELETE ermöglicht das Löschen von Modellfiles. Die Modellfilehierarchie wird durch das Kommando

MFHIERAR, ORDER=mfile1 mfile2...mfileN;

definiert, wobei mfile1 bis mfileN Namen existierender Modellfiles sind.

Wird in einem Schätz-Kommando auf eine Gleichung, Restriktion oder ein Modell Bezug genommen, ohne daß der Modellfilename explizit mit angegeben wird (in der Form mfile.name), werden die Modellfiles in der Reihenfolge, wie sie in der Modellfilehierarchie vorgegeben wurden, durchsucht, wobei der Suchvorgang abgebrochen wird, sobald die entsprechende Gleichung, Restriktion oder das Modell gefunden wurde. Es werden nur die Modellfiles bearbeitet, die in der Modellfilehierarchie genannt wurden!

Eine Ausnahme bildet der Modellfile NONAME, der dem Benutzer vom EPS automatisch zur Verfügung gestellt wird.

Gibt der Benutzer in den Kommandos STEQ, IDENTITY, RESTRICT und MODEL zur Spezifikation NAME keinen Modellfile, sondern nur den gewählten Namen an (also anstatt mfile.name nur name), wird für mfile automatisch der Modellfile NONAME eingesetzt. Solange der Benutzer keine eigene Modellfilehierarchie definiert hat, ist der Modellfile NONAME als einziger in der Modellfilehierarchie enthalten. Diese Lösung ermöglicht das Arbeiten mit EPS ohne explizite Definition von Modellfiles und Modellfilehierarchie.

2.3.2.1 Die Vereinbarung stochastischer Gleichungen

Stochastische Gleichungen werden über das Kommando STEQ (stochastic equation) definiert. Zum Kommandowort STEQ gehören vier Spezifikationsnamen

1. NAME
2. EQUATION
3. PARAM
4. PVALUE

Der Spezifikationswert zu NAME besteht im allgemeinen aus zwei Elementen: mfile.name, die durch Punkt voneinander getrennt sind: Das erste Element mfile gibt den Modellfile an, auf den die Gleichung eingetragen werden soll, das zweite den Gleichungsnamen name, unter dem die Gleichung abgespeichert werden soll.

Fehlt der Modellfilename, wird die Gleichung automatisch auf einen Modellfile mit Namen NONAME eingetragen.

Im Spezifikationswert zu EQUATION wird die lineare ökonometrische Gleichung übergeben, wobei die EPS-Konventionen eine weitgehende Übereinstimmung mit der üblichen ökonometrischen Schreibweise haben.

Beispiel: Brown'sche Konsumfunktion

$$C_t = \alpha + \beta Y_t + \gamma C_{t-1} + u_t$$

mit: C_t Konsum zum Zeitpunkt t ,

Y_t verfügbares Einkommen zum Zeitpunkt t ,

C_{t-1} Konsum zum Zeitpunkt t-1 ,

u_t Störterm ,

α, β, γ unbekannte, zu schätzende Parameter .

Den EPS-Konventionen entsprechend wird diese Gleichung wie folgt geschrieben:

```
C(T) = ALPHA + BETA * Y(T) + GAMMA * C(T-1);
```

Möglich wäre auch

```
C = ALPHA + BETA * Y + GAMMA * LAG(C,1)
```

oder

```
C = ALPHA + Y * BETA + LAG(C,1) * GAMMA
```

Eine <u>lineare Gleichung</u> im Sinne von EPS besteht aus einer zu erklärenden Modellvariablen, gefolgt von einem Gleichheitszeichen. Hinter dem Gleichheitszeichen steht eine Folge von grundsätzlich vier Elementen: Das erste Element besteht entweder aus dem Plus- oder Minuszeichen, das zweite entweder aus einer Modellvariablen oder aus einem Parameter, das dritte aus einem Multiplikationszeichen, das vierte aus einer Modellvariablen, sofern das zweite ein Parameter war, und umgekehrt. Ausnahmen gelten für das Absolutglied (dort müssen nur negative Vorzeichen und Parameter genannt werden) und für die unmittelbar nach dem Gleichheitszeichen stehende Folge. Dort kann das führende Pluszeichen weggelassen werden.

Der Begriff der <u>Modellvariablen</u> bedarf der Erläuterung. Es ist offensichtlich, daß innerhalb von Gleichungsdefinitionen nicht nur reine Variablen (C_t, Y_t) als zu erklärende oder erklärende Variable verwendet werden. Meist werden diese Variablen Transformationen unterworfen, sei es durch die Anwendung des Lagoperators, sei es durch Logarithmierung. Die durch diese Transformationen entstehenden neuen Variablen werden als Modellvariablen bezeichnet.

Modellvariable können beliebig komplexe arithmetische Ausdrücke sein, z.B.:

a) L

b) (L+K)

c) (L+K) * 4

d) LN((L + K)/4)

e) LN(L(T-1) + K(T - 1))

Sämtliche Funktionen, die im COMPUTE-Kommando zur Verfügung stehen, können innerhalb von Modellvariablen Verwendung finden.

Eine Sonderstellung nimmt der Zeitindex T ein. Grundsätzlich werden alle einfachen Variablen in der Form

NAME(T ± shift)

geschrieben, wobei

NAME	der Variablenname,
+	Leadoperator,
-	Lagoperator,
shift	Ordnung des Lead/Lag als positive ganze Zahl.

Sofern weder ein Lead noch ein Lag verlangt wird (shift = 0), kann die Variable auch geschrieben werden als NAME(T) oder noch einfacher als NAME.

Alternativ zu dieser impliziten Schreibweise kann auch explizit die Lead- oder Lag-Funktion verwendet werden:

$$W_{t-1} \mathrel{\hat{=}} W(T-1) \mathrel{\hat{=}} LAG(W(T),1) \mathrel{\hat{=}} LAG(W,1)$$

$$W_{t+2} \mathrel{\hat{=}} W(T+2) \mathrel{\hat{=}} LEAD(W(T),2) \mathrel{\hat{=}} LEAD(W,2)$$

Nicht zulässig ist die implizite Angabe eines Lead oder Lag hinter arithmetischen Ausdrücken:

Z.B. $(W1 + W2)_{t-2}$ kann <u>nicht</u> als (W1 + W2)(T-2) definiert werden. Es muß entweder die Lag/Lead-Funktion verwendet werden (hier: LAG(W1 + W2,2)) oder es muß die implizite Lead/Lag-Vereinbarung in den arithmetischen Ausdruck bis auf das Niveau der einfachen Variablen hineingezogen werden [hier: (W1(T-2) + W2(T-2))]. Es empfiehlt sich hier, die Lead- oder Lag-Funktion zu verwenden.

Es sei noch einmal darauf hingewiesen, daß bei der impliziten Lead-Lag-Vereinbarung nur Formen wie (T), (T-3), (T+4) zulässig sind. Falsch sind zum Beispiel (T*2), (-Konst), (T + TVAR), (3*T-4), (T-4*K).

Die Variablen, die innerhalb einer Gleichungsspezifikation vorkommen, müssen zum Zeitpunkt der Gleichungsspezifikation noch nicht als Zeitreihen in Datenfiles vorhanden sein. Erst für den Schätzvorgang wird die physische Verfügbarkeit verlangt.

Die <u>Spezifikation PARAM</u>

PARAM = pname1 pname2 ... pnameN

ist optional. Sie wird notwendig, wenn bei der Gleichungsdefinition die Regel, daß ein Parameter pname vor der Modellvariablen stehen soll, verletzt wird. Hier muß dann angegeben werden, welches der vorkommenden Symbole der Parameter sein soll.

Beispiel:

$$C_t = \alpha + \beta C_{t-1} + u_t$$

STEQ,NAME=EPSFILE.CONSUM, EQUATION=C=ALPHA+BETA*C(T-1);

Hier entfällt die Angabe von PARAM, da der Parameter BETA vor der Modellvariablen C(T-1) steht.

Erfolgt diese Definition

STEQ,...,C=ALPHA + C(T-1) * BETA,

muß die Spezifikation PARAM besetzt werden:

PARAM = BETA;

Es ist nicht notwendig, sämtliche in der Gleichung vorkommenden Parameter aufzulisten. Es genügt, die zu nennen, die nicht in der Standardanordnung (vor der Modellvariablen!) vorkommen.

Nicht zulässig ist die Verwendung von Parametern innerhalb von Modellvariablen, beispielsweise als (K * ALPHA * Z) mit ALPHA als Parameter. Möglich ist hier entweder ALPHA * K * Z oder K * Z * ALPHA, wobei letztere Schreibweise die Besetzung von PARAM: PARAM=ALPHA nötig macht.

Die Spezifikation PVALUE dient der Vorbesetzung von Parametern mit vorgegebenen Werten. Diese Möglichkeit ist z.B. dann nützlich, wenn man über ein Modell in Strukturform mit bereits fremdgeschätzten Parametern verfügt und nun z.B. die reduzierte Form berechnen will (Kommando REDFORM).

Die allgemeine Form von PVALUE ist

PVALUE=pname1 pvalue1 pname2 pvalue2 ... pnameN pvalueN.

Es werden im Spezifikationswert jeweils der Parametername pname genannt, gefolgt vom Parameterwert. Der Parameterwert wird entweder als Integer- oder als Real-Zahl übergeben.

Beispiel:

$$C_t = 6o + o.74C_{t-1} + o.15Y$$

```
STEQ, EPS.CONSUM, C=A0+A1*C(T-1) +A2*Y,
      PVALUE=A0 60 A1 0.74 A2 0.15;
```

Es sei darauf hingewiesen, daß nach einer Schätzung die Vorbesetzungen mit Hilfe des Kommandos RESULTS durch die aktuellen Parameterschätzwerte überschrieben werden können:
RESULTS, PARSTORE=YES;

2.3.2.2 Die Vereinbarung von Identitätsgleichungen

Identitäten oder Definitionsgleichungen sind Gleichungen, deren Parameter bekannt sind und die keinen Störterm besitzen. Die in diesen Gleichungen ausgedrückten Beziehungen sind also zu jedem Zeitpunkt exakt erfüllt. Die Vereinbarung einer Identität erfolgt über das Kommando

IDENTITY ,

das über folgende Spezifikationen verfügt:

1. NAME
2. EQUATION
3. PARAM
4. PVALUE;

Die zugehörigen Spezifikationswerte entsprechen dabei denen beim STEQ-Kommando, wobei aber folgender Unterschied zu beachten ist:

Wird ein Parameter über PVALUE nicht vorbesetzt, erhält er den Wert 1 zugewiesen (im STEQ-Kommando dagegen erfolgt keine automatische Vorbesetzung).

Beispiele:

a) IDENTITY, MFILE.Y, EQ=Y=C1*C+C2*I;

spezifiziert Y=(+1) * C + (+1) * I = C+I

b) IDENTITY, MFILE.Y, EQ=Y=C1*C+C2*I+C3*IM, PVALUE=C3 -

spezifiziert Y=(+1) * C + (+1) * I + (-1) * IM

=C + I - IM;

Grundsätzlich ist auch möglich:

c) ... EQ=Y=C1 * (C + I - IM);

Dies hat aber zur Folge, daß bei der späteren Modellanalyse im Hinblick auf endogene und vorherbestimmte Variablen der gesamte Ausdruck (C + I - IM) als Variable identifiziert wird.

Nicht zulässig wäre

d) EQ=Y=C + I + G ,

da hier die Parameter fehlen.

2.3.2.3 Die Definition eines Modells

Ein Modell im Sinne von EPS ist eine Liste von Gleichungsnamen, die unter einem vom Anwender spezifizierten Modellnamen auf einem vom Benutzer vorgegebenen Modellfile gespeichert wird.

Die Spezifikation erfolgt durch das Kommando

MODEL ,

das folgende Spezifikationen besitzt:

1. NAME=mfile.mname
2. EQUATION=equat1 equat2 ... equatn

mfile bezeichnet den Modellfile, auf den das Modell geschrieben werden soll;

mname spezifiziert den Namen des Modells;

equat1 bis equatn sind Gleichungsnamen.

Ist mfile nicht gegeben, wird das Modell auf den von EPS zur Verfügung gestellten Modellfile mit Namen NONAME geschrieben.

Die als Spezifikationswerte übergebenen Gleichungsnamen setzen nicht voraus, daß die entsprechenden Gleichungen via IDENT oder STEQ-Kommando bereits definiert wurden.

Beispiel:

```
STEQ,MODFILE.NR1,C=A0+A1*C(T-1)+A2*Y;
IDENTITY,MODFILE.NR2,Y=B1*C+B2*I;
MODEL,MODFILE.MOD1,EQUATION=NR1 NR2;
THREESLS,MODEL=MOD1;
```

Es wird eine Verhaltensgleichung NR1 und eine Definitionsgleichung NR2 definiert. Beide Gleichungen bilden ein Zweigleichungsmodell, das unter dem Namen MOD1 auf den Modellfile MODFILE abgespeichert wird. Die Parameter des Modells werden nach der dreistufigen Methode der kleinsten Quadrate (Three Stage Least Squares) geschätzt. Vorausgesetzt ist hier, daß der Modellfile MODFILE in der Modellfilehierarchie enthalten ist, und daß die Variablen Y, C und I in einem der Datenfiles, die in der Datenfilehierarchie enthalten sind, existieren.

Folgender Hinweis sollte streng beachtet werden, um unsinnige Resultate zu vermeiden:

Die Untersuchung eines spezifizierten Modells im Hinblick auf endogene bzw. vorherbestimmte Variablen erfolgt auf der Ebene der Modellvariablen. Dabei werden alle Modellvariablen, die auf der linken Seite einer Gleichung stehen, als endogene Modellvariablen klassifiziert; die restlichen im Modell vorkommenden Modellvariablen werden als vorherbestimmt klassifiziert.

Das Vorgehen dabei ist ein Durchlaufen des Modells, wobei zuerst die endogenen Modellvariablen in eine Liste eingetragen werden. Danach erfolgt das Durchsuchen der rechten Seiten der Gleichungen: Jede auftretende Modellvariable wird daraufhin überprüft, ob es sich um eine endogene handelt. Ist dies nicht der Fall, handelt es sich um eine vorherbestimmte Variable, die - sofern sie nicht bereits in der Liste der vorherbestimmten Variablen enthalten ist - dort eingetragen wird.

Es ist wichtig zu wissen, daß diese Vergleiche auf der Basis der bereits in rekursiv polnischer Notation übersetzten arithmetischen Ausdrücken, aus denen die Modellvariablen bestehen, erfolgen. Deshalb müssen mehrfach auftretende Modellvariablen immer gleich geschrieben werden: z.B. werden (A+B) und (B+A) als verschiedene Modellvariablen identifiziert!

Beispiel a:

$$C_t = a_o + a_1 C_{t-1} + a_2 Y_t + u_t$$

$$Y_t = b_1 C_t + b_2 I_t \qquad (b_1 = b_2 = 1)$$

endogen: C_t, Y_t

vorherbestimmt: $1, C_{t-1}, I_t$

<u>Beispiel b</u>: (fehlerhaft)

$$C_t = a_o + a_1 C_{t-1} + a_2 (Y_t - Y_{t-1}) + u_t$$

$$Y_t = b_1 C_t + b_2 I_t \qquad (b_1 = b_2 = 1)$$

endogen: C_t, Y_t

vorherbestimmt: $1, C_{t-1}, (Y_t - Y_{t-1}), I_t$

Diese Zuordnung ist offensichtlich fehlerhaft, da die Differenzenvariable $(Y_t - Y_{t-1})$ wegen des darin enthaltenen laufenden Einkommens Y_t nicht vorherbestimmt ist. Vorherbestimmt ist nur Y_{t-1}!

<u>Beispiel c</u> zeigt die Umgehung dieses Problems durch folgende Respezifikation des Modells

$$C_t = a_o + a_1 C_{t-1} + a_2 DY_t + u_t$$

$$Y_t = b_1 C_t + b_2 I_t \qquad (b_1 = b_2 = 1)$$

$$DY_t = c_1 Y_t + c_2 Y_{t-1} \qquad (c_1 = 1, c_2 = -1)$$

Hier wurde die Modellvariable $(Y_t - Y_{t-1})$ durch die Variable DY_t ersetzt, wobei für DY die Identität $DY_t = Y_t - Y_{t-1}$ vereinbart wurde. Eine Modellanalyse ergibt nun

endogen: C_t, Y_t, DY_t

vorherbestimmt: $1, C_{t-1}, I_t, Y_{t-1}$

Die Variable DY muß vor der Schätzung mit Hilfe des COMPUTE-Kommandos erzeugt werden! Eine äquivalente Lösung erhält man durch die Einführung von Parameterrestriktionen:

$$C_t = a_o + a_1 C_{t-1} + a_2 Y_t + a_3 Y_{t-1} + u_t \qquad (a_2 = -a_3)$$

$$Y_t = b_1 C_t + b_2 I_t \qquad (b_1 = b_2 = 1)$$

<u>Beispiel d</u>: (Notationsfehler)

$$C_t = a_o + a_1 C_{t-1} + a_2 (WA_t + WB_t) + u_t$$

$$I_t = b_o + b_1 (WB_t + WA_t) + b_3 I_{t-1} + u_t$$

endogen: C_t, I_t

vorherbestimmt: $1, C_{t-1}, (WA_t + WB_t), (WB_t + WA_t)$

identisch

Hier wurden gleiche Modellvariablen unterschiedlich notiert, was nicht zulässig ist.

Bei Unsicherheiten empfiehlt es sich, über das ANALYSE-Kommando eine Untersuchung des Modells auf endogene und vorherbestimmte Variablen zu verlangen (siehe Kommandohandbuch).

2.3.2.4 Die Vereinbarung von Restriktionen

Substanzwissenschaftliche Überlegungen führen häufig zur Ein-

Einführung von Parameterrestriktionen. So wird beispielsweise bei der Cobb-Douglas-Funktion oft davon ausgegangen, daß diese homogen vom Grade 1 ist: $Y_t = \alpha K_t^b L_t^c e^{u_t}$, wobei $b + c = 1$ sein sollen.

EPS erlaubt die Definition von linearen Gleichheitsrestriktionen, wobei diese auch gleichungsübergreifend sein können.

Restriktionen werden über das Kommando

RESTRICT

vereinbart. Es verfügt über zwei Spezifikationen

1. NAME=mfile.rname
2. RESTRICT=r1 r2 r3 ... rn

Zu 1:

Im Spezifikationswert zu NAME wird die Restriktion benannt (rname); gleichzeitig wird angegeben, auf welchem Modellfile (mfile) die Restriktion abgelegt werden soll. Wird mfile nicht angegeben, wird die Restriktion rname auf dem Modellfile NONAME abgelegt.

<u>Beispiele</u>:

NAME=MFILE1.R1

NAME=R1

Zu 2:

Die eigentlichen Restriktionen werden als Spezifikationswerte zu RESTRICT übergeben. Dabei wird von folgender Standardform ausgegangen:

$$C_1 * P_1 \pm C_2 * P_2 \pm \dots \pm C_N * P_N = \pm \text{const.}$$

wobei C_i und const. beliebige reelle Konstante, P_i ein Parametername ist.

Diese Standardform kann modifiziert werden, so daß auch folgende Schreibweisen für die Produkte aus Konstante und Parameter möglich sind:

Konstante * Parametername

Konstante Parametername

Parametername (wenn Konstante = 1)

Parametername * Konstante

Mehrere zusammengehörende Restriktionen werden durch Blank voneinander getrennt. Zusammengehörende Restriktionen sollen bei einer Parameterschätzung simultan berücksichtigt werden.

Beispiel 1:

Modell: $\ln Y_t = a + b \ln K_t + c \ln L_t + u_t$

Restriktion: b + c = 1

EPS-Befehl:

```
RESTRICT,NAME=MODFILE.R1,RESTR=B+C=1.0;
```

Nicht erlaubt ist die - äquivalente - Vereinbarung der Restriktion als

B = 1-C

oder C = 1-B

oder 1 = A+B

oder -1 + A + B = O

<u>Beispiel 2</u>:

Modell: $C_t = a + bC_{t-1} + cY_t + u_t$

Restriktion: $a = 20$

$b = 2c \Rightarrow b - 2c = 0$

<u>EPS-Befehl</u>:

```
RESTRICT,MODFILE.R2, A=20 B-2*C=0;
```

Hier wurde die Restriktion bezüglich der Parameter b und c ($b = 2c$) in Standardform ($b - 2c = 0$) überführt.

2.3.2.5 Hilfsbefehle für die Modellverwaltung

Um einen Überblick über die Modellfiles, die Modellfilehierarchie und die in den Files befindlichen Modelle, Gleichungen und Restriktionen zu gewinnen, stehen eine Reihe von Hilfsbefehlen zur Verfügung.

Das Kommando MFINFO gibt Informationen über Modellfilenamen und ihre Stellung in der aktuellen Modellfilehierarchie.

Das Kommando LIST ermöglicht die Auflistung von Modellen, Gleichungen und Restriktionen. Auch Informationen wie Erstellungsdaten eines Modells, einer Gleichung oder Restriktion, die Zahl der endogenen und vorherbestimmten Variablen eines Modells, die Zahl der zu schätzenden Parameter, die Namen der zu einem Modell gehörenden Gleichungen können abgefragt werden.

Besondere Bedeutung hat das Kommando ANALYSE. Mit Hilfe dieses Kommandos kann eine Untersuchung des Modells auf endo-

gene und vorherbestimmte Variablen sowie auf Identifizierbarkeit der einzelnen Gleichungen vorgenommen werden.
Das Kommando TRIANGUL erlaubt eine Untersuchung eines Modells auf Blockrekursivität. Außerdem wird mit TRIANGUL nach verschiedenen Algorithmen (siehe Kommandohandbuch) eine Triangulierung der B-Matrix der Parameter der zu erklärenden Variablen in der Weise vorgenommen, daß die Gleichungen so umsortiert werden, daß die Zahl der Parameter über der Diagonalen von B möglichst klein wird.

2.3.3 Methodenanwendung

Das Spektrum der von EPS zur Verfügung gestellten Schätzverfahren reicht von der einfachen Methode der kleinsten Quadrate (OLS) bis zur dreistufigen Methode der kleinsten Quadrate unter linearen Gleichheitsrestriktionen (R3SLS). Insbesondere für Einzelgleichungsschätzungen steht zusätzlich ein umfangreiches Angebot an Tests bereit (siehe Kommandobeschreibung zu RESULTS).

Parameterschätzung und Ergebnisaufbereitung bzw. -ausgabe sind grundsätzlich voneinander getrennt. Die Programme zur Parameterschätzung erzeugen einen Ergebnisfile, der die wichtigsten Zwischenergebnisse und die Parameterschätzwerte enthält. Der Ergebnisfile bleibt erhalten, bis er durch ein weiteres Schätzkommando mit neuen Informationen gefüllt wird.

Mit Hilfe des Kommandos

RESULTS

können die Informationen im Ergebnisfile zu Tabellen oder graphischen Darstellungen aufbereitet werden. Das RESULTS-Kommando dient auch zur Spezifikation von Tests (z.B. Test auf Linearkombination, Prediktortest, Strukturbruchtest). Solange kein neues Schätzkommando gegeben wurde, können beliebig viele RESULTS-Kommandos aufeinander folgen. Dadurch besteht die Möglichkeit (vor allem beim interaktiven Einsatz von EPS über Datensichtstationen oder Fernschreibterminals), in Abhängigkeit von Ergebnissen bestimmter Tests weitere Tests oder Ergebnistabellen bzw. graphische Darstellungen zu verlangen, oder gleich eine Respezifikation der untersuchten Gleichung vorzunehmen.

Die Kommandos zur Abrufung von Schätzverfahren sind im Grundsatz gleich aufgebaut. Als Kommandowort wird der Name des Schätzverfahrens angegeben (OLS, ROLS, GLSAUT, RGLSAUT, GLSHET, RGLSHET, KCLASS, RKCLASS, THREESLS, R3SLS), dann folgen Spezifikationen, die den Namen der zu schätzenden Gleichung und/ oder des Modells angeben, u.U. die Namen der Restriktionen, denen die Parameter unterworfen sein sollen, und der Schätzzeitraum. Dazu kommen noch andere, von Schätzverfahren zu Schätzverfahren unterschiedliche Angaben wie z.B. die Ordnung des unterstellten autoregressiven Prozesses für das GLSAUT-Verfahren (verallgemeinerte Methode der kleinsten Quadrate bei autokorrelierten Störgrößen). Einzelheiten dazu können dem Kommandohandbuch (Anhang III) entnommen werden.

Allen Schätzverfahren gemeinsam ist die Spezifikation

```
       =NO
OUTPUT=MIN
       =MAX
```

zu der als Spezifikationswert entweder NO, MIN oder MAX zu nennen ist. MIN ist vorbesetzt.

Mit Hilfe der Spezifikation OUTPUT kann der Benutzer bereits durch das Schätzkommando Ergebnisse erhalten. An das Schätzkommando können sich weitere RESULTS-Kommandos anschließen.

Intern ist der Ablauf so, daß (sofern OUTPUT nicht mit NO besetzt ist) nach einem Schätzkommando automatisch das RESULTS-Kommando aufgerufen wird. Die Spezifikationen von RESULTS werden dann entsprechend vorgegebener Standardspezifikationswerte (MIN - nur die wichtigsten, MAX - auch weniger wichtige Ergebnisse) vorbesetzt.

Über die beiden Kommandos

MINRES

MAXRES

hat der EPS-Anwender die Möglichkeit, diese Standardspezifikation für OUTPUT=MIN bzw. OUTPUT=MAX selbst vorzugeben. Die Spezifikationen zu MINRES und MAXRES entsprechen denen des RESULTS-Kommandos.

Beispielsweise verfügt die Spezifikation RESID1 des RESULTS-Kommandos über die Spezifikationswerte NO, YES und PLOT. YES ist voreingestellt. Für RESID1=YES wird eine Tabelle mit Statistiken bezüglich der Residuen wie Bestimmtheitsmaß, korrigiertes Bestimmtheitsmaß, Durbin-Watson-Maß etc. ausgegeben. Die Angabe von PLOT erbringt zusätzlich eine Tabelle und graphische Gegenüberstellung der empirischen und der angepaßten Werte der jeweiligen abhängigen Variablen und der Residuen.

Das Kommando

```
OLS,CONSUM,OUTPUT=MIN;
```

erbringt dann Tabellen, wie sie im RESULTS-Kommando voreingestellt sind. Wird aber zuvor das Kommando

```
MINRES,RESID1=PLOT;
```

gegeben, wird die Voreinstellung für das Schätzkommando geändert. Der oben angeführte OLS-Befehl resultiert dann zusätzlich in graphischen Darstellungen. Die Voreinstellungen für das RESULTS-Kommando selbst können durch MINRES und MAXRES nicht verändert werden.

Beispiele für Schätzkommandos:

a) `OLS, C, PERIOD=1960 2 1969 4, OUTPUT=NO;`

Die Parameter der Gleichung C, die entsprechend der Datenfilehierarchie ausgewählt wird, sollen für den angegebenen Schätzzeitraum berechnet und nicht sofort ausgegeben werden.

b) `OLS,C;`

Die Parameter der Gleichung C sollen für den maximal möglichen Schätzzeitraum berechnet und unmittelbar ausgegeben werden. (OUTPUT=MIN ist vorbesetzt).

c) `ROLS,C,RESTRICT=RFILE.R1;`

Die Parameter der Gleichung C sollen mit der Methode der kleinsten Quadrate unter Berücksichtigung linearer Gleichheitsrestriktionen geschätzt und gleich ausgegeben werden. Die Restriktionen sind unter dem Namen R1 auf Modellfile RFILE zu finden.

d) `KCLASS,MODEL=MFILE.KLEIN1,METHOD=TSLS;`

Die Parameter sämtlicher Gleichungen des Modells KLEIN1 (auf Modellfile MFILE) sollen über das k-Klasse-Schätzverfahren, Spezialfall TSLS (two stage least squares), geschätzt werden. Die Ergebnisse sollen (gemäß Standardvorbesetzung OUTPUT=MIN, wobei der Umfang von MIN durch MINRES bestimmt werden kann) unmittelbar ausgegeben werden.

e)
```
R3SLS,MODEL=MFILE.KLEIN1,RESTRICT=MFILE.RKLEIN1,OUT=NO;
RESULTS,EQUAT=INVEST,PARAM=YES,RESID1=PLOT;
```

Die Parameter des KLEIN I - Modells sollen nach der dreistufigen Methode der kleinsten Quadrate unter Berücksichtigung linearer Gleichheitsrestriktionen, die unter dem Namen RKLEIN1 auf dem Modellfile MFILE zu finden sind, geschätzt werden. Eine Standardausgabe wird unterdrückt. Über das RESULTS-Kommando werden nur die Ergebnisse für die Investitionsfunktion INVEST abgefragt, wobei Parameterschätzwerte, Tabellen und graphische Darstellungen der empirischen und der angepaßten zu erklärenden Variablen und der Residuen verlangt werden.

f) `GLSAUT,C,ORDER=1,ITERAT=YES;`

Es erfolgt eine GLS-Schätzung der Parameter der Gleichung C, wobei angenommen wird, daß ein autoregressiver Prozeß $u_t = \rho u_{t-1} + \varepsilon_t$ erster Ordnung vorliegt. Es soll gemäß dem Verfahren von COCHRAN-ORCUTT iteriert werden.

g) `GLSAUT,C,ORDER=1 3,COEFF=0.17 0.75;`

Der autoregressive Prozeß sei nun $u_t = \rho_1 u_{t-1} + \rho_2 u_{t-3} + \varepsilon_t$, wobei für $\rho_1 = 0.17$, $\rho_2 = 0.75$ unterstellt wird. Ist COEFF unbesetzt, werden die entsprechenden Parameterschätzwerte aus einer OLS-Schätzung mit laufenden Residuen als abhängige, und verzögerten Residuen als unabhängige Variablen gewonnen. Die Residuen selbst entstammen einer OLS-Schätzung der jeweiligen Gleichung.

h) `GLSHET,C,FILTER=0;`

Es erfolgt eine GLS-Schätzung der Parameter der Gleichung C, wobei Heteroskedastizität unterstellt wird. Es wird angenommen, daß die Varianz der Residuen sich proportional verhält zur Entwicklung der zu erklärenden Variablen.

i) GLSHET,C,FILTER=3;

Die Varianz sei nun proportional der Variation der dritten erklärenden Variablen.

Es wird empfohlen, die in Anhang V abgedruckten Beispiele mit EPS-Befehlen und Ergebnislisten durchzusehen.

3. SCHLUSS

Wie im Vorwort bereits ausgeführt, soll EPS in erster Linie in der Ökonometrie-Ausbildung von Studenten der Wirtschaftswissenschaften eingesetzt werden. Der methodische Schwerpunkt liegt deshalb bei den Standardmethoden für die Schätzung und Hypothesenprüfung linearer ökonometrischer Modelle.

Gegenwärtig erlaubt EPS noch keine Modellsimulation. Eine entsprechende Erweiterung in dieser Richtung ist ebenso geplant wie die Einbeziehung von Methoden zur optimalen Steuerung ökonometrischer Systeme.

Offensichtlich kann EPS noch in vielfältiger Weise verbessert und ergänzt werden. Es wäre daher wünschenswert, wenn die Benutzer des Systems über ihre Erfahrungen berichten und u.U. konkrete Verbesserungsvorschläge machen würden.

A N H A N G I

EPS IM DIALOGBETRIEB

Das Programmsystem EPS kann auch interaktiv über Datensichtgeräte oder Fernschreibterminals betrieben werden.

Während im Batch-Betrieb in einem ersten Durchgang sämtliche EPS-Befehle eines EPS-Laufes gelesen, auf Fehler hin untersucht und dann erst ausgeführt werden, wird im Dialogbetrieb jeder abgeschickte Befehl einzeln interpretiert und - bei syntaktischer Richtigkeit - sofort ausgeführt. Bei fehlerhaften oder unvollständigen Eingaben hat der Benutzer die Möglichkeit, diese zu korrigieren und zu vervollständigen, u.U. auch zu löschen.

Der Einsatz von EPS im Dialogbetrieb erscheint besonders in der Phase der Gleichungs- und Modellspezifikation nützlich. Auf der Basis einer bereits definierten Datenbank mit Datenfiles (vielleicht der Backgrounddatei), u.U. auch einer Modelldatei mit Modellfiles, hat der EPS-Anwender die Möglichkeit, die Parameter verschiedener Gleichungs- und Modellversionen zu schätzen, zu testen und die Versionen auf ihre Prognoseeigenschaften hin zu überprüfen. Hierfür ist vor allem das RESULTS-Kommando bedeutsam, mit dem für Gleichungen und Modelle auf der Basis vorangegangener Parameterschätzungen verschiedene Hypothesen getestet werden können. Die Testresultate legen oft alternative Gleichungs- und Modellspezifikationen nahe, die im interaktiven Einsatz von EPS unmittelbar eingegeben und wieder getestet werden können.

Für den interaktiven Einsatz von EPS wurden verschiedene Hilfen vorgesehen, die vom EPS-Anwender verlangt werden können.

Eine Hilfestellung ist die sogenannte Kontrollstufe. Schaltet der Benutzer durch das EPS-Kommando CONTROL; die Kontrollstufe ein, wird jeder EPS-Befehl vor Ausführung nochmals mit sämtlichen Spezifikationen aufgelistet, wobei daraufhin aufmerksam gemacht wird, welche Spezifikationswerte vom Programmsystem vorbesetzt wurden, welche vom Benutzer besetzt wurden und welche noch vom Benutzer besetzt werden müssen. Ist der EPS-Befehl vollständig, gibt der Benutzer ein Semikolon ein, und der Befehl wird ausgeführt. Sind noch Spezifikationen zu besetzen oder zu verändern, werden sie eingegeben und mit einem Semikolon abgeschlossen. Der Kontrollgang wiederholt sich noch einmal und wird vom EPS-Anwender durch die Eingabe eines Semikolons beendet bzw. durch Eingabe neuer Spezifikationen nochmals gestartet.

Es empfiehlt sich, die Kontrollstufe auszuschalten, wenn sie nicht mehr benötigt wird. Die Kontrollstufe sollte dann eingeschaltet werden, wenn der EPS-Benutzer beispielsweise die Spezifikationsnamen, die zu einem EPS-Kommando gehören, oder deren Reihenfolge nicht sicher weiß. Er gibt dann nur das Kommandowort, das durch ein Semikolon abgeschlossen wird. Er erhält daraufhin die Spezifikationsnamen in der Standardreihenfolge und die Vorbesetzungen gelistet.

Die Kontrollstufe kann mit Hilfe des Kommandos NOCONTROL aufgehoben werden.

Die Kontrollstufe kann mit Hilfe des Kommandos COMMENT noch erweitert werden. Wurde COMMENT; eingegeben, werden in der Kontrollstufe nicht nur die Spezifikationsnamen, sondern zusätzlich noch kurze Erläuterungen und Beispiele ausgegeben. Bisher ist dieser Service aber nicht für alle EPS-Kommandos realisiert. Das Kommando NOCOMMENT; macht COMMENT; rückgängig.

Bei fehlerhafter Eingabe erfolgt eine Fehlermeldung. Der Benutzer hat dann - auch wenn die Kontrollstufe eingeschaltet ist - die Möglichkeit, fehlerhafte Spezifikationen zu verbessern und neu zu übergeben, oder zu Spezifikationswerten, die mit dem Spezifikationsnamen nicht zusammenpassen, den richtigen Spezifikationsnamen zu übergeben. Das Programm listet hier den Spezifikationswert auf und verlangt die Eingabe des zugehörigen Spezifikationsnamens.

Wurde beim Abschicken einer Textzeile nur ein Teil eines Spezifikationswertes übergeben, oder wurde ein Spezifikationswert nicht durch ein Komma abgeschlossen, gibt das Programm Auskunft über den zum gerade eingegebenen Spezifikationswert gehörenden Spezifikationsnamen und verlangt Vervollständigung des Spezifikationswertes.

Probleme können sich ergeben, wenn der Benutzer am Terminal mehrere EPS-Befehle auf einmal wegschickt, von denen einer oder mehrere nicht korrekt sind.

In diesem Fall werden alle EPS-Befehle hintereinander in einem sogenannten Kommandostring abgelegt. Die Befehle im Kommandostring werden linear abgearbeitet. Korrekturen werden an der jeweils gemeldeten Stelle in den Kommandostring eingesetzt. Erfahrungsgemäß erfolgen Korrekturen oft in der Weise, daß zu einem Kommando, in dem Fehler aufgetreten sind, alle Spezifikationen neu besetzt werden. In diesem Fall stehen dann (u.U. nicht mehr gewünschte) Spezifikationen hinter der Korrektureinfügung. Hier empfiehlt sich die Anwendung des Kommandos CANCEL. Wird es nach einer Korrektureinfügung (die durch Semikolon abgeschlossen sein muß) erteilt, werden im Kommandostring alle Elemente nach der Korrektureinfügung bis zum nächsten Semikolon gelöscht. Die folgenden im Kommandostring bereits gespeicherten EPS-Befehle bleiben unverändert.

Will der EPS-Anwender alle noch nicht ausgeführten Befehle im Kommandostring löschen, muß er eine Leereingabe wegschicken. Das Programm fragt dann nach der gewünschten Aktion und gibt für eine Reihe von Aktionen Zahlencodes vor. Die Eingabe einer 3 bewirkt die Löschung des Kommandostrings.

Einige Hinweise:

1. Auf der Rechenanlage TR44o erfolgt das Starten der interaktiven EPS-Version mit Hilfe des in Anhang IV beschriebenen EPS-Starte-Kommandos. Die Spezifikation MODUS des EPS-Starte-Kommandos muß mit IA: MODUS=IA, besetzt sein. Die Spezifikationen COMMANDS und TC dürfen nicht besetzt sein.

2. Sollen die während des Dialogbetriebs geänderten oder neuerstellten Modell- und Datenfiles gerettet werden, darf bei Dialogbeginn beim Starten von EPS die Angabe der Zieldateien und ihrer Träger im EPS-Starte-Kommando nicht vergessen werden.

3. Auf der TR44o kann zu Beginn des Dialogs das TR44o-Kommando DRP.,EIN gegeben werden. Die am Terminal ausgegebenen Informationen werden dann zusätzlich über den Drucker ausgegeben.

4. Während eines EPS-Dialogs können anstelle von EPS-Kommandos jederzeit durch Fluchtsymbol (≠) eingeleitete TR44o-Kommandos gegeben werden. Es werden dann weitere TR44o-Kommandos verlangt, durch: GIB WEITERE VORRANGKOMMANDOS. Sollen dann wieder EPS-Befehle gegeben werden, gibt man anstelle eines TR44o Kommandos eine leere Eingabe. Auf die daraufhin erfolgende Aufforderung, 'Daten' einzugeben, können dann weitere EPS-Befehle erteilt werden.

5. Gleichungen werden am einfachsten dadurch modifiziert, indem vor der Änderung durch ein LIST-Kommando (Bsp.: LIST, EQUAT,C;) die Auflistung der zu ändernden Gleichung (hier: C) verlangt wird. Diese kann dann verändert und neu abgeschickt werden.

A N H A N G II

DARSTELLUNG DER IM EPS BERÜCKSICHTIGTEN METHODEN UND KONZEPTE[1)]

1. Einzelgleichungen

1.1 Das allgemeine lineare Modell (ALM)

Ausgangspunkt ist das folgende Einzelgleichungsmodell, in dem die zu erklärende Variable y durch die erklärenden Variablen x_k und die Störgröße u "erklärt" wird:

$$(1.1) \quad y = X\beta + u$$

$$\text{mit} \quad y = \begin{bmatrix} y_1 \\ \vdots \\ y_T \end{bmatrix}; \qquad \beta = \begin{bmatrix} \beta_1 \\ \vdots \\ \beta_K \end{bmatrix};$$

$$X = \begin{bmatrix} x_{11} & x_{21} & \cdots & x_{K1} \\ \vdots & \vdots & & \vdots \\ x_{1T} & x_{2T} & \cdots & x_{KT} \end{bmatrix}; \qquad u = \begin{bmatrix} u_1 \\ \vdots \\ u_T \end{bmatrix},$$

wobei

y_t = Beobachtung der zu erklärenden Variablen zum Zeitpunkt t,

x_{kt} = Beobachtung der k-ten erklärenden Variablen zum Zeitpunkt t $(k = 1,2,\ldots,K)$,

---

1) Vgl. hierzu [4].

x_{1t} = 1 für alle t,

u_t = Störgröße zum Zeitpunkt t,

T = Anzahl der Beobachtungen.

Es wird zunächst angenommen, daß die erklärenden Variablen ausschließlich exogene Variablen enthalten (zur Einbeziehung auch verzögerter endogener Variablen, z.B. y_{t-1}, y_{t-2}, vgl. Abschnitt 1.3).

<u>Annahmen des ALM:</u>

(1.2) $E(u) = 0$; $E(uu') = \sigma^2 I$;

X: deterministische Matrix

mit Rang K $(K \leq T)$.

1.1.1 Schätzung der Parameter nach der Methode der kleinsten Quadrate (OLS)

Die Kleinst-Quadrate-Schätzfunktion (OLS-Schätzfunktion) $\hat{\beta}$ für β minimiert die Summe der quadrierten Abstände zwischen den beobachteten (y) und den geschätzten Werten ($\hat{y} = X\hat{\beta}$) der zu erklärenden Variablen:

(1.3) $$\min_{\beta}(y - X\beta)'(y - X\beta) = (y - X\hat{\beta})'(y - X\hat{\beta}) .$$

Die notwendigen Bedingungen für das Minimum führen zum sog. Normalgleichungssystem:

(1.4) $$(X'X)\hat{\beta} = X'y.$$

Hieraus erhält man für $\hat{\beta}$:

(1.5) $\hat{\beta} = (X'X)^{-1}X'y$.

Die numerische Qualität des Ergebnisses hängt wesentlich von der Kondition der zu invertierenden Matrix X'X ab [1]. Insbesondere die in ökonomischen Modellen häufig auftretende Multikollinearität unter den erklärenden Variablen kann hier Probleme aufwerfen. Aus diesem Grund ist im EPS mit der Householder-Reduktion [2] gearbeitet worden.

1.1.2 Wichtige Maßzahlen im ALM

Die Varianz-Kovarianz-Matrix der LS-Schätzfunktion $\hat{\beta}$ wird wie folgt geschätzt:

(1.6) $\hat{\text{var}}(\hat{\beta}) = \frac{e'e}{T-K} (X'X)^{-1}$

mit $e = y - X\hat{\beta}$.

Zur Einschätzung der Anpassungsqualität werden außerdem berechnet:

1. das multiple Bestimmtheitsmaß:

(1.7) $R^2 = 1 - \frac{s_e^2}{s_y^2}$

mit $s_e^2 = \frac{1}{T} e'e$; $s_y^2 = \frac{1}{T} y'y - \bar{y}^2$;

1) Vgl. [12], S. 175 ff.

2) Vgl. z.B. [12], S. 174 ff. und [14]

Für den Fall, daß ein homogener Regressionsansatz vorliegt (kein Absolutglied), kann R^2 (vgl. (1.7)) nicht verwendet werden. Hier wird anstelle von R^2 ein modifiziertes R^2_{mod}:

$$(1.8) \qquad R^2_{mod} = 1 - \frac{e'e}{y'y}$$

berechnet, wobei wieder $0 \leq R^2_{mod} \leq 1$ gilt. Eine Interpretation von R^2_{mod} als Quotient zweier Varianzen wie beim R^2 im ALM ist hier aber nicht möglich.

2. Das korrigierte Bestimmtheitsmaß:

$$(1.9) \qquad R^2_K = R^2 - (1 - R^2) \frac{K}{T-K} ;$$

3. die Quadratsumme der Residuen e'e;

4. die geschätzte Varianz der Residuen s^2_e.

Zur Beurteilung eventuell vorhandener Multikollinearität werden berechnet:

1. Die Matrix der Korrelationskoeffizienten zwischen erklärenden Variablen

$$(1.1o) \qquad R = \begin{bmatrix} 1 & r_{23} & \dots & r_{2K} \\ r_{23} & 1 & \dots & r_{3K} \\ \vdots & \vdots & & \vdots \\ r_{2K} & r_{3K} & \dots & 1 \end{bmatrix} , \text{ wobei}$$

$$(1.11) \qquad r_{ij} = \frac{\sum\limits_t (x_{it} - \overline{x}_i)(x_{jt} - \overline{x}_j)}{\sqrt{\sum\limits_t (x_{it} - \overline{x}_i)^2 \cdot \sum\limits_t (x_{jt} - x_j)^2}}$$

2. Determinante von R.

1.1.3 Schätzung der Parameter im ALM nach der Methode der kleinsten Quadrate unter Berücksichtigung linearer Restriktionen (ROLS)

Hier wird davon ausgegangen, daß im Modell (1.1) M lineare, β betreffende Nebenbedingungen zu berücksichtigen sind:

$$(1.12) \qquad D\beta = d$$

mit D: (M×K)-Matrix vorgegebener Konstanten mit rg(D) = M,

d: (M×1)-Vektor vorgegebener Konstanten.

Als ROLS-Schätzfunktion unter Berücksichtigung von (1.12) ergibt sich aus dem Kleinst-Quadrate-Prinzip:

$$(1.13) \qquad \overset{\circ}{\beta} = \hat{\beta} + (X'X)^{-1}D'[D(X'X)^{-1}D']^{-1}(d-D\hat{\beta})$$

mit der geschätzten Varianz-Kovarianz-Matrix:

$$(1.14) \qquad \hat{\text{var}}(\overset{\circ}{\beta}) = \frac{e'e}{T-K}\{(X'X)^{-1} - (X'X)^{-1}D'[D(X'X)^{-1}D']D(X'X)^{-1}\}$$

1.2 Tests und Konfidenzintervalle im ALM unter Annahme normalverteilter Störgrößen

1.2.1 Tests

Die Annahmen (1.2) des ALM werden ergänzt durch

(1.15) $u \sim N(O,\sigma^2 I)$.

Unter dieser Annahme können Hypothesen über den Parametervektor β mit Hilfe der F- bzw. der t-Verteilung geprüft werden.

Dabei wird vom sog. zerlegten Modell ausgegangen:

(1.16) $y = X_{(1)}\beta_{(1)} + X_{(2)}\beta_{(2)} + u$

mit $\beta = \begin{bmatrix} \beta_{(1)} \\ \cdots \\ \beta_{(2)} \end{bmatrix}$, $X = [X_{(1)} \vdots X_{(2)}]$,

wobei $\beta_{(1)}$: $(S\times 1)$-Vektor ,

$\beta_{(2)}$: $[(K-S)\times 1]$-Vektor,

und passende $X_{(1)}$-, $X_{(2)}$-Matrizen.

Im Vektor $\beta_{(2)}$ sind die in der H_o-Hypothese enthaltenen Parameter zusammengefaßt.

Die in EPS zur Verfügung stehenden Tests sind den beiden folgenden Tabellen zu entnehmen:

Tabelle 1: [1] Tabellarische Zusammenstellung der F-Tests

(Annahmebereich: $F = \frac{e_o'e_o - e'e}{e'e} \cdot \frac{\upsilon_2}{\upsilon_1} < F_{1-\alpha;\, \upsilon_1, \upsilon_2}$)

Modell	H_o	$e'e$	$e_o'e_o$	υ_1	υ_2	
$y = X\beta + u$ (PTEST) +)	$\beta = \beta_o$	$(y - X\hat{\beta})'(y - X\hat{\beta})$	$(y - X\beta_o)'(y - X\beta_o)$	K	T-K	-
$y = X_{(1)}\beta_{(1)} + X_{(2)}\beta_{(2)} + u$ (PTEST) +)	$\beta_{(2)} = \beta^o_{(2)}$	$(y - X\hat{\beta})'(y - X\hat{\beta})$	$(y-X_{(1)}\tilde{\tilde{\beta}}_{(1)}-X_{(2)}\beta^o_{(2)})'$ $(y-X_{(1)}\tilde{\tilde{\beta}}_{(1)}-X_{(2)}\beta^o_{(2)})$	K-S	T-K	(*)
Sonderfall (ZEROTEST) +) $y = i\beta_{(1)} + X_{(2)}\beta_{(2)} + u$	$\beta_{(2)} = 0$	$(y - X\hat{\beta})'(y - X\hat{\beta})$	$(y - \bar{y})'(y - \bar{y})$	K-1	T-K	(**)
(STEST) +) $y_{(1)} = X_{(1)}\beta_{(1)} + u_{(1)}$ $y_{(2)} = X_{(2)}\beta_{(2)} + u_{(2)}$	$\beta_{(1)} = \beta_{(2)}$	$(y_{(1)} - X_{(1)}\hat{\beta}_{(1)})'(y_{(1)} - X_{(1)}\hat{\beta}_{(1)})$ + $(y_{(2)} - X_{(2)}\hat{\beta}_{(2)})'(y_{(2)} - X_{(2)}\hat{\beta}_{(2)})$	$(y - X\hat{\beta})'(y - X\hat{\beta})$	K	T-2K	-

(*) $\tilde{\tilde{\beta}}_{(1)} = (X'_{(1)}X_{(1)})^{-1}X'_{(1)} \cdot (y - X_{(2)}\beta^o_{(2)})$; (**) $F = \frac{R^2}{1-R^2} \cdot \frac{T-K}{K-1}$; +) Bezeichnung des Tests im RESULTS-Kommando (siehe Anhang III)

1) Vgl. [4], S. 1o9

<u>Tabelle 2:</u> [1] Tabellarische Zusammenstellung der t-Tests

Annahmebereich: $|t| < t_{1-\frac{\alpha}{2};\,\upsilon}$

Modell	H_o	t	υ
(PTEST) +) $y = X_{(1)}\beta_{(1)} + X_{(2)}\beta_K$; $X_{(1)}$: $[T\times(K-1)]$, $X_{(2)}$: $(T\times 1)$	$\beta_K = \beta_K^o$	$\frac{\hat{\beta}_K - \beta_K^o}{\sqrt{\hat{Var}(\hat{\beta}_K)}}$	T - K
(*) (LINTEST) +) $y = X\beta + u$	$c'\beta = r_o$	$\frac{c'\hat{\beta} - r_o}{\sqrt{\hat{\sigma}^2 c'(X'X)^{-1}c}}$	T - K

(*) Test auf Linearkombination von Parametern +) siehe Tabelle 1

Zur Prüfung, ob die Störgrößen im ALM <u>autokorreliert</u> sind, wird das <u>Durbin-Watson-Prüfmaß</u> (DW) für den Fall eines autoregressiven Prozesses 1. Ordnung berechnet:

(1.17) $u_t = \rho u_{t-1} + \varepsilon_t$

mit $|\rho| < 1$; $H_o: \rho = 0$

$$DW_1 = \frac{\sum_{t=2}^{T} (e_t - e_{t-1})^2}{\sum_{t=1}^{T} e_t^2} .$$

1) Vgl. [4], S. 11o

Zur Prüfung der Homoskedastizität der Störgrößen, d.h. $E(u_t^2) = \sigma^2$, wird das Prüfmaß nach Goldfeld-Quandt [6] berechnet:

(1.18) H_o: $E(u_t^2) = \sigma^2$; Prüfmaß: $F = \frac{e_1'e_1}{e_2'e_2}$

mit $e_1 = y_1 - X_1\hat{\beta}_1$ aus den ersten $\frac{T}{2}$ Beobachtungen

$e_2 = y_2 - X_2\hat{\beta}_2$ aus den letzten $\frac{T}{2}$ Beobachtungen

Bei ungeradem T entfällt die mittlere Beobachtung $\frac{T+1}{2}$.

Zur Einschätzung der Prognosequalität kann ein Prediktortest (vgl. [7]) durchgeführt werden. Dabei wird der Beobachtungszeitraum $t = 1,2,...,T$ in zwei Teilbereiche mit $T_{(1)}$ bzw. $T_{(2)}$ Beobachtungen zerlegt: $t = 1,2,...,T_{(1)}$; $t = T_{(1)}+1,...,T$. Im ALM $y = X\beta + u$ wird β nur aus den ersten $T_{(1)}$ Beobachtungen über OLS geschätzt: $\hat{\beta}_{(1)}$. Es wird die Hypothese aufgestellt, daß sich im "Ex-post-Prognose-Zeitraum" $t = T_{(1)}+1,...,T$ gegenüber $t = 1,2,...,T_{(1)}$ keine strukturelle Änderung ergeben hat:

(1.19) H_o: $\hat{\sigma}^2_{u(1)} = \hat{\sigma}^2_{u(2)}$ gegen H_1: $\hat{\sigma}^2_{u(1)} \neq \hat{\sigma}^2_{u(2)}$

mit $\hat{\sigma}^2_{u(1)}$: über OLS geschätzte Residualvarianz aus Zeitraum $t = 1,...,T_{(1)}$,

$\hat{\sigma}^2_{u(2)}$: unter Verwendung der Schätzergebnisse aus Zeitraum $t = 1,2,...,T_{(1)}$ geschätzte Residualvarianz aus Zeitraum $t = T_{(1)}+1,...,T$.

Als Prüfmaß wird die folgende $F(1-\alpha, T_{(1)}, T_{(2)})$-verteilte Größe verwendet:

$$(1.2o)\qquad F = \frac{e'_{(2)}(I+X_{(2)}(X'_{(1)}X_{(1)})^{-1}X'_{(2)})e_{(2)}/T_{(2)}}{e'_{(1)}e_{(1)}/(T_{(1)}-K)} = \frac{\hat{\sigma}^2_{\hat{u}(2)}}{\hat{\sigma}^2_{\hat{u}(1)}}$$

wobei $e_{(1)} = y_{(1)} - X_{(1)}\hat{\beta}_{(1)} = y_{(1)} - \hat{y}_{(1)}$

$$e_{(2)} = y_{(2)} - X_{(2)}\hat{\beta}_{(1)} = y_{(2)} - \hat{y}_{(2)}$$

$$T_{(2)} = T - T_{(1)}$$

Die Hypothese H_o muß abgelehnt werden, wenn $F \geq F(1-\alpha/2, T_{(1)}, T_{(2)})$ oder $F \leq F(\alpha/2, T_{(1)}, T_{(2)})$ gilt.

Zusätzlich wird noch der Theil'sche <u>Ungleichheitskoeffizient</u> [13] und Wold's <u>Janus-Quotient</u> [5] berechnet.

Der Ungleichheitskoeffizient ist wie folgt definiert:

$$(1.21)\qquad U = \frac{\sqrt{\frac{1}{T_{(2)}} e'_{(2)}e_{(2)}}}{\sqrt{\frac{1}{T_{(2)}} \hat{y}^{\Delta\prime}_{(2)}\hat{y}^{\Delta}_{(2)}} + \sqrt{\frac{1}{T_{(2)}} y^{\Delta\prime}_{(2)}y^{\Delta}_{(2)}}}$$

mit $\hat{y}^{\Delta}_{(2)} = \hat{y}_{(2)} - y_{(2)-1}$

$$y^{\Delta}_{(2)} = y_{(2)} - y_{(2)-1} \qquad y_{(2)-1} = \begin{bmatrix} y_{T_{(1)}} \\ y_{T_{(1)}+1} \\ \vdots \\ y_{T-1} \end{bmatrix}$$

U ist normiert: $0 \leqq U \leqq 1$.

U ist nicht unabhängig vom Niveau der zu erklärenden Variablen y. Deshalb lassen sich die U-Koeffizienten von Regressionsansätzen für verschiedene zu erklärende Variablen nicht miteinander vergleichen. Wohl aber können konkurrierende Erklärungsansätze für die gleiche zu erklärende Variable bezüglich ihrer Prognosegüte geprüft werden.

Die Ungleichheit zwischen Ex-post-Prognose $\hat{y}_{(2)}$ und empirischer Realisation $y_{(2)}$ wächst mit größer werdendem Ungleichheitskoeffizienten U.

Es bestehen mehrere Möglichkeiten, das Quadrat des U-Koeffizienten in sogenannte "Ungleichheitsanteile" zu zerlegen. Die erste Möglichkeit ist die Zerlegung in einen Verzerrungsanteil (UM), einen Varianz- (US) und einen Kovarianzanteil (UC). Außerdem kann U zerlegt werden in den Verzerrungsanteil sowie einen Regressions- (UR) und einen Störanteil (UD). Dabei gilt:

$$(1.22) \quad U^2 = (UM + US + UC) \cdot U^2$$

$$(1.23) \quad U^2 = (UM + UR + UD) \cdot U^2$$

UM, US, UC, UR und UD sind wie folgt definiert:

$$(1.24) \quad UM = [(\overline{\hat{y}}_{(2)} - \overline{y}_{(2)})^2] / Z$$

$$\text{mit} \quad Z = \frac{1}{T_{(2)}} e'_{(2)} e_{(2)} \ ;$$

$$(1.25) \quad US = [s_{\hat{y}_{(2)}} - s_{y_{(2)}}]^2 / Z$$

$$\text{mit} \quad (s^2_{\hat{y}_{(2)}} = \frac{1}{T_{(2)}} \sum_{s=T_{(1)}+1}^{T} (\hat{y}_s - \overline{\hat{y}}_{(2)})^2 \ , \quad s^2_{y_{(2)}} \ \text{analog;}$$

$$(1.26) \quad UC = 2[s_{\hat{y}_{(2)}} \cdot s_{y_{(2)}} - s_{\hat{y}_{(2)} y_{(2)}}] / Z$$

$$\text{mit} \quad s_{\hat{y}_{(2)} y_{(2)}} = \frac{1}{T_{(2)}} \sum_{s=T_{(1)}+1}^{T} (\hat{y}_s - \overline{\hat{y}}_{(2)})(y_s - \overline{y}_{(2)}) \ ;$$

$$(1.27) \qquad UR = [s_{\hat{y}_{(2)}} - (s_{\hat{y}_{(2)}y_{(2)}} / s_{\hat{y}_{(2)}})]^2 / z \; ;$$

$$(1.28) \qquad UD = [s^2_{y_{(2)}} - (s^2_{\hat{y}_{(2)}y_{(2)}} / s^2_{\hat{y}_{(2)}})] / z \; .$$

Für anschauliche Beispiele siehe [13], S. 34-35, S. 39.

Der Wold'sche Janus-Quotient bezieht den Stützzeitraum in die Bestimmung der Maßzahl J ein:

$$(1.29) \qquad J = \frac{\frac{1}{T_{(1)}} \sum_{t=1}^{T_{(1)}} (\hat{y}_t - y_t)^2}{\frac{1}{T_{(2)}} \sum_{t=T_{(1)}+1}^{T} (y_t - \hat{y}_t)^2} \qquad (0 \leqq J \lneqq \infty)$$

Der Janus-Quotient kann zum einen als Kriterium für die Prognosegüte ($J \approx 1$: gute Prognose), zum anderen als Maßzahl für eine gleichbleibende Modellstruktur im Stütz- und Ex-post-Prognose-Zeitraum dienen. Für Beispiele siehe [5].

1.2.2 Konfidenzintervalle

Für die Parameter β werden die einfachen Konfidenzintervalle (für α = 0.05) berechnet:

$$(1.30) \qquad P[\hat{\beta}_k - t_{1-\frac{\alpha}{2};\,T-K} \cdot \sqrt{\hat{Var}(\hat{\beta}_k)} \leq \beta_k \leq$$

$$\leq \hat{\beta}_k + t_{1-\frac{\alpha}{2};\,T-K} \cdot \sqrt{\hat{Var}(\hat{\beta}_k)}] = 1 - \alpha \, .$$

1.3 Berücksichtigung verzögerter endogener Variablen

Treten im Gegensatz zur ALM-Annahme ausschließlich exogener erklärender Variablen auch verzögerte endogene Variablen als erklärende Variablen auf, so können - abgesehen vom Durbin-Watson-Maß DW_1 - die gleichen Formeln angewendet werden wie im ALM.

Anstelle von DW_1 kann für den Fall einfach verzögerter endogener Variablen (y_{t-1}) das von Durbin [3] entwickelte Prüfmaß h verwendet werden:

$$(1.31) \qquad h = (1 - \frac{DW_1}{2}) \cdot \sqrt{T/(1 - T\hat{\sigma}^2_{\hat{\beta}_k})} \; ,$$

wobei $\hat{\sigma}^2_{\hat{\beta}_k}$ die geschätzte Varianz des geschätzten Koeffizienten von y_{t-1} kennzeichnet. Falls der Ausdruck unter dem Wurzelzeichen negativ ist, ist h nicht definiert.

Getestet wird die Hypothese H_o: $\rho = 0$. h ist standard-normalverteilt; der Annahmebereich ist wie folgt festgelegt: $h \leq h_\alpha$ ($h_{0.05} = 1.645$, $h_{0.01} = 2.33$).

1.4 Das verallgemeinerte lineare Modell (VLM)

Im Gegensatz zur skalaren Varianz-Kovarianz-Matrix der Störgrößen u im ALM (vgl. (1.2)) wird im verallgemeinerten linearen Modell die Gültigkeit der folgenden Annahme vorausgesetzt:

$$(1.32) \qquad E(uu') = \sigma^2 W$$

mit W: pos. def. Matrix.

1.4.1 Kleinst-Quadrate-Schätzung im VLM bei Vorliegen von Autokorrelation bei den Störgrößen (GLSAUT)

Es wird davon ausgegangen, daß im Modell $y = X\beta + u$ die Störgrößen u einem autoregressiven Prozeß L-ter Ordnung folgen:

(1.33) $$u_t = \rho_1 u_{t-1} + \rho_2 u_{t-2} + \ldots + \rho_L u_{t-L} + \varepsilon_t$$

$$\text{mit} \quad E(\varepsilon_t) = 0 ; \qquad E(\varepsilon_t \varepsilon_s) = \begin{cases} \sigma_\varepsilon^2 & \text{für } t = s \\ 0 & \text{für } t \neq s \end{cases} ;$$

$$E(\varepsilon_t u_s) = 0 \qquad \text{für} \quad t > s .$$

Stufenweise Schätzung von β:

1. Stufe: OLS-Schätzung von β gemäß (1.5), d.h. als ob ein ALM vorläge;

2. Stufe: Berechnung von e und Ermittlung der OLS-Schätzwerte $\hat{\rho}_1, \ldots, \hat{\rho}_L$ für die Autoregressionskoeffizienten aus dem Ansatz

(1.34) $$e_t = \rho_1 e_{t-1} + \ldots + \rho_L e_{t-L} + \eta_t ;$$

3. Stufe [1]: Berechnung der "Differenzengrößen":

$$y_t^* = y_t - \sum_{l=1}^{L} \hat{\rho}_l y_{t-l} ,$$

1) Im Fall eines autoregressiven Prozesses 1. Ordnung wird $y_1^* = +\sqrt{1 - \hat{\rho}_1^2}\, y_1$ und $x_{k1}^* = \sqrt{1 - \hat{\rho}_1^2}\, x_{k1}$ gesetzt. Vgl. [4], S.147f.

$$x_{kt}^* = x_{kt} - \sum_{l=1}^{L} \hat{\rho}_l x_{kt-l}$$

und Ermittlung der endgültigen Schätzwerte für β über:

(1.35) $$y^* = X^*\beta + u^*$$

d.h.

(1.36) $$\check{\beta} = (X^{*\prime}X^*)^{-1}X^{*\prime}y^* .$$

Schätzung der Varianz-Kovarianz-Matrix von $\check{\beta}$:

(1.37) $$\hat{Var}(\check{\beta}) = \frac{e^{*\prime}e^*}{T-K} (X^{*\prime}X^*)^{-1}$$

mit $e^* = y^* - X^*\check{\beta}$.

Außerdem steht als alternatives Schätzverfahren das Verfahren von Cochrane-Orcutt [1] zur Verfügung:

Hier werden die auf der 3. Stufe ermittelten $\check{\beta}$ für eine erneute Schätzung auf der 2. Stufe verwendet usw., bis sich die Schätzwerte für die Autoregressionskoeffizienten zwischen zwei Iterationen nicht mehr wesentlich verändern.

1.4.2 Kleinst-Quadrate-Schätzung im VLM bei Vorliegen von Heteroskedastizität bei den Störgrößen (GLSHET)

Es wird von folgender Festlegung der Varianz-Kovarianz-Matrix

1) Vgl. [2]

der Störgrößen ausgegangen:

$$(1.38)\qquad E(u_t u_s) = \begin{cases} 0 & \text{für } t \neq s \\ \sigma^2 z_t^\delta & \text{für } t = s \end{cases},$$

wobei z_t entweder eine der erklärenden Variablen (x_{mt}) oder die zu erklärende Variable (y_t) darstellt. In letzterem Fall ist es notwendig, wegen der getroffenen Unabhängigkeitsannahmen anstelle von y den Erwartungswert $E(y) = \hat{y} = X\hat{\beta}$ zu verwenden. Eine OLS-Schätzung von β muß daher vorgeschaltet werden (vgl. [1o], S. 256ff.).

Der Parameter δ muß vorgegeben werden.

Auch hier erfolgt eine stufenweise Schätzung:

1. Stufe: Festlegung von $y_t^* = y_t / \sqrt{x_{kt}^\delta}$ (bzw. $= y_t / \sqrt{\hat{y}_t^\delta}$)

$x_{kt}^* = x_{kt} / \sqrt{x_{mt}^\delta}$ (bzw. $= x_{kt} / \sqrt{\hat{y}_t^\delta}$)

2. Stufe: OLS-Schätzung von $\check{\beta}$ aus $y^* = X^*\beta + u^*$.

Schätzung der Varianz-Kovarianz-Matrix von $\check{\beta}$ entsprechend zu (1.37).

1.4.3 Berücksichtigung linearer Restriktionen im VLM

Lineare Restriktionen werden im VLM ganz entsprechend zum ALM (vgl. 1.1.3) berücksichtigt; d.h., bei der Schätzung wird bei jedem Schritt anstelle des OLS- auf das ROLS-Verfahren zurückgegriffen.

1.4.4 Tests und Bestimmtheitsmaße im VLM

Alle vorgestellten F- und t-Tests in Tabelle 1 und 2, der Homoskedastizitätstest und der Prediktortest werden auch für das VLM angeboten. Die Formeln für die Teststatistiken können unmittelbar übernommen werden, wenn anstelle der OLS-Residuen e jeweils die GLS-Residuen e^*, anstelle des OLS-Schätzers $\hat{\beta}$ jeweils der GLS-Schätzer $\check{\beta}$ und anstelle der Beobachtungsmatrizen X bzw. y jeweils die transformierten Beobachtungsmatrizen X^* bzw. y^* eingesetzt werden.

Das Bestimmtheitsmaß R^2 (vgl. (1.7)) und das korrigierte Bestimmtheitsmaß R_K^2 (vgl. (1.9)) können im VLM nicht mehr verwendet werden, da dem transformierten Modell $y^* = X^*\beta + u^*$ die Homogenitätseigenschaft fehlt.

Statt dessen wird die folgende Größe berechnet:

$$(1.39) \qquad R_{VLM}^2 = 1 - \frac{e^{*\prime}e^*}{y^{*\prime}y^*} \quad .$$

Dabei gilt wieder: $0 \leq R_{VLM}^2 \leq 1$.

Eine Interpretation von R_{VLM}^2 als Quotient zweier Varianzen ist hier aber nicht möglich.[1)]

---

1) Vgl. [4], S. 144 und [11], S. 137.

2. Das Mehrgleichungsmodell

Ausgangspunkt ist ein aus G Gleichungen bestehendes Mehrgleichungsmodell (strukturelle Form des Modells):

(2.1) $By_t + \Gamma x_t = u_t$

mit:

$$B = \begin{bmatrix} \beta_{11} & \beta_{12} & \cdots & \beta_{1G} \\ \beta_{21} & \beta_{22} & \cdots & \beta_{2G} \\ \vdots & \vdots & & \vdots \\ \beta_{G1} & \beta_{G2} & \cdots & \beta_{GG} \end{bmatrix}; \quad y_t = \begin{bmatrix} y_{1t} \\ y_{2t} \\ \vdots \\ y_{Gt} \end{bmatrix};$$

$$\Gamma = \begin{bmatrix} \gamma_{11} & \gamma_{12} & \cdots & \gamma_{1K} \\ \gamma_{21} & \gamma_{22} & \cdots & \gamma_{2K} \\ \vdots & \vdots & & \vdots \\ \gamma_{G1} & \gamma_{G2} & \cdots & \gamma_{GK} \end{bmatrix}; \quad x_t = \begin{bmatrix} x_{1t} \\ x_{2t} \\ \vdots \\ x_{Kt} \end{bmatrix};$$

$$u_t = \begin{bmatrix} u_{1t} \\ u_{2t} \\ \vdots \\ u_{Gt} \end{bmatrix},$$

wobei y_{ht} = h-te gemeinsam abhängige Variable zum Zeitpunkt t,

β_{gh} = Koeffizient der h-ten gemeinsam abhängigen Variablen in der g-ten Gleichung,

x_{kt} = k-te vorherbestimmte Variable zum Zeitpunkt t,

γ_{gk} = Koeffizient der k-ten vorherbestimmten Variablen in der g-ten Gleichung,

u_{gt} = Störgröße der g-ten Gleichung zum Zeitpunkt t.

Annahmen:

(2.2) B ist nicht singulär.

$E(u_t) = 0$ für alle t;

$E(u_t u_s') = 0$ für alle t,s mit $t \neq s$;

$E(u_t u_t') = \Phi$ für alle t;

Alle exogenen vorherbestimmten Variablen sind deterministisch. Die Matrix X der Beobachtungen aller vorherbestimmten Variablen besitzt vollen Spaltenrang. Die u_t sind unabhängig voneinander identisch verteilt.

Soll eine bestimmte Gleichung des Modells (z.B. die erste Gleichung) isoliert betrachtet werden, so wird von folgender Notierung ausgegangen:

(2.3) $$y_{1.} = Y_1\beta_{1.} + X_1\gamma_{1.} + u_{1.} = Z_1\alpha_{1.} + u_{1.}$$

mit

$$y_{1.} = \begin{bmatrix} y_{11} \\ \vdots \\ y_{1T} \end{bmatrix}; \quad Z_1 = [Y_1 \vdots X_1] = \begin{bmatrix} y_{21} & \cdots & y_{G\Delta 1} & \vdots & x_{11} & \cdots & x_{K^*1} \\ \vdots & & \vdots & \vdots & \vdots & & \vdots \\ y_{2T} & \cdots & y_{G\Delta T} & \vdots & x_{1T} & \cdots & x_{K^*T} \end{bmatrix};$$

$$\alpha_{1.} = \begin{bmatrix} \beta_{1.} \\ \cdots \\ \gamma_{1.} \end{bmatrix} = \begin{bmatrix} -\beta_{12} \\ \vdots \\ -\beta_{1G^\Delta} \\ \vdots \\ -\gamma_{11} \\ \vdots \\ -\gamma_{1K^*} \end{bmatrix}; \qquad u_{1.} = \begin{bmatrix} u_{11} \\ \vdots \\ u_{1T} \end{bmatrix},$$

wobei

y_{gt} = Beobachtung der g-ten "erklärenden" endogenen Variablen in der ersten Gleichung zum Zeitpunkt t $(g = 1,\ldots,G\Delta)$;

x_{kt} = Beobachtung der k-ten vorherbestimmten Variablen in der ersten Gleichung zum Zeitpunkt t $(k = 1,2,\ldots,K^*)$.

Neben der strukturellen Form (2.1) kann das System auch in seiner reduzierten Form betrachtet werden:

$$(2.4) \quad y_t = -B^{-1}\Gamma x_t + B^{-1}u_t = \Pi x_t + v_t \,.$$

Je nach den Eigenschaften der Parametermatrix B und der Varianz-Kovarianz-Matrix Φ der Störgrößen unterscheidet man folgende Typen ökonometrischer Mehrgleichungsmodelle:

B	Φ	Modellbezeichnung
keine Beschränkung	keine Beschränkung oder Diagonalgestalt	interdependentes Modell
Dreiecksgestalt	keine Beschränkung	im Erklärungsansatz rekursives Modell
	Diagonalgestalt	rekursives Modell
Diagonalgestalt	keine Beschränkung	Modell scheinbar unverbundener Gleichungen
	Diagonalgestalt	Modell unverbundener Gleichungen

Fortsetzung nächste Seite

B	Φ	Modellbezeichnung
Block-Triangularität	keine Beschränkung	im Erklärungsansatz block-rekursives Modell
	Block-Diagonalität	block-rekursives Modell
Block-Diagonalität	keine Beschränkung	Modell scheinbar unverbundener Blöcke
	Block-Diagonalität	Modell unverbundener Blöcke

Tabelle 3 [1]: Typen ökonometrischer Mehrgleichungsmodelle

Der bei größeren Modellen in aller Regel nicht offen erkennbare Strukturtyp kann im Rahmen von EPS mit Hilfe des Kommandos TRIANGUL ermittelt werden.

2.1 Identifikationsprüfung

Es werden nur sog. Nullbeschränkungen bezüglich der Parametermatrizen B und Γ zur Prüfung der Identifizierbarkeit herangezogen. Dabei wird nur das sog. Abzählkriterium (notwendige Identifizierbarkeitsbedingung) geprüft:

Die g-te Gleichung ist dann nicht identifizierbar, wenn die Anzahl der aus ihr ausgeschlossenen Variablen kleiner als die um 1 verminderte Anzahl der im ganzen Modell enthaltenen gemeinsam abhängigen Variablen ist.

Im Beispiel der ersten Gleichung (2.3) muß also gelten:

$$(2.5) \qquad G - G\Delta + K - K^{*} \geq G - 1 \; .$$

---

1) Vgl. [4], S. 177

2.2 OLS-Schätzung der Gleichungen eines Mehrgleichungsmodells [1)]

OLS-Schätzung eines Mehrgleichungssystems bedeutet, daß jede Gleichung des Systems isoliert nach OLS geschätzt wird (vgl. Abschnitt 1.1.1). Für die erste Gleichung (2.3) eines Systems bedeutet das z.B.:

$$(2.6)\quad \hat{\alpha}_{1.} = (Z_1'Z_1)^{-1}Z_1'y_{1.}$$

und

$$(2.7)\quad \hat{var}(\hat{\alpha}_{1.}) = \frac{e'e}{T-K}(Z_1'Z_1)^{-1}$$

$$\text{mit}\quad e = y_{1.} - Z_1\hat{\alpha}_{1.}$$

2.3 Double-k-Klasse-Schätzung (TSLS, LISE) der Gleichungen eines Mehrgleichungsmodells

Die Double-k-Klasse-Schätzfunktion für die Parameter einer Gleichung, also z.B. $\alpha_{1.}$ der ersten Gleichung (vgl. (2.3)), wird wie folgt bestimmt [2)]:

$$(2.8)\quad \tilde{\alpha}_{1.}(k_1k_2) = \begin{bmatrix} Y_1'Y_1 - k_1\hat{V}_1'\hat{V}_1 & Y_1'X_1 \\ X_1'Y_1 & X_1'X_1 \end{bmatrix}^{-1} \cdot \begin{bmatrix} Y_1'y_{1.} - k_2\hat{V}'y_{1.} \\ X_1'y_{1.} \end{bmatrix} = M^{-1}d$$

$$\text{mit}\quad \hat{V}_1 = Y_1 - X(X'X)^{-1}X'Y_1 .$$

1) Vgl. auch die Ausführungen zur k-Klasse-Schätzung im folgenden Abschnitt

2) Vgl. [1], S. 556.

Je nach der Festlegung von k_1 und k_2 erhält man unterschiedliche Schätzfunktionen für $\alpha_{1.}$. Die wichtigsten sind:

(2.9)

$k_1 = k_2 = 0$:	OLS-Schätzung von $\alpha_{1.}$;
$k_1 = k_2 = 1$:	sog. zweistufige Schätzung nach der Methode der kleinsten Quadrate (TSLS) [1];
$k_1 = k_2 = \lambda$:	sog. Limited-Information-Einzelgleichungs-Schätzung (LISE) [2].

Als Schätzfunktion für die Varianz-Kovarianz-Matrix von $\tilde{\alpha}_{1.}(k_1,k_1)$ wird verwendet:

$$\hat{\text{Var}}(\tilde{\alpha}_{1.}(k_1,k_2)) = \frac{e'e}{T-K_1^*-G\Delta_1} M^{-1} \tag{2.1o}$$

$$\text{mit} \quad e = y_1 - Z_1\tilde{\alpha}_{1.}(k_1,k_2) .$$

2.3.1 Berechnung der Double-k-Klasse-Schätzfunktion

$\alpha_{1.}(k_1,k_2)$ wird nicht direkt über (2.8) berechnet: Da alle für (2.8) erforderlichen Matrizen mit einer einzigen Householder-Transformation aus der Datenmatrix $[X,Y_1,y_{1.}]$ berechnet werden können, ist eine solche Vorgehensweise schneller als eine direkte Berechnung aus (2.8) [3]. Außerdem sind die ermittelten Ergebnisse stabiler, und der für die LISE-Schätzung benötigte Wert λ fällt hierbei automatisch an.

---

1) Vgl. [4],S 232f.

2) Vgl. [1], S.564f.

3) Vgl. zu dieser Berechnung der Double-k-Klasse-Schätzfunktion [1], S. 555-569, [14].

2.3.2 Berechnung der Double-k-Klasse-Schätzfunktion unter Berücksichtigung linearer Restriktionen

Analoge Anwendung der in Abschnitt 1.1.3 dargestellten Vorgehensweise.

2.4 Parameterschätzung nach der dreistufigen Methode der kleinsten Quadrate (3SLS) [1)]

Ausgangspunkt ist folgende Darstellung des Systems:

$$(2.11)\qquad \begin{aligned} y_{1.} &= y_1\beta_{1.} + X_1\gamma_{1.} + u_{1.} = Z_1\alpha_{1.} + u_{1.} \\ &\vdots \\ y_{G.} &= y_G\beta_{G.} + X_G\gamma_{G.} + u_{G.} = Z_G\alpha_{G.} + u_{G.} \end{aligned}$$

(2.11) läßt sich auch schreiben als:

$$(2.12)\qquad \begin{aligned} y_{1.} &= \hat{Z}_1\alpha_{1.} + u^*_{1.} \\ &\vdots \\ y_{G.} &= \hat{Z}_G\alpha_{G.} + u^*_{G.} \end{aligned}$$

mit $\hat{Z}_g = [\hat{Y}_g \,\vdots\, X_g]$, $\hat{Y}_g = X(X'X)^{-1}X'Y_g$

und $u^*_{g.} = u_{g.} + \hat{V}_g\beta_g$, $\hat{V}_g = Y_g - X(X'X)^{-1}X'Y_g$.

(2.12) kann zu folgender Gleichung zusammengefaßt werden:

---

1) Vgl. [1], S. 579ff., [14].

$$(2.13) \qquad y^z = \hat{Z}^z \alpha^z + u_*^z$$

$$\text{mit} \quad y^z = \begin{bmatrix} y_{1.} \\ y_{2.} \\ \vdots \\ y_{G.} \end{bmatrix} ; \qquad \hat{Z}^z = \begin{bmatrix} \hat{Z}_1 & 0 & \dots & 0 \\ 0 & \hat{Z}_2 & \dots & 0 \\ \vdots & \vdots & & \vdots \\ 0 & 0 & \dots & \hat{Z}_G \end{bmatrix} ;$$

$$\alpha^z = \begin{bmatrix} \alpha_{1.} \\ \alpha_{2.} \\ \vdots \\ \alpha_{G.} \end{bmatrix} ; \qquad u_*^z = \begin{bmatrix} u_{1.}^* \\ u_{2.}^* \\ \vdots \\ u_{G.}^* \end{bmatrix} .$$

Als 3SLS-Schätzung für α^z in (2.13) wird verwendet:

$$(2.14) \qquad \check{\alpha}^z = [\hat{Z}^{z\prime}(S^{-1} \otimes I)\hat{Z}^z]^{-1} \hat{Z}^{z\prime}(S^{-1} \otimes I)y^z$$

mit S: über TSLS geschätzte Varianz-Kovarianz-Matrix der Störgrößen.

Schätzung der Varianz-Kovarianz-Matrix von $\check{\alpha}^2$:

$$(2.15) \qquad \check{V}ar(\check{\alpha}^z) = [\hat{Z}^{z\prime}(S^{-1} \otimes I)\hat{Z}^z]^{-1}.$$

2.4.1 Berechnung der 3SLS-Schätzwerte

Auch hier wird die Berechnung der 3SLS-Schätzwerte nicht direkt über (2.14), sondern über eine Householder-Transformation durchgeführt [1].

---

1) Vgl. [1], S.579-582, [14].

2.4.2 Schätzung der Parameter nach der 3SLS-Methode unter Berücksichtigung linearer Restriktionen[1)]

Liegen bezüglich des Systems (2.13) lineare Restriktionen für die Parameter α^z vor (vgl. (1.12)):

(2.16) $$D\alpha^z = d,$$

so ergibt sich als R3SLS-Schätzfunktion (restricted 3SLS):

(2.17) $${}_r\check{\check{\alpha}}^r = \check{\check{\alpha}}^z + H^{-1}D'[DH^{-1}D']^{-1}(d - D\check{\check{\alpha}}^z)$$

$$\text{mit} \quad H = \{Z^{z'}(I \otimes X)[S^{-1} \otimes (X'X)^{-1}](I \otimes X')Z^z\} .$$

Schätzung der Varianz-Kovarianz-Matrix von ${}_r\check{\check{\alpha}}^z$:

(2.18) $$\check{V}ar({}_r\check{\check{\alpha}}^z) = H^{-1} - H^{-1}D'[DH^{-1}D']^{-1}DH^{-1}.$$

1) Zu den angewandten numerischen Verfahren vgl. [1], S.585 - 591, [14].

A N H A N G III

K O M M A N D O H A N D B U C H

Kommandobeschreibung : A N A L Y S E

1) Funktion :
   a) Untersuchung eines oekonometrischen Modells auf gemeinsam abhaengige (endogenous) und vorherbestimmte (predetermined) Variable.
   b) Untersuchung der einzelnen Gleichungen des Modells auf Identifizierbarkeit nach dem Abzaehlkriterium.

2) Spezifikationen :
   a) MODEL : Name des zu untersuchenden Modells in der Form MFILE.NAME oder einfach NAME. Der Modellfile MFILE muss in der file-Hierarchie enthalten sein. Wird mfile nicht gegeben, werden die Modellfiles entsprechend der Modellfile-hierarchie nach dem Modell NAME durchsucht. Das zuerst gefundene Modell dieses Names wird untersucht.

3) Beispiele :
   a) ANALYSE, MODEL=MFILE.USMODEL;
      Das Modell USMODEL, gespeichert in Modellfile MFILE, soll analysiert werden.
   b) ANALYSE,USMODEL;
      Die Modellfiles werden entsprechend der vereinbarten Modellfile-Hierarchie nach dem Modell USMODEL durchsucht, das dann analysiert wird.

4) Hinweise :
   a) Die Spalten- bzw. Zeilen der Parametermatrizen der strukturellen und der reduzierten Form muessen entsprechend der Anordnung, wie sie durch das ANALYSE-Kommando ausgegeben werden, den einzelnen Modellvariablen zugeordnet werden.
   b) Die Ueberschriften zu den einzelnen Spalten der Tabelle zur Identifikationspruefung haben folgende Bedeutung:
      ba) end.excl: Anzahl der aus der Gleichung ausgeschlossenen endogenen Variablen
      bb) end.incl: Anzahl der in der Gleichung enthaltenen endogenen Variablen
      bc) pred.excl: Anzahl der aus der Gleichung ausgeschlossenen vorherbestimmten Variablen
      bd) pred.incl: Anzahl der in der Gleichung enthaltenen vorherbestimmten Variablen

Kommandobeschreibung : C A N C E L

1) Funktion :
   Loeschen eines bereits eingelesenen Kommandostrings mit EPS-Befehlen nach Einfuegung von Korrekturen bis zum naechsten Semikolon.
   Nur sinnvoll im interaktiven Einsatz von EPS.

2) Spezifikationen :
   keine

Kommandobeschreibung: C O M M E N T
===================================

1) Funktion :
Abfordern von Kurzbeschreibungen von EPS-Kommandos und zugehoerigen Spezifikationsnamen. Das Einschalten von COMMENT ist nur im interaktiven Einsatz von EPS sinnvoll, wenn dort mit Hilfe des EPS-Kommandos CONTROL die Kontrollstufe eingeschaltet wurde.
COMMENT kann durch das EPS-Kommando NOCOMMENt ausgeschaltet werden.
Beim Starten von EPS gilt NOCOMMENt.

2) Spezifikationen :
keine

3) Beispiel :
a) COMMENT;
Zu jedem vom Benutzer eingegebenen EPS-Befehl soll eine Kurzbeschreibung oder ein Beispiel ausgegeben werden.

4) Hinweise :
Bisher nicht fuer alle EPS-Kommandos realisiert.

Kommandobeschreibung : C O M P U T E
===

1) Funktion :
Das Kommando bewirkt die Generierung einer neuen Zeitreihe durch einen arithmetischen Ausdruck.

2) Spezifikationen :
a) FILE : enthaelt den Namen des Datenfiles, in den die zu generierende Reihe gespeichert werden soll. Falls der Datenfile noch nicht existiert, wird er automatisch erzeugt. Falls diese Position unbesetzt ist, wird die neuerzeugte Reihe im von EPS standardmaessig zur Verfuegung gestellten Datenfile NONAME abgespeichert.
b) EXPRESSION: arithmetischer Ausdruck, ueber den die Zeitreihe (Variable) generiert werden soll. Auf der rechten Seite muss mindestens eine Variable aus einem Datenfile, der in der Datenfile-Hierarchie enthalten ist, vorkommen.
Diese Position muss besetzt sein.
c) PERIOD: Angabe des Zeitraums,fuer den die Variable generiert werden soll, in der Form Anfangsjahr Anfangsperiode Endjahr Endperiode
Falls PERIOD nicht besetzt, wird der maximal moegliche Zeitraum verwendet.

3) Beispiele :
a) COMPUTE,FILE=AB,EXPR=Y=2*X1 + LAG(X2,1) - X5;
Die Zeitreihe Y soll aus 2*X1+X2(T-1)-X5 berechnet werden und soll im Datenfile AB gespeichert werden.
a) COMPUTE,USDATA,Z=Z/100.0;
Eine neue Reihe Z wird erzeugt. Falls USDATA in der Datenfile-Hierarchie der erste File ist, der eine Reihe Z enthaelt, wird diese durch die neu generierte Reihe ueberschrieben, und es erfolgt Meldung. Sonst wird die erste in den Datenfiles gefundene Reihe Z genommen, und deren Prozentwerte werden in Datenfile USDATA ebenfalls unter dem Namen Z gespeichert. Die urspruengliche Reihe Z wird dann nicht veraendert.

4) Hinweise :
a) Sollten 'Missing Values' in den Zeitreihen auf der rechten Seite der Gleichung auftreten, dann erfolgt ein Abbruch mit Fehlermeldung, ebenso wenn verschiedene Periodizitaeten auftreten.
b) Die neue Zeitreihe ist auf dem maximal moeglichen Zeitraum definiert, der durch die Zeitreihen auf der rechten Seite gegeben ist, sofern PERIOD diesen nicht einschraenkt.
c) Es duerfen alle Funktionen verwendet werden, die in EPS zur Verstehen (vergl. EPS-Beschreibung).
d) Auf der linken Seite darf nur eine Variable stehen und kein arithmetischer Ausdruck.
e) Die Zeitreihen auf der linken Seite der Gleichung duerfen in verschiedenen Datenfiles gespeichert sein. Die Zeitreihen werden entsprechend der Datenfile-Hierarchie (Kommando DFHIER) verwendet.

Kommandobeschreibung : C O N T R O L
====================================

1) Funktion :
Einschalten einer Kontrollstufe vor Ausfuehrung eines EPS-Befehls. Das Kommando ist nur im interaktiven Einstz von EPS sinnvoll.
Nach dem Wegschicken eines EPS-Befehls (einschl. Semikolon; am Ende) wird das EPS-Kommando mit allen Spezifikationsnamen aufgelistet, wobei die Information mit angegeben wird, ob die entsprechende Spezifikation vorbesetzt, vom Benutzer besetzt wurde oder noch besetzt werden muss. Der EPS-Anwender hat dann die Moeglichkeit, Spezifikationen neu zu besetzen oder fehlende Spezifikationswerte zu ergaenzen. Er schickt dann diese Spezifikationen, nachdem er sie durch ein Semikolon abgeschlossen hat, weg. Der Kontrollvorgang wiederholt sich ein weiteres Mal. Hat der Benutzer saemtliche Spezifikationen geprueft und sie fuer richtig befunden, schickt er nur ein Semikolon weg. Der EPS-Befehl wird daraufhin ausgefuehrt.
CONTROL kann durch das EPS-Kommando NOCONTRO ausgeschaltet werden. Beim Starten von EPS gilt NOCONTRO1.

2) Spezifikationen :
keine

3) Beispiel :
Der Benutzer hat sein EPS-Kommando-Handbuch vergessen und ist sich z.B. ueber die Spezifikationen zum Kommando COMPUTE unsicher. Was tun ...
Er schaltet die Kontrollstufe ein: CONTROL;
gibt das Kommando: COMPUTE;
ohne gleich Spezifikationen mit anzugeben. Er erhaelt dann die Liste der zu COMPUTE gehoerenden Spezifikationsnamen, und Angaben, inwieweit diese bereits vorbesetzt bzw. noch zu besetzen sind. Er uebergibt dann die noch fehlenden Spezifikationen:FILE=XX,EXP= Y2=Y**2; worauf er nocheinmal die Liste der zu COMPUTE gehoerenden Spezifikationsnamen etc. erhaelt. Da alle benoetigten Spezifikationen bereit uebergeben wurden, gibt der Benutzer nur ein Semikolon, worauf der COMPUTE-Befehl ausgefuehrt wird.
Es empfiehlt sich, die Kontrollstufe zu verlassen, wenn sie nicht mehr gebraucht wird: NOCONTRO;

4) Hinweise :
Ist die Kontrollstufe zugeschaltet und wird das Kommando: COMMENT; gegeben, werden zusaetzlich zu Kommando- und Spezifikationsnamen noch passende Kurzkommentare und Besetzungsbeispiele ausgegeben.

Kommandobeschreibung : C O R R E L A T

1) Funktion :
Berechnung von Korrelationskoeffizienten ausgewaehler Variablenpaare oder Interkorrelationsmatrizen von Variablenlisten nach PEARSON oder SPEARMAN.

2) Spezifikationen :
a) VARIABLE: Liste von Variablen (u.U. geteilt durch Schluesselwort WITH)
Kommt das Schluesselwort WITH in der Variablenliste vor, werden die Korrelationskoeffizienten zwischen den Variablen vor dem WITH mit denen nach dem WITH berechnet. Fehlt das Schluesselwort, wird eine Interkorrelationstabelle der angegebenen Variablen ausgegeben.
Die Liste der Variablen kann explizit (jede Variable in der Form DFILE.NAME oder einfach NAME) angegeben werden. Mit Hilfe des Schluesselwortes ALL besteht die Moeglichkeit, saemtliche Variablen eines bestimmten Datenfiles anzusprechen, z.B. DFILE.ALL. Fehlt Datenfilename DFILE, werden saemtliche Variablen aller Datenfiles, die in der Datenfile-Hierarchie enthalten sind, in die Liste der zu korrelierenden Variablen aufgenommen.

b) METHOD :
Es besteht die Wahlmoeglichkeit zwischen der Methode von PEARSON: Schluesselwort PEAR, und der von SPEARMAN (Rangkorrelation): Schluesselwort SPEAR.
Voreingestellt: METHOD=PEAR

c) PERIOD: Angabe des Beobachtungszeitraums in der Standardform Anfangsjahr Anfangsperiode Endjahr Endperiode.
Wird PERIOD nicht besetzt, werden die Korrelationskoeffizienten ueber den maximalen gemeinsamen Beobachtungsbereich berechnet.

3) Beispiele :
a) CORRELAT,VARIABLE= A B C WITH X Y,METHOD=PEAR,PERIOD=1970 3 1980 4;
Es werden die Pearsonschen Korrelationskoeffizienten zwischen a und x, b und x, c und x, a und y, b und y, c und y berechnet.

b) CORR,DATFIL1.ALL A B C, METH=SPEAR;
Es wird eine Interkorrelationstabelle zwischen allen Variablen des Datenfiles DATFIL1 und der Variablen A, B und C (die gemaess Datenfile-Hierarchie ausgewaehlt werden) nach der Methode von SPEARMAN ueber den jeweils maximalen gemeinsamen Beobachtungszeitraum berechnet

c) CORRELAT, VARIABLE=ALL WITH DATFIL1.ALL;
Es werden die Korrelationskoeffizienten aller Variablen in den Datenfiles der aktuellen Hierarchie mit den Variablen im Datenfile DATFIL1 nach PEARSON berechnet.

4) Hinweise :
Die zu korrelierenden Variablen muessen die gleiche Periodizitaet haben.

Kommandobeschreibung : C&
=========================

1) Funktion :
Bei C& handelt es sich nicht um ein EPS-Kommando im eigentlichen Sinn, sondern um eine Markierung von Kommentaren, die waehrend eines EPS-Laufes gegeben werden. Saetze (Lochkarten, Zeile auf Datensichtgeraet), die mit C& am Anfang markiert sind, werden von EPS nicht interpretiert; sie werden aber ins Ausgabeprotokoll uebernommen.

2) Spezifikationen :
entfaellt

3) Beispiel :

```
C&  *********   MODELLDEFINITION    *********
STEQ,LOGMOD,LOG(Y)=A0+A1*LOG(K)+A2*LOG(L);
C&  *********   S C H A E T Z E N   *********
OLS,LOGMOD,OUTPUT=NO;
C&  *********   TEST (H0: A1+A2=1)  *********
RESULTS,LINTEST=0  1  1   1.0;
STOP;
```

Kommandobeschreibung : D A T A

1) Funktion :
Einlesen von Zeitreihen (maximal 50) und den zugehoerigen Informationen wie Art der Engabe, Laenge, Zeitraum und Periodizitaet.

2) Spezifikationen :

a) FILE : Angabe des Datenfiles, in den die Reihen gespeichert werden sollen. Falls diese Position nicht besetzt ist, werden die Reihen auf den von EPS standardmaessig zur Verfuegung gestellten Datenfile NONAME gespeichert.
Falls der vom Benutzer angegebene Datenfile noch nicht existiert, wird er (nach einer Fehlermeldung) automatisch generiert. Er ist dann aber noch nicht in der Datenfile-Hierarchie enthalten.
Beispiel : FILE=USDATA
Die eingelesenen Reihen sollen unter den unter NAMES angegebenen Namen im Datenfile USDATA gespeichert werden.

b) NAMES : Namensangabe fuer max. 50 einzulesende Zeitreihe(n)
Beispiel : NAMES=Z1 Z2 Z3
Die einzulesenden Zeitreihen haben die Namen Z1, Z2 und Z3.
Hinweis : Diese Position muss besetzt sein. Der (die) Name(n) besteht aus max. 8 alphamerischen Zeichen (1. Zeichen alpha).
Nicht erlaubt als Namen sind die Schluesselwoerter ALL, WITH und BY sowie saemtliche Funktionsnamen (siehe COMPUTE-Kommando).

c) BEGIN : Angabe des Anfangszeitpunkts der Zeitreihe(n) in JAHR PERIODE mit 1900 < JAHR < 2000
Beispiel : BEGIN=1953 7
Bei Periodizitaet von 12 entspricht das Juli 1953.
Hinweis : Diese Position muss besetzt sein. Falls Anfangsperiode nicht angegeben, gilt Anfangsperiode = 1.

d) END : Angabe des Endzeitpunkts der Zeitreihe(n) in JAHR PERIODE mit 1900 < JAHR < 2000
Beispiel : END=1924 8
Bei Periodizitaet von 12 entspricht das August 1924.
Hinweis : Diese Position braucht nicht besetzt zu sein, falls BEGIN und NOBS gegeben.
Falls keine Angabe oder Angabe nicht konsistent mit BEGIN und NOBS, erfolgt Korrektur.

e) PERIODIC : Angabe der Periodizitaet der Zeitreihe(n) innerhalb eines Jahres. Zulaessig sind bisher nur die Periodiziataeten 1, 2, 3, 4, 6 und 12. Voreingestellt ist PERIOD=1 (Jahreswerte).
Beispiel : PER=4
Die Zeitreihe(n) bestehen aus Quartalswerten.

f) NOBS : Angabe der Anzahl der Beobachtungen pro Zeitreihe(n)
Beispiel : NOBS=20
Zu jeder der unter NAMES angegebenen Reihen sollen 20 Beobachtungen eingelesen werden.
Hinweis : Diese Position braucht nicht besetzt sein, falls BEGIN und END gegeben.
Maximal 150 Beobachtungen pro Zeitreihe sind moeglich

g) MISSING : Angabe der Zahlen, die fuer fehlende Zeitreihenwerte (missing values) stehen. Max. 4 Werte sind erlaubt. Diese Position braucht nicht besetzt zu sein.
Beispiel : MISSING=9999 -99.99
Alle einzulesenden Zeitreihenwerte mit dem Wert 9999 oder -99.99 werden als missing values behandelt.
Missings werden beruecksichtigt bei PLOT, CORRELAT, STATISTICS, nicht jedoch bei Schaetzverfahren wie OLS, THREESLS etc. Hier duerfen im Schaetzzeitraum keine missing values auftreten, sonst Abbruch.

h) DORGANIS : Angabe ueber die Art der Eingabe : O oder V.
Beobachtung nach Beobachtung : O,
Variable nach Variable : V.
Beispiel : DORGANIS=O
Die Zeitreihe(n) sollen Beobachtung nach Beobachtung eingelesen werden. D.h. dass zuerst fuer alle einzulesenden Reihen die erste Beobachtung, dann fuer alle die zweite usw. eingelesen werden.
Beispiel : DO=V
Die Zeitreihen sollen Variable nach Variable eingelesen werden. D.h. dass zuerst fuer die erste Reihe alle NOBS Beobachtungswerte, dann fuer zweite usw. eingelesen werden.
Hinweis : Diese Position braucht nicht besetzt zu sein. Voreingestellt ist DORG=V.

i) INPUTMED : Angabe, von wo die Rohdaten gelesen werden sollen, ueber die Schluesselwoerter CARD oder FILE. FILE gibt an, dass die Rohdaten von einem externen Datentraeger (Plattenfile,Band) eingelesen werden sollen. In diesem Fall muss auch die Spezifikation FORMAT besetzt sein, da von externen Files nur formatierte Daten eingelesen werden koennen. Die explizite Angabe des Traegers und Namen des FILE erfolgt beim Starten von EPS ueber die Spezifikationen F und TF (Beispiel:$EPS,F=BRD,TF=LFD(UWI001) Die Daten liegen auf Datei BRD, Traeger LFD(UWI001))
Die Angabe des Schluesselwortes CARD bedeutet, dass die Rohdaten als Spezifikationswerte zu OBSERVAT innerhalb des EPS-Jobs folgen. FORMAT darf dann nicht besetzt sein. CARD ist voreingestellt.
Beispiel : INPUTMED=CARD
Die Zeitreihenwerte werden ueber OBSERVAT eingegeben.

j) FORMAT : Angabe des Formats der einzulesenden Daten.
Beispiel : FORMAT=(1X,5F10.5)
Die einzulesenden Daten sind formatiert mit (1X,5F10.5)
Hinweis : Diese Position muss nur dann besetzt sein, wenn INPUTMED=FILE.
Die Formatvereinbarung muss gemaess FORTRAN IV Konventionen erfolgen.
Die Formatangabe darf nicht mehr als 400 Zeichen (Blanks bleiben unberuecksichtigt) umfassen.

k) OBSERVAT : unformatierte Eingabe der Beobachtungswerte, die ganzzahlig oder als Dezimalzahlen vorliegen duerfen, fuer die unter NAME vereinbarten Reihen. Die Beobachtungswerte werden durch Blank voneinander getrennt.
Beispiel : OBS=-9.1 -2 5.0 30.98 45 67 123.123
Es werden sieben Beobachtungen uebergeben.
Hinweis : maximal 1200 Beobachtungen mit einem DATA-Befehl.

3) Beispiele :

a) DATA,FILE=USDATA,NAME=DUMMY74,BEGIN=1970 1,END=1979 1,PER=1,
OBSERV=0 0 0 0 1 0 0 0 0 0;

Abspeichern einer Dummyvariablen mit Namen DUMMY74, die im Jahre 1974 den Wert 1 und sonst den Wert 0 besitzt, im Datenfile USDATA. Die Zeitreihe beginnt 1970 und endet 1979. Es handelt sich um Jahreswerte (Periodizitaet PER=1).

b) DATA,NAME=D74 D75,BEGIN=1970 1,NOBS=10,
OBSERV=0 0 0 0 1 0 0 0 0 0 0 0 0 0 0 1 0 0 0 0;

Einlesen zweier Dummyvariablen. Die erste hat 1974, die zweite 1975 den Wert 1, sonst 0. Da kein Datenfile angegeben ist, werden die beiden Reihen auf dem von EPS standardmaessig zur Verfuegung gestellten File NONAME abgespeichert.

c) Dass., nur mit Datenorganisation 'Beobachtung nach Beobachtung'
DATA,NAME=D74 D75,BEGIN=1970 1,NOBS=10,DORG=0,
OBSERV= 0 0 0 0 0 0 0 0 1.0 0 0 1.0 0 0 0 0 0 0 0 0;

d) Einlesen von Rohdaten von externer Datei:
DATA,NAME=D74 D75,BEGIN=1970 1,END=1979 1,FORMAT=(10F1.0),
INPUT=FILE;

Die beiden Datensaetze fuer D74 bzw. D75 sehen wie folgt aus:
0000100000
0000010000

Im EPS-Starte-Kommando muessen die Spezifikationen F mit dem Dateinamen und TF mit dem Traeger der Datei besetzt sein, die die Rohdatensaetze enthaelt:
z.B. EPS,F=DIWCARDS,TF=LFD(UWZ000),....

4) Hinweise :

a) Einlesen mehrerer Zeitreihen mit einem DATA-Befehl nur moeglich gleichem Anfangszeitpunkt und gleicher Periodizitaet.

Kommandobeschreibung : D F D E F I N E
==

1) Funktion :
Definition (Generieren) eines Datenfiles, in dem Daten (Zeitreihen, Querschnittsdaten) gespeichert werden koennen.

2) Spezifikationen :
a) NAME : enthaelt den Namen des zu generierenden Files. Diese Position muss besetzt sein.

3) Beispiele :
a) DFDEF,AB;
Es soll ein Datenfile mit dem Namen AB generiert werden.

4) Hinweise :
a) Datenfiles werden innerhalb der Kommandos DATA und COMPUTE automatisch generiert, falls sie noch nicht existieren sollten. Fuer DFHIER muessen sie aber vorhanden sein.
b) Standardmaessig wird von EPS ein Datenfile NONAME zur Verfuegung gestellt. Falls der Benutzer diesen nicht verwenden will, sollte er ihn loeschen: DFDELETE,NONAME;

Kommandobeschreibung : D F D E L E T E
=======================================

1) Funktion :
   Loeschen eines Datenfiles

2) Spezifikationen :
   a) NAME : enthaelt den Namen des zu loeschenden Files. Diese Position muss besetzt sein.

3) Beispiele :
   a) DFDELET,AB;
      Der Datenfile mit Namen AB soll geloescht werden.

4) Hinweise :
   siehe Kommando MFDELETE.

Kommandobeschreibung : D F H I E R A R
======================================

1) Funktion :
Definition einer Datenfile-Hierarchie. Wenn der Benutzer keine eigene Datenfile-Hierarchie bestimmt, enthaelt die Hierarchie-Liste nur den Datenfile NONAME, der von EPS automatisch zur Verfuegung gestellt wird.
Fuer Lesevorgaenge stehen nur jene Datenfiles zur Verfuegung, die in der Datenfile-Hierarchie enthalten sind.

2) Spezifikationen :
a) ORDER : enthaelt die Hierarchiefolge in Form von Datenfilenamen. Die hier angegebenen Datenfiles muessen existieren. Die Position muss besetzt werden.

3) Beispiele :
a) DFHIER,AA AB AC;
vergl. Kommando MFHIER.

4) Hinweise :
entsprechend Kommando MFHIER.

Kommandobeschreibung : D F I N F O
==================================

1) Funktion :
Das Kommando dient zur Information ueber den Inhalt der Datenbank und der darin enthaltenen Datenfiles

2) Spezifikationen :
a) FILENAME : Ist diese Spezifikation mit YES besetzt, so werden die Namen aller Datenfiles mit Angabe ihrer Position in der Datenfile-Hierarchie aufgelistet. Eine Besetzung mit NO (voreingestellt) unterdrueckt diese Listen. Besetzung mit ONLY entspricht YES mit dem Unterschied, dass (wenn FILE unbesetzt ist) die Namen der Variablen in den Datenfiles nicht ausgegeben werden.
b) FILE : Hier koennen Filenamen angegeben werden. Alle Zeitreihen in diesen Files werden dann in alphabetischer Reihenfolge ausgegeben.
Ist diese Spezifikation nicht besetzt, so werden alle Datenfiles in der Datenbank beruecksichtigt.
c) MODUS : Besetzung durch FILESORT bewirkt Auflisten aller Zeitreihennamen in alphabetischer Reihenfolge geordnet nach Files. NAMESORT bewirkt alphabetisches Auflisten aller Zeitreihennamen.
Voreinstellung: MODUS=FILESORT

3) Beispiele :
a) DFINFO,FILENAME=ONLY;
Alle Datenfiles, die in der Datenbank existieren, werden mit Namen und ihrer aktuellen Hierarchie aufgelistet.
b) DFINFO,FILE=A B;
Die Namen aller Zeitreihen, die in den Files A und B gespeichert sind, werden in alphabetischer Reihenfolge gelistet.
c) DFINFO,MODUS=NAMESORT;
Alle Zeitreihennamen in der Datenbank werden in alphabetischer Reihenfolge ausgegeben.
d) DFINFO,MODUS=FILESORT;
Alle Zeitreihennamen in der Datenbank werden nach Files geordnet in alphabetischer Reihenfolge ausgegeben.

Kommandobeschreibung : D F S A V E
===

1) Funktion :
Uebertragen aller existierenden Datenfiles des Benutzers auf eine im EPS-Starte-Kommando naeher zu spezifizierende (permanente) Datei (siehe unter 4) Hinweise). Nicht uebertragen werden die Datenfiles der Backgrounddatei, ebenfalls nicht die aktuelle Datenfile-Hierarchie.

2) Spezifikationen :
keine

3) Beispiele :
a) DFSAVE;
Es sollen alle existierenden Datenfiles des Benutzers auf eine vom Anwender angegebene Datei uebertragen werden. Nicht uebertragen wird die Backgrounddatei, ebenfalls nicht weggespeichert wird die aktuelle Datenfile-Hiierarchie.

4) Hinweise :
a) Durch die Kommandofolge:

```
DFDEFINE,AB;
DATA,NAMES=Z1 Z2 ... ,FILE=AB,....;


DFSAVE;
STOP;
```

koennen in folgenden EPS-Laeufen die Zeitreihen Z1,... des Datenfiles AB verwendet werden, da dieser File ueber DFSAVE auf eine vom Benutzer angegebene (permanente) Datei weggeschrieben wurde. Der Benutzer muss diese Datei bereits beim Starten von EPS angeben, und zwar zu den Spezifikationen SDF (Save Data File) und TSDF (Traeger SDF): $EPS,SDF=DATA1,TSDF=LFD(UWI000),... bewirkt, dass die mit DFSAVE geretteten Datenfiles auf dem Traeger LFD(UWI000) unter dem Dateinamen DATA1 abgespeichert werden. Achtung: Falls die angegebene Datei auf dem Traeger bereits existiert, wird sie ueberschrieben.
Der Wiederzugriff auf die geretteten Datenfiles wird moeglich, indem beim Starten von EPS zu den Spezifikationen DF (Data File) und TDF (Traeger DF) der entsprechende Dateiname und der zugehoerige Traeger angegeben wird: $EPS,DF=DATA1,TDF=LFD(UWI000), ... Hinweis: Die Datei kann vom Benutzer auch als Backgrounddatei verwendet werden: $EPS,BF=DATA1,TBF=LFD(UWI001),... mit BF: Backgroundfile, und TBF: Traeger BF.

Kommandobeschreibung : G L S A U T

1) Funktion :

Das Kommando GLSAUT bewirkt die Schaetzung der unbekannten Parameter einer stochastischen Gleichung unter der Annahme von Autokorrelation der Residuen (ausgeschlossen ist gleichzeitig die Annahme von Heteroskedastizitaet).
Es liegt folgendes Modell vor : $y = Xb + u$,
mit $E(u)=0$, $E(uu')=(s**2)*W$ und $W^{-1} = P'P$, wobei unterstellt wird, dass die Stoergroesse u_t entsteht durch :

$$u_t = r_i * u_{t-i} + \ldots\ldots + r_q * u_{t-q} + eta_t$$

mit q:= Ordnung des angenommenen autoregressiven Prozesses wobei durchaus $r_i = 0$ fuer einige i<q gelten darf.
Als Schaetzfunktion fuer b erhaelt man :

$$\tilde{b} = (X'P'PX)^{-1} X'P'Py = (X^{*\prime}X^{*})^{-1} X^{*\prime} y^{*}$$

mit $y^{*}=Py$ und $X^{*}=PX$.

2) Spezifikationen :

a) EQUATION : wie bei OLS-Kommando

b) PERIOD : wie bei OLS-Kommando

c) ORDER : Hier werden diejenigen Koeffizienten r_i des autoregressiven Prozesses der Residuen festgelegt, die ungleich Null sind. Die Indices i sind ganzzahlig und aufsteigend sortiert durch Blank getrennt anzugeben. Voreinstellung: ORDER=1.

d) ITERAT : durch Setzen von YES koennen die Schaetzwerte p_i fuer r_i des autoregressiven Prozesses der Residuen iterativ mittels einer Cochran-Orcutt-Prozedur verbessert werden. Bei NO wird keine iterative Verbesserung durchgefuehrt. Werden die r_i mittels der der Spezifikation COEFF vom Benutzer angegeben, so kann auch hier eine iterative Verbesserung vorgenommen werden.
Es werden maximal 10 Iterationen durchgefuehrt oder abgebrochen, wenn die Maximumsnorm ($\max_i |x_i|$) des Vektors der Differenz zweier aufeinanderfolgender r-Vektoren kleiner als 0.01 ist.
Voreinstellung: ITERAT=NO

e) COEFF : Ist diese Spezifikation unbesetzt, so werden die Koeffizienten r_i durch EPS mit OLS geschaetzt als p_i aus dem Modell :

$$e_t = r_1 * e_{t-1} + \ldots\ldots + r_q * e_{t-q} + eta_t$$

(q ist der groesste Wert in der Spezifikation ORDER, e sind die Residuen aus einer OLS-Schaetzung von b. Koeffizienten , die in ORDER nicht genannt sind, unterliegen Nullrestriktionen)

Die transformierten Beobachtungsmatrizen $y^* = Py$, $X^* = PX$ entstehen dann aus folgender Berechnungsvorschrift:

$$y^*_t = y_t - p_1 * y_{t-1} - \ldots\ldots - p_q * y_{t-q} \qquad t=q+1,\ldots,T$$

$$x^*_{kt} = x_{kt} - p_1 * x_{kt-1} - \ldots\ldots - p_q * x_{kt-q} \qquad t=q+1,\ldots,T \quad k=1,\ldots,K$$

Ist ORDER=1, gehen durch die Transformation keine Beobachtungen verloren, da dann gilt:

$$y^*_1 = y_1 * wurzel(1-p_1 * p_1)$$

$$x_{k1} = x_{k1} * wurzel(1-p_1 * p_1) \text{ fuer alle } k$$

Durch Besetzen der Spezifikation COEFF kann der Benutzer die Werte p_i fuer alle r_i's entsprechend der der Besetzung von ORDER vorgeben. Die erste Stufe einer GLSAUT-Schaetzung, die Schaetzung der Autokorrelationskoeffizienten, entfaellt dann. Wenn ITERAT=YES, werden die r's als Startwerte benutzt und iterativ verbessert. Es muss fuer jeden in ORDER bezeichneten Koeffizienten ein Wert angegeben werden.

f) OUTPUT : wie bei OLS-Kommando.

3) Beispiele :

a) GLSAUT,EQUATION=AA.INVEST,PER=1960 4 1970 2,ORDER=1 3 8,IT=YES;
Die Parameter der Gleichung INVEST (gespeichert im Modellfile AA) sollen im Zeitraum 1960 vierte Periode bis 1970 zweite Periode mit der verallgemeinerten Methode der kleinsten Quadrate geschaetzt werden. Den Residuen soll der autoregressive Prozess $u_t = r_1 u_{t-1} + r_3 u_{t-3} + r_8 u_{t-8}$ zugrunde liegen. Die Koeffizienten r_1, r_3 und r_8 sollen von EPS geschaetzt und iterativ verbessert werden.

b) GLSAUT,AA.INVEST,ORDER=1 2 5,COEFF=0.5 0.02 -0.23,OUT=MAXIMAL;
Die Parameter der Gleichung INVEST (gespeichert im Modellfile AA) sollen ueber den maximal moeglichen Schaetzzeitraum mit der verallgemeinerten Methode der kleinsten Quadrate geschaetzt werden. Den Residuen soll der autoregressive Prozess :

$$u_t = 0.5u_{t-1} + 0.02u_{t-2} - 0.23u_{t-5}$$

zugrunde liegen. Keine iterative Verbesserung. Der Output soll die unter c)iii) in der OLS-Kommandobeschreibung angegebenen Statistiken enthalten.

4) Hinweise :

a) Bei dem angewandten Verfahren werden fuer q>1 keine Werte fuer die bei der Berechnung der X^* und y^* unter Umstaenden verlorengehenden Zeilen eingesetzt. Die Zahl der Beobachtungen vertungen vermindert sich entsprechend.

b) Das Vorliegen eines autoregressiven Prozesse erster Ordnung kann durch den Durbin-Watson Test aufgespuert werden.

b) Saemtliche Tests und Statistiken werden auf der Grundlage des transformierten Modells Py=PXb+Pu berechnet.

d) Es wird keine Schaetzung durchgefuehrt, wenn die Anzahl der erklaerenden Variablen groesser ist als der Stichprobenumfang vermindert um den groessten Lag des autoregressiven Prozesses.

Kommandobeschreibung : G L S H E T

1) Funktion :

Das Kommando GLSHET bewirkt die Schaetzung der unbekannten Parameter einer stochastischen Gleichung unter der Annahme von Heteroskedastizitaet der Residuen ohne Autokorrelation mit der verallgemeinerten Methode der kleinsten Quadrate (Generalized Least Squares).
Es liegt folgendes Modell vor : $y = Xb + u$

mit $E(u)=0$, $E(uu')=(s^{2})W$ und $W^{-1}=P'P$
Die Stoergroesse u sei normalverteilt, wobei angenommen wird, dass die Varianz proportional zu $(Z(t)^{d})$ ist. d legt fest, mit welcher Zahl Z(t) potenziert werden soll. Als geeignete Variablen Z(t) kommen y^{*} $(:=Xb^{*})$ oder X_k (eine der echten erklaerenden Variablen) in Frage.
Als Schaetzfunktion fuer b ergibt sich :

$$\hat{b} = (X'P'PX)^{-1} X'P'Py = (X^{*\prime} X^{*})^{-1} X^{*\prime} y^{*}$$

mit $X^{*}=PX$ und $y^{*} = Py$

2) Spezifikationen :

a) EQUATION : wie bei OLS-Kommando

b) PERIOD : wie bei OLS-Kommando

c) FILTER : steuert, welche Zeitreihe Z(t) verwendet wird. Uebergibt FILTER den Wert 0 (FILTER=0), so wird fuer Z(t) die OLS-angepasste zu erklaerende Variable $y^{*}=Xb^{*}$ verwendet (b^{*}: OLS-Schaetzer fuer b). Ist zu FILTER ein Wert k $(0 < k <= K)$ spezifiziert, wird fuer Z(t) die k-te erklarende Variable x_k verwendet.
Der Index k darf nicht die Scheinvariable bezeichnen.
Voreinstellung: FILTER=0

d) DELTA : hier kann der Wert fuer d (Zahl, mit der der Filter potenziert werden soll) als Dezimalzahl angegeben werden. Voreingestellt ist DELTA=2.

e) OUTPUT : wie bei OLS-kommando

3) Beispiele :

a) GLSHET,EQUATION=AA.INVEST,PER=1960 4 1970 2,FIL=3,DEL=0.85;
Die Parameter der Gleichung INVEST (gespeichert im Modellfile AA) sollen im Zeitraum 1960 vierte Periode bis 1970 zweite Periode mit der verallgemeinerten Methode der kleinsten Quadrate geschaetzt werden, unter der Annahme :
$s(u)^{2}$ sei proportional $(x_3(t))^{0.85}$. Der Output soll die unter c)ii) in der OLS-Kommandobeschreibung angegebenen Statistiken enthalten.

4) **Hinweise :**

a) **Heteroskedatizitaet** der Residuen kann ueber den Goldfeld-**Quandt-Homoskedastizitaetstest** aufgespuert werden. (**RESULTS,RESIDi=YES;**)

b) **Saemtliche** Tests und Statistiken werden auf der Grundlage des **transformierten Modells** Py=PXb+Pu berechnet.

c) **Es wird keine** Schaetzung durchgefuehrt, wenn die Anzahl der erklaerenden Variablen groesser ist als die der Beobachtungen.

Kommandobeschreibung : I D E N T I T Y
==

1) Funktion :
Defintion einer Identitaetsgleichung.

2) Spezifikationen :

a) NAME : uebergibt NAME oder MFILE.NAME, wobei MFILE angibt, welcher Modellfile die Identitaet NAME aufnehmen soll. MFILE sollte vorher als Modellfile definiert worden sein (mit MFDEFIN). Falls nicht, wird der File automatisch generiert. Er ist dann aber noch nicht in der Modellfile-Hierarchie vorhanden.
Ist nur name gegeben, wird die Identitaet im Modellfile NONAME, der von EPS standardmaessig zur Verfuegung gestellt wird, abgespeichert.
Diese Position muss besetzt sein.
Sollte eine RESTRICT, STEQ oder ein MODEL in MFILE bereits NAME heissen, wird sie durch die neue Identitaet NAME ersetzt.

b) EQUATION : Hier wird die Identitaet in der ueblichen Noation angegeben. Parameter duerfen, obwohl ihr Wert in Identitaeten bekannt ist, nur als Parameternamen, nicht als numerische Werte, angegeben werden.
Diese Position muss besetzt sein.

c) PARAM : falls in b) die Parameter nicht vor den Modellvariablen stehen, muessen hier die in der Identitaet vorkommenden Parameternamen angegeben werden.

d) PVALUE : hier muss zu jedem Parameter der dazugehoerige numerische Wert angegeben werden. Dies geschieht in der Form: PVAL= PARAMi VALUEi PARAMk VALUEk ....
Parameter, deren Wert gleich 1 ist,muessen nicht in der PVALUE-Liste aufgefuehrt werden. Falls alle Parameter den Wert 1 haben, kann PVALUE entfallen.

3) Beispiele :

a) IDENT, FILMOD.Y, Y(T) =D1*C(T)+D2*I(T)+D3*Z , PVAL=D3 -1;
Die Identitaet Y(T)=... soll unter dem Namen Y in der Modelldatei FILMOD abgespeichert werden. Die Parameter D1 und D2 haben den Wert 1, D3 den Wert -1.

b) IDENTITY ,EQUAT=Y=C*A1+I*A2,NAME=DEFINIT.INCOME,PARAM=A1 A2;
Die Identitaet Y=.. soll unter dem Namen INCOME in dem Modellfile DEFINIT gespeichert werden. Die Parameter A1 und A2 werden, da sie nicht vor den Variablen stehen, mit Hilfe der Spezifikation PARAM kenntlich gemacht. Entspreched der Standardvorbesetzung erhalten sie den Wert 1 zugewiesen.

4) Hinweise :

a) vergl. Hinweise a) - c) zum Kommando COMPUTE.

b) Auf der linken Seite der Gleichung ist auch ein arithmetischer Ausdruck erlaubt, z.B. LN(Q), (I-I(T-1)) etc.

Kommandobeschreibung : K C L A S S

1) Funktion :
   Das Kommando KCLASS bewirkt die Schaetzung der unbekannten Parameter einer oder aller stochastischen Gleichung(en) eines oekonometrischen Modells mittels der Double-k-Klasse-Schaetzfunktion.

2) Spezifikationen :
   a) MODEL : wie bei THREESLS-Kommando.
   b) EQUATION : wie bei OLS-Kommando. Wird kein Name angegeben, so werden die Parameter aller stochastischen Gleichungen des Modells geschaetzt.
   c) PERIOD : wie bei OLS-Kommando.
   d) METHOD : hier kann die Art der Schaetzfunktion festgelegt werden. Durch Besetzung mit OLS, TSLS (voreingestellt), LISE oder KCLAS erfolgt die Auswahl; wird KCLAS angegeben, so muss die Spezifikation PARAM besetzt werden.
   e) PARAM : Durch Angabe von zwei Dezimalzahlen (durch Blank getrennt) kann hier die (Double-) k-Klasse-Schaetzfunktion ausgewaehlt werden. Fuer die k-Klasse-Schaetzfunktion muessen zwei identische Werte eingegeben werden. Die Besetzung dieser Spezifikation mit zwei Werten ist notwendig, wenn in der Spezifikation METHOD=KCLAS angegeben wurde.
   f) OUTPUT : wie bei OLS.

3) Beispiele :
   a) KCLASS,MODEL=AA.KONSUM,EQUAT=AB.INVEST,MET=LISE,OUT=MAXIMAL;
      Die Parameter der Gleichung INVEST (gespeichert in Modellfile AB) innerhalb des Modells KONSUM (gespeichert in Modellfile AA) soll mit der Limited Information Single Equation Methode (LISE) ueber den maximal moeglichen Schaetzzeitraum berechnet werden. Der Output soll die unter der Spezifikation OUTPUT iii) aufgefuehrten Statistiken enthalten.
   b) KCLASS,AA.KONSUM,AB.INVEST,MET=KCLAS,PAR=0.5 0.5,OUTPUT=NO;
      Bedeutung wie in Beispiel a); die Schaetzfunktion soll jetzt der k-Klasse-Schaetzer mit dem Parameter 0.5 sein. Kein Output.

4) Hinweise :
   a) TSLS wird nicht durchgefuehrt, wenn die Anzahl der exogenen Variablen im Modell groesser als der Stichprobenumfang ist.
   b) Allgemein bei den k-Klasse-Schaetzern (auch Double-) wird keine Schaetzung durchgefuehrt, wenn die Anzahl der exogenen Variablen plus die Anzahl der endogenen Variablen in der entsprechenden Gleichung groesser als der Stichprobenumfang ist.

Kommandobeschreibung : L I S T
==

1) Funktion :
Auflistung aller Gleichungen eines Modells, einzelner Gleichungen und von Restriktionen, Ausgabe von Informationen ueber Modelle.

2) Spezifikationen :
a) TYPE : enthaelt Art der Information : MODEL, EQUATION oder RESTRICT. Diese Position muss besetzt sein.
b) NAME : enthaelt den (die) Gleichungs-, Restriktions- oder Modellnamen in der Art : MFILE.NAME oder einfach NAME. Im letzteren Fall werden die Modellfiles in der Reihenfolge, wie sie durch das Kommando MFHIER vereinbart wurde, durchsucht. Die Position muss besetzt sein.
c) INFO : zusaetzliche Informationen zu einem Modell werden ausgegeben, wenn YES angegeben wird. Voreingestellt ist NO. Die zusaetzlichen Informationen bestehen aus :
Anzahl der endogenen Variablen im Modell,
Anzahl der exogenen Variablen im Modell,
Erstellungsdatum des Modells,
Anzahl der zu schaetzenden Parameter,
Liste der Gleichungen (u.U. mit Parameterschaetzwerten).

3) Beispiele :
a) LIST,TYPE=MODEL,NAME =FILEA.MODELL1,INFO=YES;
Es soll das Modell MODELL1, gespeichert in dem Modellfile FILEA mit allen Informationen aufgelistet werden. FILEA muss in der Modellfile-Hierarchie vorkommen.
b) LIST,EQUATION,A.GL1 B.GL3;
Es sollen die Gleichungen GL1 (in Modellfile A) und GL3 (in Modellfile B) aufgelistet werden. Beide Files muessen in der Modellfile-Hierarchie vorkommen.

4) Hinweise :
a) Beim Auflisten der Gleichungen, die zu einem Modell gehoeren, muss eine Hierarchieliste bestehen (Kommando MFHIER). Hat sich die Hierarchieliste zwischen den Kommandos MODEL und LIST geaendert, so werden die Gleichungen gemaess der aktuellen Hierarchie ausgegeben.
b) Stimmt die Art (MODEL,EQUATION oder RESTRICT) in der Position TYPE nicht mit dem (den) Namen ueberein, so erfolgt eine Fehlermeldung.

Kommandobeschreibung : M A X R E S U L t s
==

1) Funktion :
Neudefinition der Vorbesetzung der Spezifikation OUTPUT=MAXIMAL der Schaetzekommandos.
MAXIMAL resultiert in der Ausfuehrung des folgenden RESULTS-Befehls:

```
RESULTS,PARAM=YES,CONFINT=YES,RESID1=PLOT,RESID2=YES,ZEROTEST=YES;
```

sofern diese Vorbesetzungen nicht mit Hilfe des Kommandos MAXRESUL geaendert wurden.

2) Spezifikationen :
wie bei RESULTS.

3) Beispiele :
a) MAXRES,PARAM=YES,REDFORM=YES;
In Zukunft werden, wenn in einem Schaetzekommando mit OUT=MAX die Parameterschaetzwerte und die reduzierte Form ausgegeben.
b) MAXRES,GL1, PARAM=YES,ZEROTEST=YES,RESID2=YES,RESID1=PLOT;
In Zukunft werden bei OUTPUT=MAX die Parameterschaetzwerte, der Test auf Signifikanz des Erklaerungsansatzes, die durch RESID2 bezeichneten Masszahlen fuer die Residuen ausgegeben, und Plots ausgegeben, und zwar nur fuer Gleichung GL1

4) Hinweise :
Analog zu MAXRESUL gibt es das Kommando MINRESUL, mit dem die Besetzung fuer OUTPUT=MINIMAL veraendert werden kann.
Die Vorbesetzung von MAXRESUL kann vom Benutzer nur fuer den Jeweiligen EPS-Lauf, nicht fuer folgende, veraendert werden.

Kommandobeschreibung : M F D E F I N E

1) Funktion :
Definition (Generieren) eines Modellfiles, in dem Modelle, Gleichungen, Restriktionen und Parameterschaetzwerte gespeichert werden koennen (ueber die Kommandos MODEL, STEQ, IDENT, RESTRICT PARSTORE).

2) Spezifikationen :
a) NAME : enthaelt den Namen des zu generierenden Modellfiles. Diese Position muss besetzt sein. Es darf nur ein Name angegeben werden.

3) Beispiele :
a) MFDEF,NAME=MFILE4;
Es soll ein Modellfile mit dem Namen MFILE4 generiert werden.

4) Hinweise :
a) Falls in den Kommandos MODEL, RESTRICT, STEQ und IDENT ein Modellfile angesprochen wird, der noch nicht existiert, wird dieser automatisch generiert. Fuer das Kommando MFHIER muss der Modellfile jedoch bereits existieren.

Kommandobeschreibung : M F D E L E T E
==

1) Funktion :
Loeschen eines Modellfiles, in dem Modelle, Gleichungen, Restriktionen oder Parameterwerte gespeichert sind.

2) Spezifikationen :
a) NAME : enthaelt den Namen des zu loeschenden Modellfiles. Diese Position muss besetzt sein. Es darf nur ein Name angegeben werden.

3) Beispiele :
a) MFDELET,NAME=MFBRD;
Es soll der Modellfile mit dem Namen MFBRD geloescht werden.

4) Hinweise :
EPS arbeitet intern mit temporaeren Dateien. Die Loeschung eines Modellfiles hat fuer folgende EPS-Laeufe nur dann Auswirkungen, wenn anschliessend MFSAVE gegeben und die so erzeugte Modellbank dann permanent gemacht wird. In weiteren Laeufen kann die gerettete Modellbank als Arbeitsgrundlage verwendet werden.

Kommandobeschreibung : M F H I E R A R
==

1) Funktion :
Definition einer Hierarchie auf Modellfiles (das sind Files, die Modelle, Gleichungen, Restriktionen und Parameterschaetzwerte enthalten). Nur von den Modellfiles, die in der Modellfile-hierarchie enthalten sind, kann gelesen werden. Falls z.B. ein Gleichungs- oder Modellname in verschiedenen Modellfiles auftritt, werden (sofern der Modellfile nicht explizit angegeben wurde) die Modellfiles in der durch die Modellfile-Hierarchie bestimmten Reihenfolge nach dem Namen durchsucht. Die Suche wird abgebrochen, sobald sie erfolgreich war.
Falls vom EPS-Anwender keine eigene Modellfile-Hierarchie definiert wird, enthaelt diese nur den von EPS standardmaessig zur Verfuegung gestellten Modelfile NONAME.

2) Spezifikationen :
a) ORDER : Angabe der hierarchischen Folge der Modellfiles in der Form ORDER=MFILE1 MFILE2 ...... MFILEn, wobei MFILE1 bis MFILEn Namen existierender Modellfiles sind.
Diese Position muss besetzt sein.

3) Beispiele :
a) MFHIER,AA AB AC;
In der Hierarchiefolge soll der Modellfile AA an erster und der Modellfile AC an letzter Stelle stehen.
Falls z.B. bei einer Schaetzung ueber OLS (OLS,EQUATION=GL1;) nur der Gleichungsname (hier: GL1), aber nicht der Modellfile, auf den GL1 abgelegt wurde, genannt wird, wird GL1 zuerst in Modellfile AA, dann in Modellfile AB, dann in Modellfile AC gesucht. Wurde aber GL1 auf Modellfile AZ abgelegt, der nicht in der Modellfile-Hierarchie enthalten ist, kann GL1 nicht gefunden werden.

b)
```
TITLE,'BEISPIEL FUER ANWENDUNG DES HIERARCHIE-KONZEPTS';
STEQ,VERSION1.CONSUM,C=A0+A1*Y;
STEQ,VERSION2.CONSUM,C=A0+A1*Y+A2*C(T-1);
STEQ,MFILE.CONSUM,C=A0+A1*Y+A2*C(T-1)+A3*C(T-2);
IDENTITY,MFILE.GNP,Y=B1*C+B2*I;
MODEL,MFILE.KEYNES,EQUATION=CONSUM GNP;
MFHIER,MFILE;
THREESLS,KEYNES;
MFHIER, ORDER=VERSION1 MFILE;
THREESLS,KEYNES;
MFHIER,VERSION2 MFILE;
THREESLS,KEYNES;
STOP;
```

Wir spezifizieren drei alternative Konsumfunktionen, die unter dem Namen CONSUM jeweils im Modellfile VERSION1, VERSION2 und MFILE abgespeichert werden. Unter dem Namen KEYNES wird ein Zwei-Gleichungs-Modell aus Konsumfunktion CONSUM und der Volkseinkommensidentitaet GNP definiert.
Entsprechend der vereinbarten Modellfile-Hierarchie wird bei der ersten Schaetzung das Modell aus Gleichungen des Modellfiles MFILE aufgebaut. Bei der zweiten Schaetzung wird die Konsumfunktion aus Modellfile VERSION1 und die Identitaet aus MFILE, bei der dritten die Konsumfunktion aus Modellfile VERSION2 und die Identitaet aus MFILE entnommen und fuer den Aufbau des Modells verwendet.

4) Hinweise :

a) Modelle, Gleichungen oder Restriktionen werden nur in Modellfiles aus der Modellfile-Hierarchie gesucht. Durch Veraenderung der Folge koennen z.B. Gleichungen, die denselben Namen haben, aber in verschiedenen Files gespeichert sind (z.B. einmal mit und einmal ohne Absolutglied) in Modellen ausgetauscht werden.

b) Wird z.B. eine Restriktion, Gleichung oder ein Modell nicht gefunden (Fehlermeldung), so ist sie entweder nicht in einem der Files enthalten, die in der Hierarchieliste angegeben wurden (Liste erweitern), oder sie ist ueberhaupt nicht in den Modellfiles vorhanden.

c) Die aktuelle Modellfile-Hierarchie kann ueber den EPS-Befehl MFINFO,FILENAME=ONLY; abgefragt werden.

Kommandobeschreibung : M F I N F O
==

1) Funktion :
Das Kommando dient zur Information ueber Gleichungen, Restriktionen und Modelle in den Modellfiles.

2) Spezifikationen :
a) FILENAME : Ist diese Spezifikation mit YES besetzt, so werden die Namen aller Modellfiles mit Angabe ihrer Position in der Modellfile-Hierarchie aufgelistet. Eine Besetzung mit NO (voreingestellt) unterdrueckt diese Listen. Besetzung mit ONLY entspricht YES mit dem Unterschied, dass (wenn FILE unbesetzt ist) die Namen der in den Modellfiles enthaltenen Gleichungen, Modelle und Restriktionen nicht aus-ausgegeben werden.
b) FILE : Hier koennen Modellfile-Namen angegeben werden. Die Namen saemtlicher Gleichungen, Modelle und Restriktionen in diesen Files werden in alphabetischer Reihenfolge ausgegeben.
Ist diese Spezifikation nicht besetzt, so werden alle Modellfiles beruecksichtigt.
c) MODUS : Besetzung durch FILESORT bewirkt Auflisten aller Modell-, Gleichungs- und Restriktionsnamen in alphabetischer Reihenfolge geordnet nach Modellfiles. NAMESORT bewirkt alphabetisches Auflisten aller Namen. FILESORT ist voreingestellt.
d) SELECT : hier koennen durch Besetzung mit STEQ, IDENT, MODEL RESTRICT und EQUATION die entsprechenden Informationen ausgewaehlt werden. Wird diese Position nicht besetzt, ist STEQ IDENT MODEL RESTRICT voreingestellt. EQUATION steht fuer STEQ IDENTITY.

3) Beispiele :
a) MFINFO,FILEN=ONLY;
Alle Files in der Modellbank, die Gleichungen, Modelle oder Restriktionen enthalten, werden mit Angabe ihrer Position in der aktuellen Modellfile-Hierarchie aufgelistet.
b) MFINFO,FILE=A B;
Alle Gleichungen, Modelle oder Restriktionen, die in den Dateien A und B gespeichert sind, werden in alphabetischer Reihenfolge unterteilt nach STEQ, IDENTITY, RESTRICT und MODEL ausgegeben.
c) MFINFO,MODUS=FILESORT,SELECT=MODEL;
Alle Modelle in der Modellbank werden nach Modellfiles geordnet in alphabetischer Reihenfolge ausgegeben.

Kommandobeschreibung : M F S A V E
==

1) Funktion :
   Uebertragen aller existierenden Modellfiles auf eine im EPS-Starte-Kommando naeher zu spezifizierende (permanente) Datei.

2) Spezifikationen :
   keine

3) Beispiele :
   a) MFSAVE;
      Alle existierenden Modellfiles sollen gerettet werden.

4) Hinweise :
   a) Durch die Kommandofolge :

```
MFDEFIN,MODFILE;
STEQ,....;
.
.
MFSAVE;
STOP;
```

   steht in weiteren EPS-Laeufen der Modellfile MODFILE mit den darin enthaltenen Identitaeten und stochastischen Gleichungen etc. zur Verfuegung, wenn beim Starten von EPS angegeben wird, wohin die existierenden Modellfiles uebertragen werden sollen. Beispiel: $EPS,SMF=MODEL1,TSMF=LFD(UWI000),... bewirkt, dass das Kommando MFSAVE die Modellfiles auf den Traeger LFD(UWI000) unter dem Dateinamen MODEL1 abspeichert. Achtung: Falls auf dem angegebenen Traeger bereits eine Datei mit dem zu der Spezifikation SMF angegebenen Namen existiert, wird diese ueberschrieben.
   Auf die abgespeicherten Modellfiles kann zugegriffen werden, indem beim Starten vom EPS zu den Spezifikationen MF (Model File) und TMF (Traeger MF) Dateiname und Traeger uebergeben werden. Beispiel: $EPS,MF=MODEL1,TMF=LFD(UWI000),...
   Die auf MODEL1 gespeicherten EPS-Modellfiles stehen dann innerhalb des EPS-Laufes zur Verfuegung.
   Die aktuelle Modellfile-Hierarchie wird durch MFSAVE nicht gerettet. Sie muss also im folgenden EPS-Lauf neu definiert werden.

Kommandobeschreibung: M I N R E S U L t s
=======================================

1) Funktion :
Neudefinition der Vorbesetzung der Spezifikation OUTPUT=MINIMAL der Schaetzekommandos.
MINIMAL resultiert in der Ausfuehrung des folgenden RESULTS-Befehls:

RESULTS,PARAM=YES,CONFINT=YES,RESID1=YES;

sofern diese Vorbesetzungen nicht mit Hilfe des Kommandos MINRESUL geaendert wurden.

2) Spezifikationen :
wie bei RESULTS.

3) Beispiele :
a) MINRES,PARAM=YES;
In Zukunft werden, wenn in einem Schaetzekommando OUT=MIN angegeben wird, nur noch die Parameterschaetzwerte ausgegeben.
b) MINRES,PARAM=YES,ZEROTEST=YES,RESID2=YES;
In Zukunft werden bei OUTPUT=MIN die Parameterschaetzwerte, der Test auf Signifikanz des Erklaerungsansatzes und die durch RESID2 bezeichneten Masszahlen fuer die Residuen ausgegeben.

4) Hinweise :
Analog zu MINRESUL gibt es das Kommando MAXRESUL, mit dem die Besetzung fuer OUTPUT=MAXIMAL veraendert werden kann.
Die Vorbesetzung von MINRESUL kann vom Benutzer nur fuer den jeweiligen EPS-Lauf, nicht fuer folgende, veraendert werden.

Kommandobeschreibung : M O D E L
==

1) Funktion :
   Definition eines oekonometrischen Modells

2) Spezifikationen :
   a) NAME : uebergibt den Modellnamen in der Form : MFILE.NAME oder einfach NAME. Im letzterem Fall wird das Modell im Modellfile NONAME abgespeichert, der von EPS standardmaessig zur Verfuegung gestellt wird. Sollte eine RESTRICT, STEQ oder IDENTITY in MFILE bereits NAME heissen, wird sie durch das neue Modell NAME ersetzt.
   b) EQUATION: Hier werden die Namen jener Gleichungen, aus denen sich das Modell zusammensetzen soll, angegeben. Die Namen duerfen nur in der Form: NAME (nicht: MFILE.NAME) angegeben werden. Die angegebenen Gleichungen muessen noch nicht (ueber STEQ- oder IDENTITY-Kommando) vereinbart sein. Diese Position muss besetzt sein.

3) Beispiele :
   a) MODEL,EQUAT=G1 G2 G3,NAME=AA.MOD1;
      Das Modell MOD1 soll aus den Gleichungen G1, G2 und G3 bestehen und im Modellfile AA gespeichert werden. Falls File AA noch nicht existiert, wird er automatisch erzeugt.

4) Hinweise :
   a) Modelle koennen definiert werden unabhaengig davon, ob die angegebenen Gleichungen bzw. die in den Gleichungen verwendeten Zeitreihen in den Modell- bzw. Datenfiles vorhanden sind. Die endgueltige Zusammenstellung eines Modells erfolgt erst, wenn das Modell angesprochen wird, z.B. bei einer Schaetzung ueber THREESLS, z.B. wenn die Gleichungen eines Modells aufgelistet werden sollen. Dann werden die Modellfiles in der durch die Modellfile-Hierarchie vorgegebenen Reihenfolge nach den im MODEL-Kommando genannten Gleichungen durchsucht, bei einer Schaetzung werden daraufhin die in den Gleichungen vorkommenden Variablen (entsprechend der Datenfile-Hierarchie) in den Datenfiles gesucht. Saemtliche Modell- und Datenfiles, die mit dem Modell zusammenhaengende Informationen enthalten, muessen in den jeweiligen Hierarchien enthalten sein, da sonst die Gleichungen, Zeitreihen, Restriktionsvereinbarungen etc. nicht gefunden werden koennen. Merke: Fuer Lesevorgaenge stehen nur die Modell- und Datenfiles zur Verfuegung, die in der Modellfile- bzw. Datenfile-Hierarchie enthalten sind.

Kommandobeschreibung : N O C O M M E N t
==

1) Funktion :
Ausschalten der Ausgabe von Kurzbeschreibungen bzw. Beispielen zu vom EPS-Anwender erteilten EPS-Befehlen und dazugehoeriger Spezifikationsnamen.
Beim Starten von EPS gilt NOCOMMENt. Es kann durch COMMENT; aufgehoben werden.

2) Spezifikationen :
keine

3) Beispiel :
NOCOMMEN;
Das frueher gegebene Kommando COMMENT wird rueckgaengig gemacht.

4) Hinweise :
Das Kommando ist nur sinnvoll beim interaktiven Einsatz von EPS, wenn mit Hilfe des Kommandos CONTROL die Kontrollstufe zugeschaltet wurde.

Kommandobeschreibung : N O C O N T R O l
=======================================

1) Funktion :
Ausschalten der Kontrollstufe, d.h. Rueckgaengigmachen des Kommandos CONTROL;
Beim Starten von EPS ist die Kontrollstufe ausgeschaltet.
Das Kommando ist nur sinnvoll im interaktiven Einsatz von EPS.

2) Spezifikationen :
keine

3) Beispiel :
siehe Kommando CONTROL

4) Hinweise :
Wird die Kontrollstufe ausgeschaltet, entfaellt auch die Ausfuehrung des Kommandos COMMENT;

Kommandobeschreibung : O L S
===

1) Funktion :
Das Kommando OLS bewirkt die Schaetzung der unbekannten Parameter einer stochastischen Gleichung ueber die Methode der kleinsten Quadrate (Ordinary Least Squares).

Es wird von folgendem Modell ausgegangen :

$$y = Xb + u$$

wobei
y der T*1-Vektor der Beobachtungen der unabhaengigen Variablen,
X die T*K-Matrix der Beobachtungen der erklaerenden Variablen
(K = Zahl aller erklaerenden Variablen einschliesslich Schein- und/oder etwaige Saisonvariablen),
b der unbekannte, zu schaetzende K*1-Parametervektor,
u der T*1-Vektor der Stoervariablen ist.(E(u)=0, E(uu')=(s**2)*I)

Die OLS-Schaetzfunktion fuer b lautet: $b^{*} = (X'X)^{-1} X'y$

2) Spezifikationen :
a) EQUATION : enthaelt den Namen der Gleichung, deren Parameter geschaetzt werden sollen in der Form MFILE.NAME wobei die Gleichung NAME in der Datei MFILE gespeichert ist.
Man kann aber auch nur NAME angeben; dann werden die Modellfiles gemaess Modellfile-Hierarchie nach der Gleichung NAME durchsucht. Ist die Gleichung in keinem der in der Hierarchie enthaltenen Modellfiles enthalten, erfolgt Fehlermeldung.
Diese Position muss besetzt sein.

b) PERIOD : Hier kann ANFANGSJAHR ANFANGSPERIODE und ENDJAHR ENDPERIODE angegeben werden. Wird die Spezifikation nicht besetzt, so wird der maximal moegliche Schaetzzeitraum automatisch von EPS eingesetzt. Wird ein Anfangszeitpunkt gesetzt, so erwartet EPS auch einen Endzeitpunkt.

c) OUTPUT : Diese Spezifikation steuert den Ausdruck der Ergebnisse :
i) NO bedeutet keinen Output;
ii) MINIMAL (voreingestellt) ergibt folgenden Output :

RESULTS,PARAM=YES,CONFINT=YES,RESID1=YES;

iii) MAXIMAL ergibt folgenden Output :

RESULTS,PARAM=YES,CONFINT=YES,RESID1=PLOT,
RESID2=YES,ZEROTEST=YES;

Siehe zu den Bedeutungen der Spezifikationen die Erlaeuterungen zum RESULTS-Kommando.
Die Vorbesetzungen zu MINIMAL und MAXIMAL koennen mit Hilfe der Kommandos MINRESULt und MAXRESULt vom EPS-Anwender geaendert werden.

3) **Beispiele :**

a) OLS,EQUATION=AA.INVEST,PER=1964 4 1970 2,OUTPUT=NO;
Die Parameter der Gleichung INVEST (gespeichert im File AA) sollen in dem Beobachtungszeitraum 1960 vierte Periode bis 1970 zweite Periode mit OLS geschaetzt werden. Kein Ausdruck der Ergebnisse. Welche Tests etc. ausgefuehrt werden sollen, welche Ergebnisse gedruckt werden sollen, wird anschliessend ueber das Kommando RESULTS genauer spezifiziert. Der Datenfile AA muss in der Datenfile-Hierarchie enthalten sein.

4) Hinweise :

a) Die Schaetzung wird nicht durchgefuehrt, wenn die Anzahl der erklaerenden Variablen groesser als die Anzahl der Beobachtungen ist.

Kommandobeschreibung : P L O T
==

1) Funktion :
Plotten saemtlicher Kombinationen verschiedener Zeitreihen gegen die Zeit oder andere Variable.

2) Spezifikationen :
a) Variable : enthaelt die Namen der Zeitreihen und eventuell die der zugehoerigen datenfiles.
Mehrere Zeitreihen in einem Plot: siehe Beispiel
Die Angabe der unabhaengigen Variablen folgt nach dem Schluesselwort BY
b) PERIOD : Plotzeitraum: Anfangsjahr Anfangsperide Endjahr Endperiode

3) Beispiele :

```
PLOT,D.A1 BY TIME;
  liefert A1(T) auf einer Skala fuer alle vorhandenen
  Werte.( je Zeile ein Wert)

PLOT,D.A1 BY A2;
  liefert die Punkte (  A1(T) , A2(T) ) in einem zwei-
  dimensionalen Koordinatensystem fuer alle t, fuer die
  A1 und A2 Werte haben.

PLOT,D.A1 WITH D.A2 BY TIME;
  liefert A1 und A2 (beide von Datenfile D) in einem
  Plot gegen die Zeit.

PLOT, D.A1 WITH D.A2 WITH D.A3 BY TIME;
  liefert A1,A2,A3 in einem Plot

PLOT, D.A1 D.A2 BY TIME;
  liefert zwei Plots :1) A1 BY TIME  2) A1 BY TIME.

PLOT, D.A1 D.A2 WITH D.A3 BY TIME;
  liefert zwei Plots: 1) A1 UND A3 , 2) A2 UND A3

PLOT, D.A1 BY TIME D.A2;
  liefert 1) A1 BY TIME, 2) A1 BY A2

PLOT, A1 BY TIME ,PERIOD=1960 1 1975 2;
  beschraenkt den Plotzeitraum.
```

4) Hinweis:
Die Zeitreihen muessen die gleiche Periodizitaet haben.

Kommandobeschreibung : P R I N T D A T

1) Funktion :
Ausdrucken von Zeitreihen

2) Spezifikationen :
a) VARIABLE: Liste der Variablen, deren Beobachtungswerte gelistet werden sollen. Die Variablennamen koennen in der Form DFILE.NAME oder einfach NAME geschrieben werden. Im letzteren Fall erfolgt dann die Auswahl entsprechend der Datenfile-Hierarchie. NAME kann durch das Schluesselwort ALL ersetzt werden; es werden dann saemtliche Zeitreihen in DFILE, oder - falls DFILE nicht genannt ist - die Zeitreihen aller Datenfiles der aktuellen Datenfile-Hierarchie aufgelistet.
b) PERIOD: Angabe des Zeitraums, fuer den die Variablen gelistet werden sollen, in der Form: ANFANGSJAHR ANFANGSPERIODE ENDJAHR ENDPERIODE. Falls PERIOD nicht besetzt ist, wird jede Variable ueber den gesamten Beobachtungszeitraum aufgelistet.

3) Beispiele :
a) PRINTDAT,VARIABLE=DATFILE.A B C Y INVEST;
Die Zeitreihen A B C Y und INVEST sollen ueber den gesamten Beobachtungszeitraum aufgelistet werden. Die Zeitreihe A wird aus dem Datenfile DATFILE, die anderen aus Datenfiles entsprechend der aktuellen Datenfile-Hierarchie entnommen. Der spezifizierte Datenfile DATFILE muss in der Datenfile-Hierarchie enthalten sein.
b) PRINTDAT,VARIABLE=DATEI1.ALL DATEI4.ALL DATEI2.INVEST,
PERIOD=1960 1 1980 12;
Alle Zeitreihen der Datenfiles DATEI1 und DATEI4 und die Zeitreihe INVEST aus Datenfile DATEI2 sollen im angegebenen Zeitraum aufgelistet werden.
c) PRINT,ALL; Saemtliche Zeitreihen der Datenfiles der aktuellen Datenfile-Hierarchie sollen gelistet werden.

4) Hinweise :
Wenn PERIOD besetzt wird, muessen die Variablen gleiche Periodizitaet haben.

Kommandobeschreibung : R E D F O R M
==

1) Funktion :
Berechnung der Reduzierten-Form-Parameter-Schaetzwerte eines oekonometrischen Modells.
Die geschaetzten Parameter der strukturellen Form muessen vorher entweder bei der Spezifikation der Gleichungen des Modells im STEQ- und IDENTITY-Kommando ueber die Spezifikation PVALUE eingegegeben worden sein, oder nach einer Schaetzung mit Hilfe des Kommandos RESULTS, Spezifikation PARSTORE=YES weggespeichert worden sein.

2) Spezifikationen :
a) MODEL: Angabe des Modellnamens in der Form MFILE.NAME oder einfach NAME. Im letzterem Fall wird des Modell in den Modellfiles entsprechend der Modellfile-Hierarchie gesucht. MFILE muss in der Modellfile-Hierarchie sein. Diese Position muss besetzt sein.

3) Beispiele :
a) REDFORM,MODEL=US.PINDYCK;
Aus den bekannten Parameterschaetzwerten der strukturellen Form des Modells PINDYCK, das auf dem Modellfile US gespeichert ist, sollen die Parameterschaetzwerte der reduzierten Form berechnet werden.
b) REDFORM,MODEL=PINDYCK;
Die Modellfiles werden in der Reihenfolge, die durch die Modellfile-Hierarchie gegeben ist, nach dem Modell PINDYCK durchsucht, fuer das dann die Parameterschaetzwerte der red. Form berechnet werden.

4) Hinweise :
Das Kommando REDFORM liefert nur die Berechnung der PI-Matrix der reduzierten Form: PI=-B**(-1)*G, wobei B die Matrix der strukturellen Form-Koeffizienten der endogenen, G die der vorherbestimmten Variablen ist.
Die Kovarianzmatrix der Stoergroessen der strukturellen und der reduzierten Form kann jedoch ebenfalls berechnet werden, wenn nach einem Mehrgleichungsschaetzverfahren (KCLASS, THREESLS, RKCLASS, R3SLS) unmittelbar das Kommandos RESULTS mit der Spezifikation REDFORM=YES gegeben wird.

Kommandobeschreibung : R E S U L T S
==

1) Funktion :
Ausgabe der Schaetzergebnisse fuer alle Schaetzverfahren, sowie naeher anzugebende Teststatistiken.

2) Spezifikationen :
a) EQUATION : Ausgabe von Schaetzergebnissen bestimmter Gleichungen
Beispiel : EQUATION=GL1
Ausgabe der Schaetzergebnisse der Gleichung GLi
Hinweis : Angabe wird nur dann beruecksichtigt, falls eine modellweise Schaetzung durchgefuehrt wurde. Erfolgt keine Angabe, so werden die Ergebnisse aller zum Modell gehoerenden Gleichungen ausgegeben

b) PARAM : Ausgabe der Parameterschaetzwerte, deren Standardabweichung, T-Statistik und Signifikanzniveau.
Besetzung moeglich durch YES/NO (NO voreingestellt)
Beispiel : PARAM=YES
Ausgabe der Schaetzergebnisse und der oben genannten Statistiken.
Hinweis : Das empirische Signifikanzniveau gibt an, bei welcher vorgegebenen Irrtumswahrscheinlichkeit alpha die Hypothese, dass der wahre Parameterwert gleich Null ist, gerade noch abgelehnt werden kann. Ist also die vorgegebene Irrtumswahrscheinlichkeit alpha=0.01, das errechnete empirische Signifikanzniveau aber kleiner gleich alpha, muss die Nullhypothese verworfen werden. Der Parameter ist also signifikant von Null verschieden.

c) CONFINT : Ausgabe der Konfidenzintervalle der geschaetzten Parameter.
Besetzung moeglich durch YES/NO (NO voreingestellt)
Beispiel : CONFINT=YES
Ausgabe der Konfidenzintervalle der geschaetzten Parameter
Hinweis : Mit einer Wahrscheinlichkeit von 95% ueberdeckt das angegebene Intervall den unbekannten Parameterwert. Das Konfidenz-Intervall gibt Auskunft ueber alle hypothetischen Werte des unbekannten Parameter, die bei vorgegebener Irrtumswahrwahrscheinlichkeit alpha (hier: alpha=0.05) als akzeptabel anzusehen sind. Die Irrtumswahrscheinlichkeit alpha=0.05 ist vorgegeben und kann vom EPS-Anwender nicht veraendert werden.

```
d) RESID1      : Ausgabe folgender Statistiken bezueglich der Residuen:
                 R**2, korrigiertes R**2, Durbin-Watson-Wert fuer Glei-
                 chung mit Absolutglied (nur bei OLS, GLSHET), Quadrat-
                 summe und geschaetzte Varianz der Residuen und Homo-
                 skedastizitaetstest.
                 Besetzung moeglich durch YES/NO/PLOT.
                 Voreinstellung: RESID1=NO
                 Beispiel : RESID1=YES
                            Ausgabe aller oben genannten Statistiken
                            fuer die Residuen.
                 Beispiel : RESID1=PLOT
                            Ausgabe wie bei YES, zusaetzlich wird eine
                            Tabelle mit den empirischen, den angepassten
                            Werten der zu erklaerenden Variablen und
                            der Residuen erstellt. Ausserdem werden
                            die empirische und die angepasste Reihe
                            graphisch dargestellt.
                 Hinweis  : Homoskedastizitaetstest.
                            Je nachdem, ob ein einseitiger oder zwei-
                            seitiger Test durchgefuehrt wird, ist das
                            errechnete empirische Signifikanzniveau
                            unterschiedlich zu interpretieren. Lautet
                            die Hypothese H0: E(u(t)**2)=E(u(t-1)**2)
                                         H1:1.     ...    <    ....
                                         oder 2.   ...    >    ....
                            muss H0 bei vorgegebener Irrtumswahr-
                            lichkeit alpha abgelehnt werden, wenn das
                            errechnete empirische SIGN.LEVEL kleiner
                            gleich alpha/2 oder groesser 1-alpha/2
                            ist. Besteht die Gegenhypothese H1 nur
                            aus Teil 1., muss H0 abgelehnt werden,
                            wenn SIGN.LEVEL kleiner gleich alpha.
                            Besteht H1 nur aus Teil 2., muss H0 abge-
                            lehnt werden, wenn SIGN.LEVEL groesser
                            gleich 1-alpha ist.
                 Hinweis :  Fuer den Fall, dass die Gleichung ueber
                            kein Absolutglied verfuegt, ist das
                            Bestimmtheitsmasz nicht definiert. Die
                            ausgegebenen Bestimmtheitsmasze koennen
                            dann nur als Indikator fuer die An-
                            passungsqualitaet angesehen werden.
e) RESID2      : Ausgabe folgender Statistiken bezueglich der Residuen:
                 Autokorrelationskoeffizient erster Ordnung, Konfi-
                 denzintervalle fuer Varianz und Standardabweichnung
                 der Residuen.
                 Besetzung moeglich durch YES/NO (NO voreingestellt).
                 Beispiel : RESID2=YES
                            Ausgabe aller oben genannten Statistiken
                            fuer die Residuen.
                 Hinweis  : In Kuerze wird hier auch der Turnpoint-
                            und der Difference-Sign-Test fuer die
                            Residuen (Tests auf Zufaelligkeit).
                            ausgegeben.
```

f) AUTOCORR : Schaetzung der Autokorrelationskoeffizienten der Stoergroessen.
Beispiel : AUTOCO=1 3 4
Ausgabe der Autokorrelationskoeffizienten erster, dritter und vierter der Ordnung.
Zugrundegelegtes Modell:
e(t)=rho1*e(t-1)+rho3*e(t-3)+rho4*e(t-4)
+eta(t)
wobei fuer die Stoergroessen eta die ueblichen Annahmen gelten sollen. Der Vektor e bezeichnet die aus einer Schaetzung resultierenden Residuen, rho sind die zu schaetzenden Autokorrelationskoeffizienten
Hinweis : Keine Berechung bei GLSAUT.

g) DWTEST : Berechnung des Durbin-Watson-Wertes bei Gleichung ohne Absolutglied.
Besetzung moeglich durch YES/NO (NO voreingestellt).
Beispiel : DWTEST=YES
Angenommen, die Parameter folgender homogener Gleichung wurden geschaetzt:
I(T)=a1*I(T-1)+a2*Y(T)+u(T). Die Spezifikation DURBIN=YES bewirkt die Schaetzung der Parameter der um ein Absolutglied erweiterten Gleichung:
I(T)=a0+a1*I(T-1)+a2*Y(T)+u(T)
Aus den Residuen dieser Schaetzung wird das korrekte Durbin-Watson-Mass bestimmt.
Hinweis : In Gleichungen ohne Absolutglied ist die Durbin-Watson-Teststatistik, die aus den anfallenden Residuen berechnet wird, fehlerhaft. Einen exakten Durbin-Watson-Wert erhaelt man, wenn die Parameter der um ein Absolutglied erweiterten Gleichung geschaetzt, hieraus die Residuen berechnet und zu diesen Residuen das Durbin-Watson-Mass bestimmt wird.

h) ZEROTEST : Test aller Parameter ausser Absolutglied auf Null.
Besetzung moeglich durch YES/NO (NO voreingestellt).
Dieser Test wird oft als Test auf die Signifikanz des Erklaerungsansatzes bezeichnet.
Beispiel : ZEROTEST=YES
Nehmen wir an, fuer die Parameter dieser Gleichung: C(T)=a0+a1*C(T-1)+a2*Y(T)+u(T) soll der ZEROTEST durchgefuehrt werden.
Die getestete Hypothese lautet dann:
H0: a1=a2=0 gegen
H1: nicht H0.
Die Hypothese H0 muss bei vorgegebener Irrtumswahrscheinlichkeit alpha abgelehnt werden, wenn das errechnete empirische Signifikanzniveau (SIGN.LEVEL) kleiner alpha ist.

Hinweis : Test wird nur durchgefuehrt, wenn die betrachtete Gleichung ein Absolutglied besitzt.

Ergebnis : Ausgegeben wird die F-verteilte Teststatistik F, deren Freiheitsgrade und das zugehoerige empirische Signifikanzniveau (SIGN.LEVEL). Die Hypothese: die zu den echten erklaerenden Variablen gehoerenden Parameter haben saemtlich den Wert Null, muss abgelehnt werden, wenn bei vorgegebener Irrtumswahrscheinlichkeit alpha der Wert von SIGN.LEVEL kleiner alpha ist.

TEST

Test einer Untermenge von Parametern auf bestimmte Werte. Es duerfen bis zu K Parameter in der Hypothese enthalten sein (K=Zahl der erklaerenden Variablen einschliesslich Scheinvariable). Sind alle Parameter in der Hypothese enthalten, verwende besser ALLTEST.

Hypothese: H0: BETA(i)=ci, ... ,BETA(n)=cn
gegen H1: nicht H0

Die Spezifikation von H0 erfolgt in der Weise, dass aufeinanderfolgend die Paare i.ci, ... ,n,cn angegeben werden. i soll ganzzahlig sein. Dabei gibt i den Index des Parameters in der Gleichung, ci den entsprechenden hypothesierten Parameterwert an.

```
Beispiel : PTEST=3 3.5  4 4.7  5 1.2  7 4.3, bedeutet
           Hypothese  H0: BETA(3)=3.5
                          BETA(4)=4.7
                          BETA(5)=1.2
                          BETA(7)=4.3
           gegen      H1: nicht H0
```

Beispiel : PTEST= 2 0.0 3 0.0
Bei nur drei Parametern in einer Gleichung entspricht dieser Test dem ZEROTEST auf Signifikanz des Erklaerungsansatzes.

Beispiel : PTEST=3 0.7,
Der dritte Parameter soll auf den Wert 0.7 getestet werden.
Es handelt sich hier um die allgemeine Form des Standard-t-Testes, der in der Tabelle, die durch PARAM=YES angefordert wird, immer mit ausgegeben wird. Dort wird fuer jeden Parameter die Nullhypothese: H0: BETA(i)=0.0, H1: nicht H0 getestet, hier kann anstatt der Null ein beliebiger Wert angegeben werden.

Ergebnis : Ausgegeben werden die Parameterschaetzwerte, die hypothetisierten Werte ci,..,cn, die F-verteilte Teststatistik F und das zugehoerige empirische Signifikanzniveau. Die Hypothese H0 kann abgelehnt werden, wenn bei vorgegebener Irrtumswahrscheinlichkeit alpha das empirische Signifikanzniveau kleiner gleich alpha ist.

j) LINTEST : Test auf Linearkombination von Parametern einer Gleichung.

Hypothese: H0: c'beta=r
H1: nicht H0

wobei c ein K-Vektor mit Konstanten, r eine Konstante und beta der K-Parametervektor ist. Anzugeben sind die Elemente des Vektors c und die Konstante r.

Beispiel : LINTEST=3.4 1.0 2.7 3.2 4.0
Es soll H0: 3.4*BETA(1) + 1.0*BETA(2)
+ 2.7*BETA(3) + 3.2*BETA(4) = 4
gegen H1: nicht H0 getestet werden.

Beispiel : LINTEST=0 1 1 1
Die Hypothese: BETA(2)+BETA(3)=1 soll geprueft werden.

Hinweis : Es muessen bei k Parametern in der Gleichung k+1 Werte angegeben werden. Bei weniger Werten erfolgt eine Fehlermeldung, bei mehr Werten werden ueberzaehlige Werte eliminiert.

Ergebnis : Ausgegeben wird die Hypothese H0, und die Parameterschaetzwerte. Die errechnete Teststatistik ist t-verteilt; ihr empirisches Signifikanzniveau SIGN.-LEVEL wird ebenfalls angegeben. Die Hypothese H0 kann bei vorgegebener Irrtumswahrscheinlichkeit alpha abgelehnt werden, wenn das empirische Signifikanzniveau kleiner alpha ist.

k) ALLTEST : Test aller Parameter auf bestimmte anzugebende Werte.

Hypothese: H0: beta=r
H1: nicht H0

wobei beta der K-Parametervektor, r ein K-Vektor mit Konstanten ist. Anzugeben sind alle Elemente des Vektors r.

Beispiel : ALLTEST=13.4 11.2 10.0 14.1
Es soll der erste Parameter auf 13.4, der zweite auf 11.2, der dritte auf 10.0 und der vierte auf 14.1 getestet werden.

Hinweis : Es muessen bei k Parametern in der Gleichung k Werte angegeben werden. Bei weniger Werten erfolgt eine Fehlermeldung, bei mehr Werten werden ueberzaehlige Werte eliminiert.

Ergebnis : Ausgegeben werden die Hypothese, die geschaetzten Parameter und die F-verteilte Teststatistik, zu der das empirische Signifikanzniveau errechnet wird. Bei vorgegebener Irrtumswahrscheinlichkeit alpha kann H0 abgelehnt werden, wenn SIGN.LEVEL kleiner alpha ist.

1) STEST : Strukturbruchtest bei anzugebenden Zeitpunkten. Anzugeben ist jeweils das Ende der ersten Teilperiode in der Form: JAHR PERIODE. Es koennen mehrere Zeitpunkte angegeben werden.

Beispiel : STEST=1954 2 TO 1955 3 1958 2
Es sollen Strukturbruchtests durchgefuehrt werden fuer den Zeitpunkte 1954 zweite Periode, dritte Periode usw. bis 1955 dritte Periode und in der zweiten Periode von 1958.

Hinweis : Anzugeben ist JAHR und PERIODE, auch wenn Jahreswerte vorliegen. Dann ist fuer PERIODE die Zahl 1 einzusetzen.
Falls in einem Teilzeitraeum keine Parameterschaetzung moeglich ist, kann fuer die entsprechende Periode der Test nicht durchgefuehrt werden.
Ist der Strukturbruchtest zu keinem Zeitpunkt moeglich, erfolgt Fehlermeldung.

Ergebnis: Zur Interpretation der STEST-Tabelle:
Der Strukturbruchtest baut auf der Voraussetzung auf, dass die Varianz der Stoergroessen in den beiden gegenuebergestellten Teilzeitraeumen gleich ist. Diese Varianzen finden sich in Spalten VAR(T1) und VAR(T2). Die Hypothese der Homoskedastizitaet wird ueberprueft mit Hilfe der F-verteilten Teststatistik F-TEST1. Das empirische Signifikanzniveau wird unter S.LEVEL1 ausgegeben.
Die Hypothese H0: Homoskedastizitaet
gegen H1: Heteroskedastizitaet
muss verworfen werden, wenn bei vorgegebener Irrtumswahrscheinlichkeit alpha das unter S-LEVEL1 angegebene empirische Signifikanzniveau kleiner alpha/2 oder groesser 1-alpha/2 ist.
(Zum einseitigen Test siehe Erlauterungen zum Homoskedastizitaetstest unter RESID1)

Homoskedastizitaet vorausgesetzt, kann man sich dem eigentlichen Strukturbruchtest zuwenden. Die entsprechende F-verteilte Teststatistik ist in der Spalte F-TEST2 zu finden. Ihr empirisches Signifikanzniveau ist unter S-LEVEL2 angegeben. Bei vorgegebener Irrtumswahrscheinlichkeit alpha muss H0: kein Strukturbruch abgelehnt werden, wenn das errechnete empirische Signifikanzniveau S-LEVEL2 kleiner alpha ist.
In der Spalte TIME wird der Anfang des zweiten Teilzeitraums angegeben.

m) PREDICT : Prediktortest von einem anzugebenden Zeitpunkt an. Anzugeben ist der Beginn des Ex-Post-Prognosezeitraums, der innerhalb des Schaetzzeitraums fuer die vorangegangene Schaetzung liegen muss, in der Form: JAHR PERIODE. Bei Jahreswerten ist fuer Periode die Zahl 1 einzusetzen.

Beispiel : PTEST=1955 3
Es soll der Prediktortest vom Zeitpunkt 1955 dritte Periode durchgefuehrt werden.

Hinweis : Vorgegangen wird in der Weise, dass der Schaetzzeitraum um den Ex-Post-Prognosezeitraum, fuer den die Werte der exogenen Variablen ja bekannt sind, verkuerzt wird Die hieraus resultierenden Parameterschaetzwerte beta werden zur Prognose der Werte der zu erklaerenden Variablen im Ex-Post-Prognosezeitraum verwendet.

Ergebnis : Es werden die empirischen und die geschaetzen Werte der zu erklaerenden Variablen im Schaetz- bzw. Ex-Post-Prognosezeitraum ausgegeben. Weiterhin werden ein Predictortest (GOLDBERGER,A.S.: Best Linear Unbiased Prediction in the Generalized Linear Regression Model. In: JASA, vol. 57, 1962, p.369-375)
ausgefuehrt. Getestet wird die Hypothese
H0: S1**2=S2**2 gegen
H1: nicht H0.
wobei S1**2 bzw. S2**2 die Varianz der Stoergroessen im Schaetz- bzw. Prognosezeitraum ist. Die errechnete Teststatistik F(..) ist F-verteilt, ihr empirisches Signifikanzniveau ist angegeben. Die Hypothese H0 kann abgelehnt werden, wenn bei vorgegebener Irrtumswahrscheinlichkeit alpha das empirische Signifikanzniveau SIGN.-LEVEL groesser als alpha ist.

Zusaetzlich werden beschreibende Masszahlen, wie THEIL's Ungleichheitskoeffizient und dessen Zerlegungen (siehe THEIL,H.: Economic Forecasts and Policy. 2. Ed. 1961. (U, U**2, UM, US, UC p. 34, Formel 2.16; UR, UD p.39, Formel 2.24). und WOLDs Janus-Koeffizient errechnet (siehe GADD,A. u. WOLD,H.: The Janus Coefficient: A Measure for the Accuracy of Prediction. In: WOLD,H. (ed.): Econometric Moodel Building. Amsterdam 1964, p.229-235.)

Die Parameterschaetzwerte aus dem verkuerzten Schaetzzeitraum, die angepassten und prognostizierten Werten der zu erklaerenden Variablen werden tabelliert. (Bei GLS-Schaetzern werden die Tests, Masszahlen und Tabellen auf der Grundlage des transformierten Modells $y^* = X^* b + u^*$ errechnet.)

n) REDFORM : Ausgabe der reduzierten Form und der Varianz-Kovarianz-Matrix der Residuen der reduzierten Form. Besetzung moeglich durch YES/NO (NO voreingestellt).

Beispiel : REDFORM=YES
Es sollen die reduzierten Form-Parameterschaetzwerte und deren Varianz-Kovarianz-Matrix ausgegeben werden.

Hinweis : Die Angabe wird nur dann ausgefuehrt, wenn eine modellweise Schaetzung durchgefuehrt wurde. Sie wird nicht ausgefuehrt, wenn ueber EQUATION (Spezifikation a)) nur bestimmte Gleichungen ausgegeben werden sollen.

Ergebnis : Ausgegeben werden die Parametermatrizen B und GAMMA der strukturellen Form: B*Y + GAMMA*X = U, mit B: Matrix der Parameter der endogenen Variablen, und GAMMA: Matrix der Parameter der vorherbestimmten Variablen. Die Inverse von B wird ebenfalls angegeben. Die naechste Matrix ist die Matrix PI der Parameterschaetzwerte der reduzierten Form: PI=-(B**-1)*GAMMA. Die Kovarianzmatrizen der Residuen der strukturellen und der reduzierten Form werden angegeben. Bei einer THREESLS- oder R3SLS-schaetzung erfolgt zusaetzlich noch die Ausgabe der Kovarianzmatrix der 2SLS-Residuen der strukturellen Form.

Die Spalten dieser Matrizen sind nicht beschriftet. Sie koennen mit Hilfe des Kommandos ANALYSE den Variablen des Modells zugeordnet werden. Die durch ANALYSE erstellte Liste der endogenen Modellvariablen bezeichnet die Spalten bzw. Zeilen der B-Matrix, und die Zeilen der GAMMA-Matrix. Die Liste der vorherbestimmten Variablen bezeichnet die Spalten der GAMMA-Matrix, etc.

o) PARSTORE : Besetzung moeglich mit YES/NO. PARSTORE=NO eingestellt. Die Spezifikation PARSTORE ermoeglicht das Wegspeichern der Schaetzwerte fuer die Parameter aus der vorangegangenen Schaetzung.
Bei Modellschaetzungen werden, sofern die Spezifikation EQUATION des RESULTS-Kommandos unbesetzt ist, die geschaetzten Parameter saemtlicher Gleichungen des Modells in die Gleichungsbeschreibungen uebernommen.
Ist EQUATION besetzt, oder wurden nur die Parameter einer Gleichung geschaetzt, werden nur die Parameter der angegebenen Gleichung gerettet.
Die abgespeicherten Schaetzwerte werden bei Gleichungsauflistungen (LIST-Kommando) angegeben. Ausserdem werden sie zur Berechnung der Parametermatrizen der Reduzierten Form ueber das REDFORM-Kommando verwendet. Wird MFSAVE; gegeben, werden auch die abgespeicherten Schaetzwerte gerettet.

Beispiel :

```
TITLE,........;
  .
  .
STEQ,KONSUM,C=A1+A2*Y(T-1);
OLS,KONSUM,OUTPUT=MAX;
RESULTS,PARSTORE=YES;
MFSAVE;
STOP;
```

Die Parameter der Gleichung KONSUM (A1,A2) werden mit OLS geschaetzt, der durch OUTPUT=MAX bestimmte Tabellenumfang wird abgerufen Die Parameter A1 und A2 werden in die Beschreibung der Gleichung KONSUM uebernommen. MFSAVE rettet die Modellfiles (in diesen ist die Beschreibung enthalten) fuer spaeteren Wiederzugriff.

Hinweise : a) Fuer jede Gleichung kann nur ein Satz Parameterschaetzwerte in die Gleichungsbeschreibung uebernommen werden. So werden durch PARSTORE die durch das STEQ-Kommando, Spezifikation PVALUE, vorbesetzten Koeffizienten ueberschrieben.

b) Mit Hilfe von PARSTORE ist es moeglich, strukturelle Formen von Modellen aufzubauen, deren Parameter mit unterschiedlichen Verfahren geschaetzt wurden. Die Parametermatrizen der Reduzierten Form koennen dann ueber das Kommando REDFORM bestimmt werden. Ueber die Spezifikation REDFORM=YES des RESULT-Kommandos lassen sich dagegen nur Reduzierte-Form-Parametermatrizen gewinnen, deren strukturelle Parameter im vorausgehenden Schaetzekommando geschaetzt wurden.

3) Beispiele :

a) RESULT,GL1,PARAM=YES,CONF=YES,RESID1=PLOT;
Die geschaetzten Parameter, Konfidenzintervalle, R**2 etc. der Gleichung GL1 werden ausgegeben. Ausserdem werden die empirischen Werte, die angepassten Werte der zu erklaerenden Variablen und die Residuen ausgedruckt und graphisch dargestellt.
Besetzung der Spezifikationen siehe oben.

4) Hinweise :

a) Die Spezifikationen g) - m) werden nur bei Einzelgleichungsschaetzungen (OLS,GLS..,ROLS,RGLS..) durchgefuehrt. Im Falle einer OLS-Schaetzung ueber KCLASS kann g) - m) nicht gefordert werden.

Kommandobeschreibung : R G L S A U T

1) Funktion :

Das Kommando RGLSAUT bewirkt die Schaetzung der unbekannten Parameter einer stochastischen Gleichung unter Annahme von Autokorrelation der Residuen (ausgeschlossen ist gleichzeitige Annahme von Heteroskedastizitaet), mit der verallgemeinerten Methode der kleinsten Quadrate, wobei die Parameter den linearen Gleichheitsrestriktionen Db=d unterliegen. Weitere Modellannahmen siehe unter GLSAUT. Die Schaetzfunktion fuer b lautet :

$$\hat{b}^{+} = \tilde{b} + (X^{*\prime}X^{*})^{-1} D'(D(X^{*\prime}X^{*})^{-1} D')^{-1} (d-D\hat{b})$$

2) Spezifikationen :

a) EQUATION : wie bei OLS-Kommando.
b) PERIOD : wie bei OLS-Kommando.
c) ORDER : wie bei GLSAUT-Kommando.
d) ITERAT : wie bei GLSAUT-Kommando.
e) COEFF : wie bei GLSAUT-Kommando.
f) RESTRICT : wie bei ROLS-Kommando.
g) OUTPUT : wie bei OLS-Kommando.

3) Beispiele :

a) RGLSAUT,AA.INVEST,ORDER=4,ITERAT=NO,COEFF=0.65,RES=AB.RES2;
Die Parameter der Gleichung INVEST (gespeichert in der Datei AA) sollen ueber den maximal moeglichen Schaetzzeitraum mittels der verallgemeinerten Methode der kleinsten Quadrate geschaetzt werden. Die Residuen sollen dem autoregressiven Prozess $u_t = 0.65u_{t-4}$ genuegen und der Koeffizient 0.65 soll nicht iterativ verbessert werden. Die Parameter der Gleichung unterliegen den Restriktionen, die unter dem Namen RES2 definiert wurden (mit Kommando RESTRICT) und im Modellfile AB gespeichert sind.

4) Hinweise :

a) vergl. Hinweis a), c) und d) zu Kommando GLSAUT.
b) Der Rang der Matrix D muss groesser sein als die Anzahl der Restriktionen.

Kommandobeschreibung : R G L S H E T

1) Funktion :

Das Kommando RGLSHET bewirkt die Schaetzung der unbekannten Parameter einer stochastischen Gleichung unter der Annahme der Heteroskedastizitaet der Residuen (ohne Autokorrelation) mittels der verallgemeinerten Kleinst-Quadrate-Schaetzung (vergl. Kommando GLSHET) in dem Modell y = Xb + u , wobei die Parameter den linearen Gleichheitsresriktionen Db = d genuegen.
Die Schaetzfunktion fuer b lautet :

$$b^{\&+} = b^{\&} + (X^{*\prime} X^{*})^{-1} D'(D(X^{*\prime} X^{*})^{-1} D')^{-1} (d-Db^{\&})$$

2) Spezifikationen :

a) EQUATION : wie bei OLS-Kommando
b) PERIOD : wie bei OLS-Kommando
c) FILTER : wie bei GLSHET-Kommando
d) DELTA : wie bei GLSHET-Kommando
e) RESTRICT : wie bei ROLS-Kommando
f) OUTPUT : wie bei OLS-Kommando

3) Beispiele :

a) RGLSHET,AA.INVEST,REST=AB.RES1 AC.RES2,FILT=1;
Die Parameter der Gleichung INVEST (gespeichert in der Datei AA) sollen ueber den maximal moeglichen Schaetzzeitraum unter der Annahme s(u)**2 proportional (s**2)*(y^*)**2 mit GLS geschaetzt werden. Die Parameter unterliegen den Restriktionen, die unter den Namen RES1 (gespeichert im Modellfile AB) und RES2 (gespeichert im Modellfile AC) mit Kommando RESTRICT definiert wurden.

4) Hinweise :

a) vergl. Hinweis b) zu Kommando GLSHET.
b) vergl. Hinweis a) zu Kommando ROLS.

Kommandobeschreibung : R K C L A S S

1) Funktion :
Das Kommando RKCLASS bewirkt die Schaetzung der unbekannten Parameter einer stochastischen Gleichung innerhalb eines oekonometrischen Modells mittels der k-Klasse-Schaetzfunktion, wobei die Parameter der Gleichung den linearen Gleichheitsrestriktionen Db=d unterliegen.

2) Spezifikationen :
a) MODEL : wie bei THREESLS-Kommando.
b) EQUATION : wie bei KCLASS-Kommando.
c) METHOD : wie bei KCLASS-Kommando.
d) PARAM : wie bei KCLASS-Kommando.
e) RESTRICT : wie bei ROLS-Kommando.
f) OUTPUT : wie bei OLS-Kommando.

3) Beispiele :
a) RKCLASS,EQUATION=AB.INVEST,PER=1960 4 1970 2,MODEL=AA.KONSUM, RESTRICT= CC.RES2 DD.RES1, OUTPUT=NO;
Die Parameter der Gleichung INVEST (gespeichert in Modellfile AB) innerhalb des Modells KONSUM (gespeichert in Modellfile AA) sollen mit TSLS im Zeitraum von 1960 vierte Periode bis 1970 zweite Periode geschaetzt werden, wobei die Parameter den Restriktionen, die unter den Namen RES2 und RES1 (gespeichert in den Modellfiles CC und DD) im RESTRICT-Kommando definiert wurden, unterliegen. Kein Output.

4) Hinweise :
a) Das Kommando wird nicht ausgefuehrt, wenn die beiden Zahlen in der Spezifikation PARAM ungleich sind. Es kann also nur die k-Klasse-Schaetzfunktion unter Restriktionen berechnet werden.
b) vergl. Hinweise a) und b) zu Kommando KCLASS.
c) Es wird keine Schaetzung durchgefuehrt, wenn der Rang von D kleiner als die Anzahl der Restriktionen ist.

Kommandobeschreibung : R E S T R I C T
==

1) Funktion :
Definition einer linearen Restriktion in Parametern einer stochastischen Gleichung (stochastischen Gleichungen).

2) Spezifikationen :
a) NAME : uebergibt einen Namen fuer die zu definierende(n) Restriktionen in der Form: MFILE.NAME oder einfach: name. In letzterem Fall wird die Restriktion im Modellfile: NONAME abgespeichert, der von EPS standardmaessig zur Verfuegung gestellt wird. Mit diesem Namen koennen die Restriktionen bei einer Schaetzung aktiviert werden. Diese Position muss besetzt sein. Sollte eine STEQ, IDENTITY oder ein MODEL in MFILE bereits NAME heissen, wird sie durch die neue Restriktion NAME ersetzt.

b) RESTRICT : enthaelt die Restriktion(en) in der ueblichen Notation, wobei fuer jeden Summanden eine der folgenden vier Moeglichkeiten syntaktisch zulaessig ist :
Zahl*Parametername
Zahl Parametername
Parametername
Parametername*Zahl

3) Beispiele :
a) RESTRICT,NAME=RFILE1.RES1,RESTR=2*B11+B13*0.5+2B15=-0.45;
Es soll die Restriktion 2*B11+B13*0.5+2*B15=-0.45 unter dem Namen RES1 im Modellfile RFILE1 gespeichert werden.
b) RESTRICT,NAME=RES4,RESTR= 3.B51-8.B52=0 2B61=4.;
Es sollen die beiden Restriktionen 3*B51-8*B52=0 und 2*B61=4 im Modellfile NONAME unter dem Namen RES4 gespeichert werden. Die beiden Restriktionen werden durch Blanks voneinander getrennt.

4) Hinweise :
a) Beide Spezifikationen muessen besetzt sein.
b) Es koennen mehrere Restriktionen unter einem Namen definiert werden (Beispiel b)).
c) Auf der linken Seite der Gleichung duerfen nur Summanden auftreten, die Parameter enthalten, auf der rechten Seite ist nur eine Real- oder Integerzahl erlaubt.
d) Ausser Parameternamen und den Sonderzeichen (=,+,-,*) duerfen nur noch Real- oder Integerzahlen in der (den) Restriktion(en) vorkommen. Funktionen wie SIN etc sind also nicht erlaubt.
e) Vor der Schaetzung wird ueberprueft, ob die Parameternamen auch in der (dem) Gleichung (Modell) vorhanden sind, wenn nicht, wird mit einer Fehlermeldung abgebrochen.
f) Falls der in der Spezifikation NAME genannte Modellfile: MFILE nicht existiert, wird er generiert. Er ist dann noch nicht in der Modellfile-Hierarchie enthalten.

Kommandobeschreibung : R O L S

1) Funktion :

Das Kommando ROLS bewirkt die Schaetzung der unbekannten Parameter einer stochastischen Gleichung, wobei die Parameter den linearen Gleichheitsrestriktionen Db=d unterliegen.
Die Schaetzfunktion fuer b lautet fuer das Modell y=Xb+u (vergl. Kommando OLS):

$$b^{+} = b^{*} + (X'X)^{-1} D'(D(X'X)^{-1} D')^{-1} (d-Db^{*})$$

2) Spezifikationen :

a) EQUATION : wie bei OLS-Kommando
b) PERIOD : wie bei OLS-Kommando
c) RESTRICT : Hier muessen die Restriktionen angegeben werden. Die Angabe kann durch MFILE.NAME oder NAME (vergl. OLS-Kommando Spezifikation EQUATION) erfolgen, wobei MFILE.NAME (bzw. NAME) mit der Besetzung der Spezifikation NAME im RESTRICT-Kommando uebereinstimmen muss. Mehrere Angaben koennen durch Blanks getrennt werden; sie werden programmintern zu einem System Db=d zusammengefasst.

d) OUTPUT : wie bei OLS-Kommando

3) Beispiele :

a) ROLS,EQU=AA.INVEST,RES=AB.RES1 AC.RES2 AC.RES3,OUTPUT=MAXIMAL;
Die Parameter der Gleichung INVEST (gespeichert in der Datei AA) sollen durch OLS geschaetzt werden, wobei die Parameter den Gleichheitsrestriktionen unterliegen, die in der Spezifikation a) im RESTRICT-Kommando unter RES1, RES2 und RES3 definiert wurden. Die Restriktionen RES1 (RES2 und RES3) sind in der Datei AB (AC) gespeichert. Der Output soll die unter c)iii) in der Kommandobeschreibung von OLS naeher bezeichneten Statistiken enthalten.

4) Hinweise :

a) Es wird keine Schaetzung durchgefuehrt, wenn die Anzahl der erklaerenden Variablen groesser ist als die Anzahl der Beobachtungen oder der Rang der Matrix D kleiner ist als die Anzahl der Restriktionen

Kommandobeschreibung : R 3 S L S
==

1) Funktion :
Das Kommando R3SLS bewirkt die Schaetzung der unbekannten Parameter der stochastischen Gleichungen eines oekonometrischen Modells nach der dreistufigen Methode der kleinsten Quardate, wobei die Parameter den linearen Gleichheitsrestriktionen Db=d unterliegen.

2) Spezifikationen :
a) MODEL : wie bei THREESLS-Kommando.
b) PERIOD : wie bei OLS-Kommando.
c) RESTRICT : wie bei ROLS-Kommando.
d) OUTPUT : wie bei THREESLS-Kommando.

3) Beispiele :
a) THREESLS,PER=1960 4 1970 2,MO=AA.KONSUM,RESTR=AB.RES2 AC.XYZ;
Die Parameter der stochastischen Gleichungen des Modells KONSUM (gespeichert im Modellfile AA) sollen im Zeitraum 1960 vierte Periode bis 1970 zweite Periode mit der dreistufigen Methode der kleinsten Quadrate geschaetzt werden, wobei die Parameter der stochastischen Gleichungen innerhalb des Modells KONSUM den linearen Gleichheitsrestriktionen unterliegen, die unter den Namen RES2 und XYZ (gespeichert im Modellfile AB bzw. AC) im RESTRICT-Kommando definiert wurden.

4) Hinweise :
a) Die Restriktionen duerfen auch ueber Gleichungen hinweg bestehen.

Kommandobeschreibung : S T E Q

1) Funktion :
   Defintion einer stochastischen Gleichung.

2) Spezifikationen :
   a) NAME : Uebergibt NAME oder MFILE.NAME, wobei MFIlE angibt, welcher Modellfile die Gleichung NAME aufnehmen soll. MFILE sollte als Modellfile existieren. Falls nicht, wird er generiert. Er ist dann noch nicht in der Modellfile-Hierarchie vorhanden.
   Ist nur NAME gegeben, wird die Gleichung im von EPS standardmaessig zur Verfuegung gestellten Modellfile NONAME abgespeichert.
   Sollte eine RESTRICT, IDENT oder ein MODEL in MFILE bereits NAME heissen, wird es durch die neue stochastische Gleichung NAME ersetzt.

   b) EQUATION : Uebergabe des Gleichungstextes.
   Eine Gleichungsdefinition erfolgt durch die Angabe der linken Seite (die zu erklaerende Modellvariable) gefolgt von einem Gleichheitszeichen. Danach folgt die rechte Seite, die aus mehreren Summanden bestehen kann. Jeder Summand besteht aus einem Parameter, der multiplikativ mit einer Modellvariablen verknuepft ist. Eine Modellvariable kann ein komplexer arithmetischer Ausdruck sein, in dem alle Funktionen, die EPS zur Verfuegung stellt (siehe Beschreibung des COMPUTE-Kommandos), verwendet werden duerfen. Sind der/die Parameter nicht vor der Modellvariablen angegeben, muss die Spezifikation PARAM besetzt werden.
   Absolutglied: Ist eine der Modellvariablen die Scheinvariable (Einheitsvektor), soll diese nicht angegeben werden. Es genuegt die Angabe des Parameters. EPS generiert sich dann die Scheinvariable selbst.

   c) PARAM : Falls in b) die Parameter nicht vor der Variablen stehen, muss hier angegeben werden, welche Namen Parameter bezeichnen.

   d) PVALUE : Hier koennen die Parameter numerisch vorbesetzt werden, ohne dass eine Schaetzung erfolgt.(vgl. Kommando REDFORM,LIST). Die Besetzung erfolgt in der Form PARAM VALUE PARAM VALUE ... . (siehe IDENTITY-Kommando).

3) Beispiele :
   a) STEQ,NAME=MODFILE.Y,EQUATION=Y=A*X1 + B*X2 + C*X3;
   Eine Gleichung mit Namen Y, die auf dem Modellfile MODFILE abgelegt werden soll, wird definiert. Die Symbole A, B und C werden als Parameter, X1, X2 und X3 als Modellvariable identifiziert, da die Standardreihenfolge (Parameter*Modellvariable) eingehalten wurde.

b) STEQ, MODFILE.C, C=A1 + Y*A2 + C(T-1)*A3, PARAM= A1 A2 A3, PVALUE=A1 2.71 A2 0.2261 A3 0.62579;

Die stochastische Gleichung C=A1 + ... soll unter dem Namen C in der Datei MODFILE gespeichert werden. Da die Parameter A1, A2 und A3 nicht immer vor der Modellvariablen stehen, muessen sie ueber PARAM bezeichnet werden. Ueber PVALUE werden vorlaufige Parameterschaetzwerte uebergeben. Diese stehen (solange sie nicht durch PARSTORE nach einer Schaetzung ueberschrieben werden) dann zur Verfuegung, um z.B. ueber REDFORM reduzierte Form-Schaetzungen vorzunehmen.

4) Hinweise :

a) vergl. Hinweise a) - c) zum Kommando COMPUTE.
b) Auf der linken Seite der Gleichnung ist auch ein arithmetisher Ausdruck erlaubt. (Bsp.: LN(Y)=.......).
c) Der stochastische Stoerterm darf nicht mit angegeben werden.
d) Besteht ein Summand nur aus einem Parameter, so wird dieser als Absolutglied interpretiert. Besteht aber z.B. eine Zeitreihe (X1) nur aus Einsen, so wird A*X1 nicht als Absolutglied interpretiert. Vgl. dazu Kommando RESULTS, Spezifikation DWTEST.
e) Die mit PVALUE uebergebenen Parameterwerte koennen nach einer Schaetzung mit dem RESULTS-Kommando (Spezifikation: PARSTORE=YES) durch die geschaetzten Parameter ueberschrieben werden.

Kommandobeschreibung : S T O P
==============================

1) Funktion :
Abschluss eines EPS-Laufes

2) Spezifikationen :
keine

3) Beispiel :
STOP;
Letzter Befehl eines EPS-Laufs.

4) Hinweise :
EPS-Befehle, die nach einem STOP; liegen, werden nicht interpretiert.

Kommandobeschreibung : S T A T I S T I
======================================

1) Funktion :
Fuer die angegebenen Variablen werden einige Merkmale und verschiedene statistische Masszahlen ausgegeben.

2) Spezifikationen :
a) VARIABLE : Liste der Variablennamen, fuer die die statistischen Masszahlen berechnet werden sollen. Jeder Variablenname wird in der Form DFILE.NAME oder einfach NAME angegeben. Im letzteren Fall erfolgt dann die Auswahl des zugehoerigen Datenfiles entsprechend der Datenfile-Hierarchie. NAME kann durch das Schluesselwort ALL ersetzt werde Es werden dann saemtliche Variablen des Datenfiles DFILE ausgewertet. Ist DFILE nicht angegeben, werden saemtliche Variablen aller Datenfiles der aktuellen Hierarchie ausgewertet.
b) OUTPUT : legt die Art der zu berechnenden Statistiken fest. Wahlweise koennen die Schluesselwoerter MIN, STD und MAX als Spezifikationswerte uebergeben werden.
Vorbesetzung: OUTPUT=STD
Wird MIN angegeben, erhaelt man
- Anzahl der Beobachtungen der Zeitreihe
- Anfangs- und Endzeitpunkts
- Periodizitaet
- Minimum
- Maximum
- Spannweite

Wird STD angegeben, wird MIN erweitert um
- Mittelwert
- Standardabweichung
- Varianz
- Korrelationskoeffizient mit der Zeit

Die Angabe von MAX liefert zusaetzlich
- Variationskoeffizient
- Schiefe
- Kurtosis

c) PERIOD: Auswertungszeitraum in der Form Anfangsjahr Anfangsperiode Endjahr Endperiode

3) Beispiele :
a) STATIST, VARIABLE=A B C D, OUTPUT=STD, PERIOD=1962 2 1975 3;
b) STATIST, DAT1.ALL DAT14.ALL DAT2.X,OUTPUT=MAX;
Ausgabe aller angebotenen statistischen Masszahlen fuer alle Variablen der Datenfiles DAT1 und DAT14 und der Variablen X aus Datenfile DAT2, jeweils fuer den gesamten Beobachtungszeitraum.
c) STATIST, VARIABLE=ALL,OUTPUT=MIN;
Ausgabe von Informationen ueber alle Variablen aller Datenfiles der aktuellen Hierarchie.

Kommandobeschreibung : T H R E E S L S

1) Funktion :
Das Kommando THREESLS bewirkt die Schaetzung der unbekannten Parameter der stochastischen Gleichungen eines oekonometrischen Modells nach der dreistufigen Methode der kleinsten Quadrate.

2) Spezifikationen :
a) MODEL : enthaelt den Namen des Modells, dessen Parameter geschaetzt werden sollen. Die Besetzung kann wieder durch MFILE.NAME oder NAME erfolgen. MFILE muss in der Modellfile-Hierarchie enthalten sein. Ist nur NAME gegeben, werden die Modellfiles entsprechend der durch die aktuelle Modellfile-Hierarchie vorgegebenen Reihenfolge nach dem Modell NAME durchsucht. Das zuerst gefundene Modell NAME wird geschaetzt.
b) PERIOD : wie bei OLS-Kommando
c) OUTPUT : wie bei OLS.

3) Beispiele :
a) THREESLS,MO=AA.KONSUM;
Die Parameter der stochastischen Gleichungen des Modells KONSUM (gespeichert im Modellfile AA) sollen ueber den maximal moeglichen Schaetzzeitraum mit der dreistufigen Methode der kleinsten Quadrate geschaetzt werden. Der Output soll die unter der Spezifikation OUTPUT ii) engegebenen Statistiken enthalten.

4) Hinweise :
keine

Kommandobeschreibung: T I T L E
================================

1) Funktion :
Uebergabe eines Textes, der bei der Ausgabe von Schaetzergebnissen in den Seitenkopf uebernommen wird.

2) Spezifikationen :
a) TEXT : Uebergabe eines beliebig langen Textstrings, der von Hochkommata eingeschlossen werden muss.

3) Beispiele :
a) TITLE,TEXT='UEBUNGSAUFGABE A';
b) TITLE,'UEBUNGSAUFGABE A:
BERECHNEN SIE DIE OLS- UND TSLS-PARAMETERSCHAETZWERTE DES KLEIN-1-MODELLS. UEBERPRUEFEN SIE AUF DER BASIS DER OLS-SCHAETZUNG, OB FUER DIE KONSUMFUNKTION ZUM ZEITPUNKT 1930 EIN STRUKTURBRUCH VORLIEGT. (ALPHA=0.05)';

4) Hinweise :
Innerhalb eines EPS-Laufs koennen beliebig viele TITLE-Kommandos gegeben werden. Es empfiehlt sich sogar, vor jeder neuen Schaetzung einen neuen TITLE zu vereinbaren.

Kommandobeschreibung : T R I A N G U L

1) Funktion :
   1. Untersuchung eines ueber MODEL definierten oekonometrischen Modells auf Blockrekursivitaet.
   2. Umsortierung der Gleichungen des Modells in der Weise, dass moeglichst wenig Nicht-Null-Elemente ueber der Diagonale der Koeffizientenmatrix der gemeinsam abhaengigen Variablen stehen (Triangulierung)

2) Spezifikationen :
   a) MODEL: Angabe des zu untersuchenden Modells in der Form MFILE.NAME oder einfach NAME. Im letzteren Fall werden die Modellfiles in der Reihenfolge, die durch die Modellfile-Hierarchie definiert ist, nach dem Modell NAME durchsucht.

3) Beispiel :
   a) TRIANGUL,MODEL=MFILE.PINDYCK;
   Das Modell mit Namen PINDYCK, das auf Modellfile MFILE vereinbart ist, wird auf Blockrekursivitaet untersucht und trianguliert.

4) Hinweise :
   a) Als Ergebnis der Untersuchung auf Blockrekursivitaet erfolgt eine Angabe der Bloecke, die untereinander rekursiv sind. Bloecke, die nur eine Gleichung enthalten, werden nicht aufgelistet. Ein Block kann als Teilmodell betrachtet und (nach entsprechender Definition ueber das MODEL-Kommando) isoliert geschaetzt werden.
   Methodisch wird in der Weise verfahren, dass die Relationenmatrix in einen Digraphen abgebildet wird, in dem dann (siehe AHO/HOPCROFT/ULLMAN (1974), p.192) nach 'strongly connected components' gesucht wird.
   b) Die Triangulierung erfolgt nach zwei verschiedenen Algorithmen A und B. Alg. B verwendet eine Idee von HELMSTAEDTER, die von KORTE/OBERHOFER (1968) im modifizierten Jacobi-Verfahren (mJV) benutzt wurde. Der implementierte Alg. B ist dem mJV aehnlich. Alg. B und mJV starten mit einer vorgegebenen Anordnung, suchen einen Punkt und eine angrenzende Folge von Punkten, die vertauscht eine Verbesserung bringt. mJV sucht eine Stelle, die eine maximale Verbesserung bringt, Alg. B sucht in einer festen Reihenfolge die naechste Stelle, die eine Verbesserung bringt.
   Die Idee von Alg. A basiert auf graphentheoretischen Ueberlegungen.
      a) Ein Randomwalk auf dem Digraphen der Relationenmatrix produziert fuer jede Kante eine Zahl, die die Anzahl der Durchlaeufe des Randomwalks durch diese Kante darstellt. Die am haeufigsten durchlaufene Kante wird aus dem Graphen genommen.
      b) Die Punkte des Digraphen werden soweit als moeglich linear angeordnet, wobei die Kanten die Ordnung definieren. Punkte, fuer die keine Ordnung definiert ist, gehoeren zu einer 'strongly connected component'. Auf diese wird a) angewandt usw. usw.
      c) Auf die zum Schluss gefundene Anordnung wird noch Alg. B angewandt.

c) Literatur :

HELMSTAEDTER, E. (1964): Die Dreiecksform der Input-Output-Matrix und ihre moeglichen Wandlungen im Wachstumsprozess. In: NEUMARK,F.(Hrsg.): Strukturwandlungen einer wachsenden Wirtschaft. Schriften des Vereins fuer Socialpolitik. N.F.30/II, S. 1005 ff.

KORTE,B. und OBERHOFER,W. (1968): Zwei Algorithmen zur Loesung eines komplexen Reihenfolgeproblems. In: Unternehmensforschung, 12, 217-231.

AHO,A.V, J.E.HOPCROFT u. J.D.ULLMAN (1974): The Design and Analysis of Computer Algorithms. Reading, Mass., p. 192.

BRAND,H: Naeherungsalgorithmen zur Linearisierung von Digraphen. Dipl.Arbeit (in Vorbereitung). Fak. f. Math. der Universitaet Bielefeld.

A N H A N G IV

BENUTZUNG VON EPS AUF DER RECHENANLAGE TR44o (BIELEFELD)

Das 'Econometric Program System' steht in der hier beschriebenen Version II bisher nur auf Rechenanlagen des Typs Telefunken TR440 zur Verfuegung.
Die folgenden Hinweise gelten speziell fuer die Benutzung von EPS am Universitaetsrechenzentrum Bielefeld im Abschnittsbetrieb. Sie koennen keine Einfuehrung in die Kommandosprache der TR440 ersetzen; es wird im Folgenden davon ausgegangen, dass diese bekannt ist.

Das Programmsystem EPS wird mit Hilfe der Kommandoprozedur EPS gestartet. Damit diese zur Verfuegung steht, muss nach dem XBA-Abschnittsbeginn-Kommando bzw. dem XBG-Gespraechsbeginn-Kommando (Bedarf: Kernspeicher KSB=50, Plattenspeicher PSB mindestens PSB=1000) das ANFANG-Kommando:

    αANFANG,EPS

gegeben werden. (Das Symbol α steht fuer das Fluchtsymbol, Lochung 0-8-2). Nach Ausfuehrung des ANFANG-Kommandos kann die Komandoprozedur EPS aufgerufen werden. Das durch diese bereitgestellte EPS-Starte-Kommando verfuegt, ahnlich wie EPS-Kommandos, ueber Spezifikationen, die von Anwender besetzt werden koennen.

Kurzbeschreibung des EPS-Starte-Kommandos:

EPS,BF=	Backgroundfilename
,TBF=	Traeger der Backgrounddatei
,DF=	Datenfilename
,TDF=	Traeger von DF
,MF=	Modellfilename
,TMF=	Traeger von MF
,F=	Rohdatenfilename (oder Fremdstring)
,TF=	Traeger von F
,SDF=	SaveDatafilename
,TSDF=	Traeger von SDF
,SMF=	SaveModelfilename
,COMMANDS=	EPSkommandofilename (oder Fremdstring)
,TC=	Traeger von COMMANDs
,MODUS=	BATCH oder IA (InterAktiv). BATCH vorbesetzt.

Bis auf die letzte Spezifikation MODUS, ueber die gesteuert werden kann, ob die BATCH- (das ist die Abschnitts-) oder die interaktive (Gespraechs-) -Version von EPS gestartet werden soll, uebergeben alle anderen Spezifikationen TR440-Dateien, von denen entweder waehrend eines EPS-Laufes gelesen oder auf die geschrieben werden soll.

W i c h t i g: Die angegebenen Dateien duerfen nicht angemeldet (eingeschleust) sein.

Eine Datei kann auf der TR440 eindeutig identifiziert werden, indem der Dateiname (eventuell mit Versionsnummer) und der Traeger, auf dem die Datei zu finden ist, angegeben werden. Ein Traeger kann ein Magnetband (Beispiel: B60H(TR9876)), eine Wechselplatte (Beispiel: W32(WTA000(BKZ123))), die langfristige Datenhaltung LFD (Beispiel: LFD(UZI000)) o.ae. sein.

Anstatt ueber eine Datei kann die einzulesende Zeichenmenge bei den Spezifikationen F und COMMANDS auch als Fremdstring uebergeben werden. Er ist gekennzeichnet dadurch, dass anstelle des Dateinamens das Symbol / uebergeben wird, gefolgt von der einzulesenden Informations- Ein solcher Fremdstring muss durch das Fluchtsymbol abgeschlossen werden, falls noch weitere Spezifikationen des EPS-Starte-Kommandos besetzt werden sollen.

Die Spezifikationen des EPS-Starte-Kommandos werden nun ausfuehrlicher erlaeutert:

1a) BF = Backgroundfilename.
Name der TR440-Datei, die den Backgroundfile enthaelt. Der Backgroundfile enthaelt EPS-Datenfiles mit Zeitreihen. Die Zeitreihen des Backgroundfiles koennen vom Benutzer nur gelesen werden. Der Backgroundfile sollte von der jeweiligen wirtschaftswissenschaftlichen Institution, die das Programmsystem EPS am Ort betreut, aufgebaut und zur Verfuegung gestellt werden. Er sollte die wichtigsten Reihen der Volkswirtschaftlichen Gesamtrechnung (VWGR) enthalten, so dass die EPS-Benutzer in ihren eigenen Datenfiles (siehe Spezifikation DF) nur die Reihen aufnehmen mussen, die in BF nicht enthalten sind. Unter BF kann im uebrigen jeder Datenfile eines anderen EPS-Anwenders angegeben werden.

1b) TBF= Traeger der unter BF angegenen Datei

```
Beispiel: αEPS,BF=BRDDATA,TBF=LFD(BKZ123),...
dass.:    αEPS,BF=BRDDATA,LFD(BKZ123),...
dass.:    αEPS,BRDDATA,LFD(BKZ123),...
```

Die Backgrounddatei liegt auf der TR440-Datei BRDDATA in der langfristigen Datenhaltung LFD(BKZ123).

Wie bei den EPS-Befehlen kann der Spezifikationsname weggelassen werden, wenn die Reihenfolge der Spezifikationen eingehalten wird

2a) DF = Name der TR440-Datei, auf der die von EPS-Anwender selbst angelegten EPS-Datenfiles gespeichert sind. Von dieser Datei wird nur gelesen. Sie muss in einem vorhergehenden EPS-Lauf vom Benutzer mit Hilfe des EPS-Kommandos DFSAVE angelegt worden sein. Siehe auch Spezifikation SDF.

2b) TDF= Angabe des Traeger der unter DF angegebenen TR440-Datei

```
Beispiele: αEPS,DF=USDATA,TDF=W32(WTPR01(BKZ123)),...
dass.:     αEPS,TDF=W32(WTPR01(BKZ123)),DF=USDATA,...
dass.:     αEPS,DF=USDATA,W32(WTPR01(BKZ123)),...
```

(Die EPS-Datenfiles des Benutzers sind in Datei USDATA, Traeger Wechselplatte W32(....) gespeichert und werden zum Lesen angemeldet.

Gleichzeitig koennte auch ein Backgroundfile angeschlossen werden: αEPS,BRDDATA,LFD(BKZ123),USDATA,W32(WTPR01(BKZ123)),...

3a) MF = Name der TR440-Datei, die die EPS-Modellfiles des Benutzers (enhalten Gleichungen, Modelle, Restriktionen und Parameterschaetzwerte) enthaelt. Diese Datei muss in einem frueheren EPS-Lauf mit Hilfe des EPS-Kommandos MFSAVE erstellt worden sein. Siehe auch die Spezifikation SMF.

3b) TMF= Traeger der unter MF angegebenen Datei

Beispiel: 1) αEPS,MF=BRDMODELL,TMF=LFD(BKZ123),...
Die Modellfiles sollen von Datei BRDMODELL, Traeger LFD(..) gelesen werden.

2) αEPS,DF=BRDDATA,LFD(BKZ123),BRDMODELL,LFD(BKZ123)
Die Datenfiles des EPS-Anwenders sollen von Datei BRDDATA, die Modellfiles von BRDMODELL gelesen werden, die beide auf dem Traeger LFD(..) zu finden sind. Hier wurde nach der Angabe von DF die Standardreihenfolge der Spezifikationen eingehalten: die Spezifikationsnamen TDF, MF und TMF wurden deshalb nicht genannt.

4a) F = Name der TR440-Datei, die formatierte Rohdaten enthaelt, die mit Hilfe des EPS-Kommandos DATA eingelesen werden sollen. Anstelle des Dateinamens koennen die formatierten Daten hier direkt als Fremdstring eingegeben werden. Die Angabe des Traegers unter der Spezifikation TF entfaellt dann. Der Fremdstring muss mit Fluchtsymbol abgeschlossen werden, falls noch weitere Spezifikationen des EPS-Starte-Kommandos besetzt werden sollen.

4b) TF = Traeger der unter F angegebenen Datei. Falls zur Spezifikation F ein Fremdstring uebergeben wurde, darf TF nicht besetzt sein.

Beispiel: 1) ◊EPS,MF=MODELS,LFD(BKZ123),F=FORMDATA,LFD(UWI000),..
Die Modellfiles sollen von Datei MODELS, Traeger LFD(BKZ123), die formatierten Rohdaten von Datei FORMDATA, Traeger LFD(UWI000) gelesen werden.

2) ◊EPS,F=/
34864.83761058600530650387345
5833771588454967981245545714
888553992007429779262636475◊,MF=MODELS,LFD(BKZ123),..
Die formatierten Daten werden als Fremdstring uebergeben. Die Modelfiles stehen auf MODELS, Traeger LFD(BKZ123).

Von den Dateien 1-4 wird nur gelesen. Die im folgenden angegebenen beiden Dateien werden beschrieben:

5a) SDF= Name der TR440-Datei, auf die mit Hilfe des EPS-Kommandos DFSAVE die dann bestehenden EPS-Datenfiles (mit Ausnahme der aus dem Backgroundfile) geschrieben werden sollen. Die hier angegebene Datei kann in folgenden EPS-Laeufen als Spezifikationswert zu DF (u.U. auch zu BF) genannt werden: Die geretteten EPS-Datenfiles stehen dann unmittelbar zur Verfuegung.

5b) TSDF=Traeger von SMF

6a) SMF= Name der Datei, auf die mit Hilfe des EPS-Kommandos MFSAVE die dann bestehenden EPS-Modellfiles geschrieben werden sollen.

6b) TSMF=Traeger von SMF

Beispiel:
```
◊EPS,SDF=DFRANCE,TSDF=LFD(UWI002),
        SMF=MFRANCE,TSMF=LFD(UWI002),...
        COMMANDS=/
TITLE,'BEISPIEL ANLEGEN MODELL- UND DATENFILE';
DFDEFINE,FDF; MFDEFINE,FMF;
STEQ,NAME=FMF.INVEST,Equation=....
 ......
 ......
 weitere Befehle zur Modelldefinition
 ......
DATA,FILE=FDF,NAMES=......
 ......
 ......
 weitere Befehle zur Datendefinition (z.B. COMPUTE)
 ......

MFSAVE; DFSAVE;
STOP;
```

Die ueber die STEQ-, IDENTITY-, MODEL- und RESTRICT-Befehle definierten Gleichungen, Modelle und Restriktionen werden durch das Kommando MFSAVE; auf die unter SMF spezifizierte TR440-Datei MFRANCE, Traeger LFD(UWI002) gerettet. Entsprechend werden die ueber das DATA-Kommando in den EPS-Datenfile FDF gelesenen Daten, die durch COMPUTE neu erzeugten Reihen gerettet, da das Kommando DFSAVE gegeben wurde. Der EPS-Datenfile FDF wird auf die TR440-Datei DFRANCE, Traeger LFD(UWI002) uebertragen.

Bei einem erneuten Starten von EPS koennen die geretteten Dateien dann als Eingabedateien verwendet werden: der EPS-Datenfile FDF bzw. der EPS-Modellfile FMF steht dann unmittelbar zur Verfuegung: ∝EPS,MF=MFRANCE,LFD(UWI002),DF=DFRANCE, LFD(UWI002),.....

7a) COMMANDS= Angabe der TR440-Datei, von der die EPS-Befehle gelesen werden sollen. Anstelle eines Dateinamens kann hier auch ein Fremdstring mit EPS-Befehlen uebergeben werden. Ein Fremdstring wird durch das Symbol / eingeleitet; falls noch weitere Spezifikationen folgen, muss er durch ein Fluchtsymbol abge-abgeschlossen werden. Falls die auszufuehrenden EPS-Befehle als Fremdstring uebergeben werden, darf TC nicht besetzt sein. Die Spezifikation COMMANDS muss unbesetzt sein, wenn die Spezifikation MODUS mit MODUS=IA (interaktiv) besetzt wurde.

7b) TC = Traeger der TR440-Datei, auf der die auszufuehrenden EPS-Befehle stehen. Die Spezifikation darf nicht besetzt werden, wenn unter COMMANDS ein Fremdstring oder wenn zu MODUS der Spezifikationswert IA uebergeben wurde.

Beispiel: 1) Fremdstring

```
∝EPS,COMMANDS=/
TITLE,'BEISPIEL EPS-LAUF';
MFINFO,MODUS=FILSORT;
STOP;
∝,MF=MFRANCE,LFD(UWI002)
```

Es wird eine Modellfile-Information ueber die auf Datei MFRANCE, Traeger LFD(UWI002) stehenden Modellfiles verlangt. Die EPS-Befehle werden als Fremdstring zur Spezifikation COMMANDS uebergeben. Der Fremdstring ist, da noch weitere Spezifikationen folgen, mit Fluchtsymbol abgeschlossen.

2. ∝EPS,MF=MFRANCE,LFD(UWI002),COMM=EPSCOM,LFD(UWI001)
Die EPS-Befehle werden nun von Datei EPSCOM, Traeger LFD(UWI001) eingelesen.

8) MODUS=Angabe, ob die BATCH- oder die interaktive Version von EPS gestartet werden soll, durch die Schluesselworte BATCH oder IA. MODUS=BATCH ist voreingestellt. Wenn der Benutzer nichts angibt, wird die Batch-Version gestartet.

Wichtiger Hinweis: Die unter 1-7 angegebenen Dateien duerfen weder angemeldet noch eingeschleust sein. Die unter 5-6 spezifizierten Dateien duerfen auf den angegebenen Traegern nicht existieren. Wenn ja, werden diese Dateien ueberschrieben.

A N H A N G V

B E I S P I E L E

In diesem Anhang werden vier Beispiele behandelt.

Im ersten Beispiel (Aufgabe 37) wird die Aufstellung eines Einzelgleichungsmodells und das Schätzen und Testen der Parameter dieses Modells bzw. der Annahmen über die Störgrößen gezeigt.

Im zweiten Beispiel (Lüdeke II - Modell) wird ein Vier-Gleichungs-Modell erstellt; die Parameter des Modells werden mit der zweistufigen Methode der kleinsten Quadrate geschätzt. Für eine Gleichung, die Konsumfunktion, werden die Parameter zusätzlich Gleichheitsrestriktionen unterworfen und mit ROLS geschätzt. Eine Schätzung der Parameter dieser Funktion mit OLS und die Anwendung verschiedener Testverfahren (Prediktortest, Strukturbruchtest, Test auf den Erklärungsansatz, Test von Parameterkombinationen auf bestimmte Werte, Test auf Linearkombinationen) schließt dieses Beispiel ab.

Im dritten Beispiel (Klein I-Modell) wird gezeigt, wie ohne Bezugnahme auf das Filekonzept von EPS Daten eingelesen und Modelle und Gleichungen definiert werden können. An keiner Stelle wird ein Modell- oder Datenfile-Name verwendet. Alle Daten, Gleichungen und Modelle werden auf dem von EPS automatisch zur Verfügung gestellten File NONAME abgespeichert.

Die Parameter des Klein I-Modells werden nach der dreistufigen Methode der kleinsten Quadrate geschätzt. Die Anwendung des Kommandos ANALYSE und des Kommandos TRIANGUL wird demonstriert, außerdem werden die Parametermatrizen der reduzierten Form berechnet.

Das vierte Beispiel (Pindyck-Modell) besteht aus drei Läufen. Im ersten Lauf wird das Pindyck-Modell definiert und auf Modellfile USMODEL abgelegt. Der Modellfile wird mit Hilfe des EPS-

Kommandos MFSAVE auf die TR44o-Datei MF&PINDYCK, Träger LFD (UWIAO3) übertragen. Im zweiten Lauf werden die Daten auf den Datenfile USDATA gelesen; dieser wird mit Hilfe des Kommandos DFSAVE; auf die TR44o-Datei DF&PINDYCK, Träger LFD (UWIAO3) übertragen.

Bereits im ersten Lauf wird gezeigt, wie Modelle untersucht werden können, ohne daß ihre Parameter geschätzt wurden: dies geschieht mit Hilfe der Kommandos ANALYSE und TRIANGUL. Im dritten Lauf wird auf den Datenfile USDATA und den Modellfile USMODEL zurückgegriffen. Die Parameter des Pindyck-Modells werden nach der dreistufigen Methode der kleinsten Quadrate geschätzt; außerdem werden die Parametermatrizen der strukturellen und der reduzierten Form sowie die Kovarianzmatrizen der Störgrößen der strukturellen und der reduzierten Form ausgegeben.

Beispiel I: Aufgabe 37

```
TITLE,'AUFGABE 37 AUS  SKRIPT *EINFUEHRUNG IN DIE OEKONOMETRIE* VON J. FROHN' ;
C&
C&             AUFGABENSTELLUNG
C&
C&             IN EINEM BUNDESLIGAVEREIN WIRD DIE ENTWICKLUN G DER ZUSCHAUER-
C&             ZAHLEN SEIT JAHREN UNTERSUCHT, UM BESSERE GRUNDLAGEN FUER DIE
C&             FINANZPLANUNG DES VEREINS ZU BEKOMMEN. FUER DIE ERSTEN 16 SPIELE
C&             DER SAISON 75/76 ERGEBEN SICH FOLGENDE DATEN:
C&
C&             SPIELTAG (T)      BESUCHER IN TAUSEND
C&
C&                  1                 20
C&                  2                 22
C&                  3                 23
C&                  4                 24
C&                  5                 24
C&                  6                 23
C&                  7                 23
C&                  8                 24
C&                  9                 25
C&                 10                 27
C&                 11                 28
C&                 12                 29
C&                 13                 29
C&                 14                 28
C&                 15                 29
C&                 16                 30
C&
C&             A) BERECHNEN SIE DIE MKQ (OLS)-SCHAETZWERTE FUER DAS MODELL
C&                BESUCHER(T) = A1 + A2*SPIELTAG + U(T)
C&
C&             B) BERECHNEN SIE SCHAETZWERTE FUER DIE VARIANZEN DER
C&                REGRESSIONSKOEFFIZIENTEN.
C&
C&             C) BERECHNEN SIE DAS BESTIMMTHEITSMASS SOWIE DAS KORRIGIERTE
C&                BESTIMMTHEITSMASS.
C&
C&             D) IN DER VORSAISON ERGAB SICH FUER DIE ERSTEN 16 SPIELE:
C&                BESUCHER(T) = 20 + 0.5*SPIELTAG
C&                UEBERPRUEFEN SIE, OB SICH DIE REGRESSIONSKOEFFIZIENTEN
C&                GEAENDERT HABEN.
C&
C&             E) DIE MANNSCHAFT WAR SCHON IMMER EIN SPAETSTARTER. AUS VIELEN
C&                VERGANGENEN JAHREN HAT SICH IM DURCHSCHNITT EIN A2 VON 0.4
C&                ERGEBEN. UEBERPRUEFEN SIE, OB SICH DIESER REGRESSIONS-
C&                KOEFFIZIENT GEAENDERT HAT (ALPHA=0.01)
C&
C&             F) GEBEN SIE EIN 0.95-KONFIDENZINTERVALL FUER DAS ABSOLUTGLIED AN
C&
C&             G) UEBERPRUEFEN SIE, OB DIE STOERGROESSEN AUTOKORRELIERT SIND.
C&
C&             H) MAN NIMMT AN, DASS IM LAUFE DER SAISON DIE ZUSCHAUERZAHLEN
C&                IMMER STAERKER SCHWANKEN, DA EINIGE MANNSCHAFTEN ATTRAKTIVER
C&                UND ANDERE MANNSCHAFTEN FUER DIE ZUSCHAUER UNINTERESSANT
C&                WERDEN. LAESST SICH DIESE ANNAHME BESTAETIGEN (ALPHA=0.05)?
C&
C&             I) AM 9. SPIELTAG WIRD DER LANGE VERLETZTE MITTELSTUERMER WIEDER
C&                EINGESETZT. ER BEHAUPTET, DASS SICH DURCH SEINEN EINSATZ DIE
C&                ZUSCHAUERZAHLEN STARK ERHOEHT HABEN UND VERLANGT EINE GEHALTS-
C&                ERHOEHUNG. MIT RECHT? (ALPHA=0.05)
```

```
C&              J) BERECHNEN SIE A-F NACH DER VKQ-METHODE (=GLS-METHODE) UNTER
C&                 BERUECKSICHTIGUNG, DASS GILT: U(T)=RHO*U(T-1) + E(T).
C&                VERAENDERN SICH DIE SCHAETZWERTE, WENN SIE NACH
C&                COCHRANE-ORCUTT ITERIEREN?
C&
C&
C&
C&
C&              *************** AUFBAU DER DATENBANK  *****************
C&
DFDEFIN,DATEN75;
DFHIER,DATEN75;
DATA,FILE=DATEN75,
      NAMES=SPIELTAG BESUCHER,
      BEGIN=1901 1,
      PERIODIC=1,
      NOBS=16,
      DO=V,
      OBSERV=
          1 2 3 4 5 6 7 8 9 10 11 12 13 14 15 16
        20 22 23 24 24 23 23 24 25 27 28 29 29 28 29 30;
C&
PRINT,VARIABLE=SPIELTAG BESUCHER;
C&
C&
C&              *************** GLEICHUNGSSPEZIFIKATION ***************
C&
MFDEFINE MODFILE;
MFHIERAR MODFILE;
C&
STEQ,NAME=MODFILE.TREND1,EQUATION=  BESUCHER= A1 + A2*SPIELTAG;
LIST,EQUATION,NAME=MODFILE.TREND1;
C&
C&              ****************** AUFGABENLOESUNG *********************
C&
C&              1. SCHAETZUNG DER PARAMETER OHNE ERGEBNISAUSGABE
C&
OLS,EQUATION=TREND1,OUTPUT=NO;
C&
C&              2. ABFRAGE VON ERGEBNISSEN UEBER  R E S U L T - KOMMANDO
C&
RESULTS,PARAM=YES,
          CONFINT=YES,
          RESID1=PLOT,
          RESID2=YES,
          AUTOCO=1 2,
          ZEROTEST=YES,
          ALLTEST= 20.5   0.5,
          STEST=1909 1;
C&
C&              ZUSAETZLICH WIRD UEBER DEN PREDIKTORTEST DIE PROGNOSE-
C&              GUETE DER UNTERSUCHTEN GLEICHUNG GEPRUEFT.
C&
RESULTS,PREDICT=1912 1;
C&
C&              3. FRAGE J (GLS-SCHAETZUNG)
C&
GLSAUT,TREND1;
C&
C&              GIBT ES UNTERSCHIEDLICHE ERGEBNISSE, WENN DAS
C&              ITERATIONSVERFAHREN NACH COCHRANE-ORCUTT VERWENDET WIRD
C&
GLSAUT,TREND1,ITERAT=YES;   RESULTS,PARAM=YES,RESID1=YES;
C&
C&              DA ALLES SO SCHNELL GEHT, SCHAETZEN WIR NOCH EINE ANDERE
C&              GLEICHUNGSSPEZIFIKATION
C&
STEQ,MODFILE.TREND2,  BESUCHER=A1 + A2*SPIELTAG**2 + A3*BESUCHER(T-1);
OLS,TREND2,OUTPUT=MAX;
STOP;
```

```
======================================================================
AUFGABE 37 AUS  SKRIPT *EINFUEHRUNG IN DIE OEKONOMETRIE* VON J. FROHN
MODEL : TREND1
EQUATION NAME: TREND1
PERIOD : 1901  1 TO  1916  1  ,PERIODICITY:  1 ,METHOD: OLS
EQUATION :BESUCHER
        = A1
         +A2*SPIELTAG
======================================================================

PARAM-NAME      ESTIMATION       STD.-ERROR       T-STATISTIC  SIGN.LEVEL

A1                20.32500         0.52391         38.79495       0.0
A2                 0.60882         0.05418         11.23678       0.0
----------------------------------------------------------------------

CONFIDENCE-INTERVALS:

  P(    19.20133 <= A1        <=      21.44867 ) = 0.95
  P(     0.49262 <= A2        <=       0.72503 ) = 0.95
----------------------------------------------------------------------

COEFF. OF DETERMINATION R**2=0.90019 ADJUSTED R**2 =           0.88593
DURBIN-WATSON( 16, 1)=          0.81465
SS RESIDUALS=                  13.97353 ESTIMATED  VAR(RES)=    0.99811
TEST ON HOMOSC.:F(  6,  6)=  1.32593 SIGN.-LEVEL =              0.37034
----------------------------------------------------------------------

AUTOCOR.-COEFF 1.ORDER :    0.56149   SIGN.LEVEL.:              0.01532

CONFIDENCE-INTERVALS FOR VARIANCE AND STD.ERR. OF THE RESIDUALS:
  P(     0.53500 <=      VAR(RES)    <=      2.48254 )= 0.95
  P(     0.73143 <= STD.ERR.(RES) <=      1.57561 )= 0.95
----------------------------------------------------------------------

THE EST. COEFF. OF AUTOCORRELATION ARE OF THE FOLLOWING ORDER   :
    1  2

  COEFFICIENT    ESTIMATION    STD.-ERROR
   RHO(  1)        1.01088         0.19593
   RHO(  2)       -0.63596         0.19115

 EST. VAR. OF THE RESIDUALS OF THE AUTO-REGRESSIVE PROCESS:    0.332463
----------------------------------------------------------------------

ZEROTEST (TEST ON ZERO FOR ALL PARAMETERS EXEPT CONSTANT TERM):
  F(  1, 14)=              126.26521    SIGN.LEVEL=                 0.0
----------------------------------------------------------------------

TEST OF PARAMETERS ON GIVEN VALUES

  PAR.-NAME          PAR.-VALUE HYPOTHESIS
  ========================================
  A1                   20.32500       20.50
  A2                    0.60882        0.50

  F(  2, 14)=                6.52557   SIGN.-NIVEAU=               0.00994
----------------------------------------------------------------------
```

STRUCTURAL STABILITY TEST (CHOW-TEST)

VAR(T1)	VAR(T2)	F-TEST1	S-LEVEL1	F-TEST2	S-LEVEL2	TIME	PER
0.9246	0.4286	2.1574	0.207	3.7319	0.055	1909	1

PLOT OF DEPENDENT VARIABLE IN EQUAT. TREND1 (EMPIRICAL (*), FITTED (+))

```
           .---------.---------.---------.---------.---------.---------.
1901   1   *     +   .         .         .         .         .         .
1902   1   .        +.  *      .         .         .         .         .
1903   1   .         .  +    * .         .         .         .         .
1904   1   .         .     +   .   *     .         .         .         .
1905   1   .         .         +   *     .         .         .         .
1906   1   .         .       * .   +     .         .         .         .
1907   1   .         .       * .      +  .         .         .         .
1908   1   .         .         .   *     .+        .         .         .
1909   1   .         .         .         *    +    .         .         .
1910   1   .         .         .         .       + . *       .         .
1911   1   .         .         .         .         . +     * .         .
1912   1   .         .         .         .         .    +    .    *    .
1913   1   .         .         .         .         .        +.    *    .
1914   1   .         .         .         .         .       * .   +     .
1915   1   .         .         .         .         .         .    *  + .
1916   1   .         .         .         .         .         .         +
           .---------.---------.---------.---------.---------.---------.

        20.0000             23.3554             26.7108             30.066
                  21.6777             25.0331             28.3885
```

EMPIRICAL	FITTED	RESIDUALS	-2 -1 0 1 2STD		
0.200000E+02	0.209338E+02	-0.933824E+00	`.    .*   I    .    .`	1901	1
0.220000E+02	0.215426E+02	0.457353E+00	`.    .    I *  .    .`	1902	1
0.230000E+02	0.221515E+02	0.848529E+00	`.    .    I   *.    .`	1903	1
0.240000E+02	0.227603E+02	0.123971E+01	`.    .    I    .*   .`	1904	1
0.240000E+02	0.233691E+02	0.630882E+00	`.    .    I  * .    .`	1905	1
0.230000E+02	0.239779E+02	-0.977941E+00	`.    *    I    .    .`	1906	1
0.230000E+02	0.245868E+02	-0.158676E+01	`. *  .    I    .    .`	1907	1
0.240000E+02	0.251956E+02	-0.119559E+01	`.   *.    I    .    .`	1908	1
0.250000E+02	0.258044E+02	-0.804412E+00	`.    .*   I    .    .`	1909	1
0.270000E+02	0.264132E+02	0.586765E+00	`.    .    I  * .    .`	1910	1
0.280000E+02	0.270221E+02	0.977941E+00	`.    .    I    *    .`	1911	1
0.290000E+02	0.276309E+02	0.136912E+01	`.    .    I    . *  .`	1912	1
0.290000E+02	0.282397E+02	0.760294E+00	`.    .    I  * .    .`	1913	1
0.280000E+02	0.288485E+02	-0.848529E+00	`.    .*   I    .    .`	1914	1
0.290000E+02	0.294574E+02	-0.457353E+00	`.    .  * I    .    .`	1915	1
0.300000E+02	0.300662E+02	-0.661765E-01	`.    .    *    .    .`	1916	1

* * * * * * * * * * P R E D I C T O R - T E S T * * * * * * * * * * *

PARAMETER-ESTIMATIONS FOR ESTIMATION RANGE:

```
A1              20.36364
A2               0.59091
```

ESTIMATION RANGE :

```
  EMPIRICAL         FITTED      RESIDUALS   -2    -1     0     1     2STD

0.200000E+02  0.209545E+02 -0.954545E+00  .     *     I     .     . 1901  1
0.220000E+02  0.215455E+02  0.454545E+00  .     .     I*    .     . 1902  1
0.230000E+02  0.221364E+02  0.863636E+00  .     .     I   * .     . 1903  1
0.240000E+02  0.227273E+02  0.127273E+01  .     .     I     *     . 1904  1
0.240000E+02  0.233182E+02  0.681818E+00  .     .     I  *  .     . 1905  1
0.230000E+02  0.239091E+02 -0.909091E+00  .     .*    I     .     . 1906  1
0.230000E+02  0.245000E+02 -0.150000E+01  .  *  .     I     .     . 1907  1
0.240000E+02  0.250909E+02 -0.109091E+01  .     *     I     .     . 1908  1
0.250000E+02  0.256818E+02 -0.681818E+00  .     .  *  I     .     . 1909  1
0.270000E+02  0.262727E+02  0.727273E+00  .     .     I  *  .     . 1910  1
0.280000E+02  0.268636E+02  0.113636E+01  .     .     I    *.     . 1911  1
```

PREDICTION PERIOD FROM 1912 1:

```
0.290000E+02  0.274545E+02  0.154545E+01  .     .     I     .*    . 1912  1
0.290000E+02  0.280455E+02  0.954545E+00  .     .     I   * .     . 1913  1
0.280000E+02  0.286364E+02 -0.636364E+00  .     .  *  I     .     . 1914  1
0.290000E+02  0.292273E+02 -0.227273E+00  .     .    *I     .     . 1915  1
0.300000E+02  0.298182E+02  0.181818E+00  .     .     *     .     . 1916  1
```

THEIL'S INEQUALITY-COEFFICIENT

```
UM(BIAS)          =   0.17448
US(VARIANCE)      =   0.05449
UC(COVARIANCE)    =   0.77103
UM  +  US  +  UC  =   1   ---
UR(REGRESSION)    =   0.40327
UD(DISTURBANCE)   =   0.42225
UM  +  UR  +  UD  =   1   ---
```

WOLD'S JANUS QUOTIENT

```
J     =   0.89103
J**2  =   0.79394
```

```
F(  5,  9)=            0.59546   SIGN.-LEVEL =              0.70513
-----------------------------------------------------------------------
```

```
***  HINT : ORDER OF THE AUTOREGRESSIVE PROCESS UNSPECIFIED.
            ORDER=1 ASSUMED.


========================================================================
AUFGABE 37 AUS  SKRIPT *EINFUEHRUNG IN DIE OEKONOMETRIE* VON J. FROHN
MODEL : TREND1
EQUATION NAME: TREND1
PERIOD : 1901  1 TO  1916  1  ,PERIODICITY:  1 ,METHOD: GLSAUT
AUTOCOR. PROC.:  1
COEFF. OF THE AUTOCORR. PROCESS:
     0.5615
EQUATION :BESUCHER
       = A1
        +A2*SPIELTAG
========================================================================

PARAM-NAME      ESTIMATION        STD.-ERROR       T-STATISTIC  SIGN.LEVEL

A1                20.08104          0.80891          24.82483        0.0
A2                 0.62941          0.08061           7.80771        0.0
------------------------------------------------------------------------

PARSTORE DONE


CONFIDENCE-INTERVALS:

  P(   18.34610 <= A1       <=     21.81598 ) = 0.95
  P(    0.45651 <= A2       <=      0.80231 ) = 0.95
------------------------------------------------------------------------

COEFF. OF DETERMINATION R**2=0.99608 ADJUSTED R**2 =           0.99552
SS RESIDUALS=                9.23451 ESTIMATED  VAR(RES)=      0.65961
TEST ON HOMOSC.:F(  6,  6)=  1.56353 SIGN.-LEVEL =             0.30046
------------------------------------------------------------------------
```

```
***  HINT : ORDER OF THE AUTOREGRESSIVE PROCESS UNSPECIFIED.
            ORDER=1 ASSUMED.



======================================================================
AUFGABE 37 AUS  SKRIPT *EINFUEHRUNG IN DIE OEKONOMETRIE* VON J. FROHN
MODEL : TREND1
EQUATION NAME: TREND1
PERIOD : 1901  1 TO  1916  1  ,PERIODICITY:  1 ,METHOD: GLSAUT
AUTOCOR. PROC.:  1
COEFF. OF THE AUTOCORR. PROCESS:
     0.5841
COMPUTATION WITH ITERATIVE ADJUSTMENT
EQUATION :BESUCHER
        = A1
         +A2*SPIELTAG
======================================================================

PARAM-NAME      ESTIMATION       STD.-ERROR      T-STATISTIC  SIGN.LEVEL

A1                20.06336          0.83869        23.92228        0.0
A2                 0.63082          0.08328         7.57470        0.0
----------------------------------------------------------------------


PARSTORE DONE


CONFIDENCE-INTERVALS:

  P(    18.26455 <= A1        <=     21.86217 ) = 0.95
  P(     0.45220 <= A2        <=      0.80944 ) = 0.95
----------------------------------------------------------------------

COEFF. OF DETERMINATION R**2=0.99571 ADJUSTED R**2 =          0.99510
SS RESIDUALS=                9.21500 ESTIMATED  VAR(RES)=     0.65821
TEST ON HOMOSC.:F(  6,   6)=  1.55084 SIGN.-LEVEL =           0.30376
----------------------------------------------------------------------
```

```
MODFILE .TREND2  STORED



=====================================================================
AUFGABE 37 AUS  SKRIPT *EINFUEHRUNG IN DIE OEKONOMETRIE* VON J. FROHN
MODEL : TREND2
EQUATION NAME: TREND2
PERIOD : 1902  1 TO  1916  1  ,PERIODICITY:  1 ,METHOD: OLS
EQUATION :BESUCHER
       = A1
        +A2*SPIELTAG**2
        +A3*BESUCHER(T-1)
=====================================================================

PARAM-NAME     ESTIMATION       STD.-ERROR       T-STATISTIC  SIGN.LEVEL

A1               10.07754          4.24805           2.37228      0.0353
A2                0.01268          0.00681           1.86139      0.0874
A3                0.57639          0.19287           2.98854      0.0113
---------------------------------------------------------------------


PARSTORE DONE


CONFIDENCE-INTERVALS:

  P(     0.82198 <= A1         <=     19.33310 ) = 0.95
  P(    -0.00216 <= A2         <=      0.02753 ) = 0.95
  P(     0.15617 <= A3         <=      0.99660 ) = 0.95
---------------------------------------------------------------------

COEFF. OF DETERMINATION R**2=0.92573 ADJUSTED R**2 =          0.90716
DURBIN-WATSON( 15, 2)=          1.05687
SS RESIDUALS=                   8.00119 ESTIMATED  VAR(RES)=      0.66677
TEST ON HOMOSC.:F(  4,  4)=  0.88414 SIGN.-LEVEL =           0.54606
---------------------------------------------------------------------

AUTOCOR.-COEFF 1.ORDER :    0.46417   SIGN.LEVEL.:                0.06053

CONFIDENCE-INTERVALS FOR VARIANCE AND STD.ERR. OF THE RESIDUALS:
  P(     0.34286 <=    VAR(RES)   <=     1.81689 )= 0.95
  P(     0.58554 <= STD.ERR.(RES) <=     1.34792 )= 0.95
---------------------------------------------------------------------

ZEROTEST (TEST ON ZERO FOR ALL PARAMETERS EXEPT CONSTANT TERM):
  F(  2, 12)=              74.78798   SIGN.LEVEL=              0.0
---------------------------------------------------------------------
```

PLOT OF DEPENDENT VARIABLE IN EQUAT. TREND2 (EMPIRICAL (*), FITTED (+))

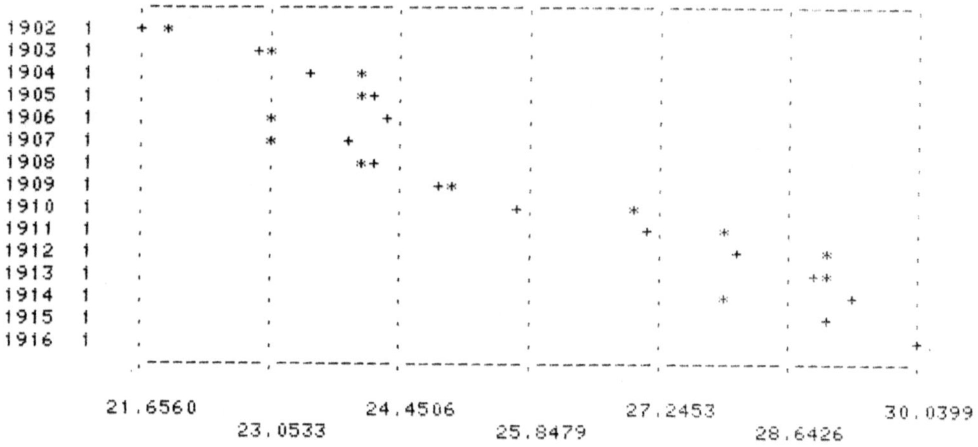

EMPIRICAL	FITTED	RESIDUALS	-2 -1 0 1 2STD		
0.220000E+02	0.216560E+02	0.343990E+00	. . I * . .	1902	1
0.230000E+02	0.228722E+02	0.127796E+00	. . * . .	1903	1
0.240000E+02	0.235374E+02	0.462620E+00	. . I * . .	1904	1
0.240000E+02	0.242279E+02	-0.227923E+00	. . *I . .	1905	1
0.230000E+02	0.243674E+02	-0.136745E+01	.* . I . .	1906	1
0.230000E+02	0.239560E+02	-0.955955E+00	. *. I . .	1907	1
0.240000E+02	0.241462E+02	-0.146216E+00	. . * . .	1908	1
0.250000E+02	0.249382E+02	0.617673E-01	. . * . .	1909	1
0.270000E+02	0.257556E+02	0.124438E+01	. . I . * .	1910	1
0.280000E+02	0.271748E+02	0.825243E+00	. . I * .	1911	1
0.290000E+02	0.280429E+02	0.957122E+00	. . I .* .	1912	1
0.290000E+02	0.289364E+02	0.636329E-01	. . * . .	1913	1
0.280000E+02	0.292788E+02	-0.127884E+01	. * . I . .	1914	1
0.290000E+02	0.290703E+02	-0.702897E-01	. . * . .	1915	1
0.300000E+02	0.300399E+02	-0.398835E-01	. . * . .	1916	1

Beispiel II: Lüdeke-Modell-II

```
UEPS,COMMANDS=/
TITLE 'EPS-DEMONSTRATION MIT DEM LUEDEKE-MODELL II';
C&
C&      LIT.: LUEDEKE,D.: SCHAETZPROBLEME IN DER OEKONOMETRIE.
C&                        WUERZBURG 1964.
C&            FROHN,J.:   GRUNDAUSBILDUNG IN OEKONOMETRIE.
C&                        BERLIN 1980.
C&
C&      DER HIER DER PARAMETERSCHAETZUNG ZUGRUNDEGELEGTE DATENSATZ
C&      ENTSTAMMT FROHN (1980), S.240.
C&
C&
C&****************   DATENEINLESEN    ********************************
DFDEFINE,NAME=DATAFILE;
DFHIER,ORDER=DATAFILE;
DATA, FILE=DATAFILE,
      NAMES=C IM Y I U G,
      BEGIN=1960 1,
      NOBS=18,
      MISSING=-99.99,
      DORG=V,
      OBSERV=
  226.37 239.93 252.99 260.37 273.34 292.11 300.62 303.63 317.39
  342.41 367.55 386.80 402.24 412.48 413.79 425.93 441.68 455.50
   57.43  62.78  69.62  72.76  79.34  90.63  93.28  91.95 103.10
  119.82 138.44 150.78 161.17 166.09 172.14 178.11 197.84 206.29
  308.599 327.563 344.420 352.998 378.819 401.523 411.201 406.023 442
  477.637 533.110 562.388 583.098 609.915 611.528 600.410 628.388 643.152
  95.12 101.29 104.04 102.85 112.39 118.77 120.35 112.61 116.60
  129.28 143.03 154.18 161.12 161.64 140.35 133.98 143.25 151.46
  119.769 119.183 120.745 120.166 130.394 135.386 134.784 134.638 153.716
  159.886 169.760 172.265 177.615 178.511 168.915 168.410 187.140 -99.99
  114.952 117.262 125.271 135.570 148.274 161.670 166.521 167.360 198.331
  210.225 229.320 229.216 238.949 267.457 298.759 285.825 319.534 323.784;
C&
PLOT,C IM Y I U G BY TIME;
C&
C&****************   GLEICHUNGSSPEZIFIKATION   *************************
C&
MFDEFINE,MODFILE;
MFHIER,MODFILE;
STEQ,NAME=MODFILE.KONSUM,
     EQUATION= C(T)=A0+A1*Y(T)+A2*C(T-1),
     PARAM=A0 A1 A2;
STEQ,MODFILE.INVEST,I=B0+B1*Y+B2*U(T-1);
STEQ,MODFILE.IMPORT,IM=C0+C1*Y+C2*IM(T-1);
IDENT,    MODFILE.EINKOMN, Y=D1*C+D2*I+D3*IM+D4*G, PVAL=D3 -1;
C&
C&****************   MODELLDEFINITION   ******************************
C&
MODEL,NAME=MODFILE.LUEDEKE2,EQUATION=KONSUM INVEST IMPORT EINKOMN;
C&
C&
C&****************   WEGSCHREIBEN VON MODELL- UND DATENFILES   ***********
C&
MFSAVE;DFSAVE;
C&
C&  UNTERSUCHUNG DES MODELLS AUF ENDOGENE UND VORHERBESTIMMTE VARIABLE
C&
ANALYSE,LUEDEKE2;
C&
C&****************   TSLS-SCHAETZUNG   ********************************
C&
KCLASS,LUEDEKE2,METHOD=TSLS,OUTPUT=MAX;
C&
C&  ABHOLEN VON ERGEBNISSEN (ZUSAETZLICH PLOTS, RED.FORM-MATRIZEN)
C&
RESULTS,PARSTORE=YES,REDFORM=YES;
C&
C&****************   EINFUEHREN VON PARAMETERRESTRIKTIONEN   *************
C&
RESTRICT,MODFILE.R1, A1 - 3*A2=0    ;
C&
C&****************   OLS-SCHAETZUNG DER KONSUMFKT. UNTER RESTRIKTIONEN   **
C&
ROLS, KONSUM. RESTR=MODFILE.R1;
C&
C&****************   EINFACHE OLS-SCHAETZUNG   *************************
C&                        (+ T E S T S )
OLS,KONSUM,OUTPUT=NO;
RESULTS,PREDICT=1974 1,PTEST=2 0.5 3 0.5 .STEST=1971 1 TO 1974 1.ZERO=YES.
         PARSTORE=YES.LINTEST=0 1 1  0.85;
RESULTS,KONSUM,LINTEST=0.0 1.0 1.0 0.85;
C& ABSCHLUSS EPS-LAUF
STOP;
```

```
B I E L E F E L D   U N I V E R S I T Y
D E P A R T M E N T   O F   E C O N O M I C S

E C O N O M E T R I C   P R O G R A M   S Y S T E M

EPS II (BATCH VERSION)



 FILE CREATED: DATAFILE
 THE FOLLOWING HIERARCHY WILL BE USED:
 DATAFILE


 DATAFILE.C          1960    1   1977     1 NOBS= 18 PER=   1 STORED
 DATAFILE.IM         1960    1   1977     1 NOBS= 18 PER=   1 STORED
 DATAFILE.Y          1960    1   1977     1 NOBS= 18 PER=   1 STORED
 DATAFILE.I          1960    1   1977     1 NOBS= 18 PER=   1 STORED
 DATAFILE.U          1960    1   1977     1 NOBS= 18 PER=   1 STORED
 DATAFILE.G          1960    1   1977     1 NOBS= 18 PER=   1 STORED



         INDEPENDENT  VARIABLE:  TIME

         DEPENDENT   VARIABLES:  C                    ****

           .---------.---------.---------.---------.---------.---------.
1960  i    *         .         .         .         .         .         .
1961  i    .  *      .         .         .         .         .         .
1962  i    .     *   .         .         .         .         .         .
1963  i    .        *.         .         .         .         .         .
1964  i    .         . *       .         .         .         .         .
1965  i    .         .     *   .         .         .         .         .
1966  i    .         .        *.         .         .         .         .
1967  i    .         .         *         .         .         .         .
1968  i    .         .         .  *      .         .         .         .
1969  i    .         .         .         *         .         .         .
1970  i    .         .         .         .     *   .         .         .
1971  i    .         .         .         .         . *       .         .
1972  i    .         .         .         .         .     *   .         .
1973  i    .         .         .         .         .        *.         .
1974  i    .         .         .         .         .        *.         .
1975  i    .         .         .         .         .         . *       .
1976  i    .         .         .         .         .         .     *   .
1977  i    .         .         .         .         .         .         *
           .---------.---------.---------.---------.---------.---------.

       226.3700            302.7467            379.1233            455.500
                 264.5583            340.9350            417.3117
```

INDEPENDENT VARIABLE: TIME

DEPENDENT VARIABLES: U ****

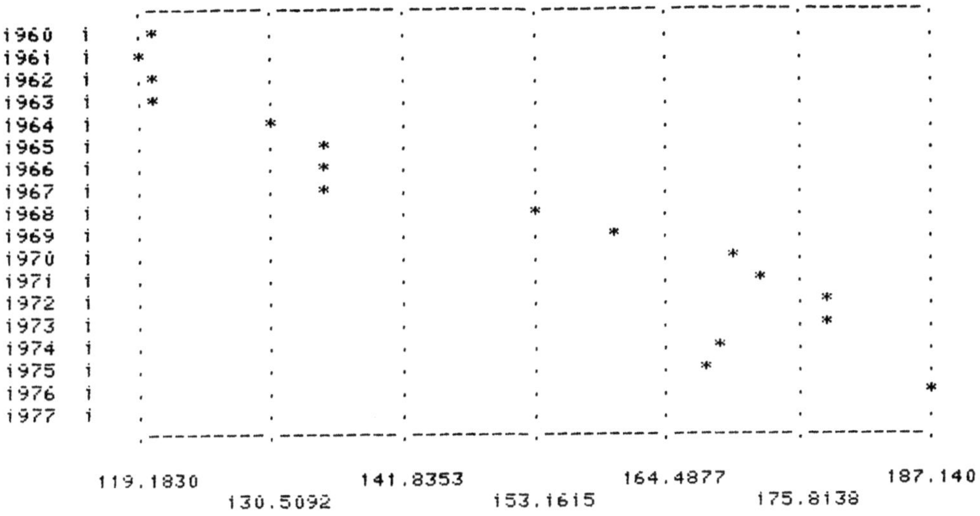

INDEPENDENT VARIABLE: TIME

DEPENDENT VARIABLES: I ****

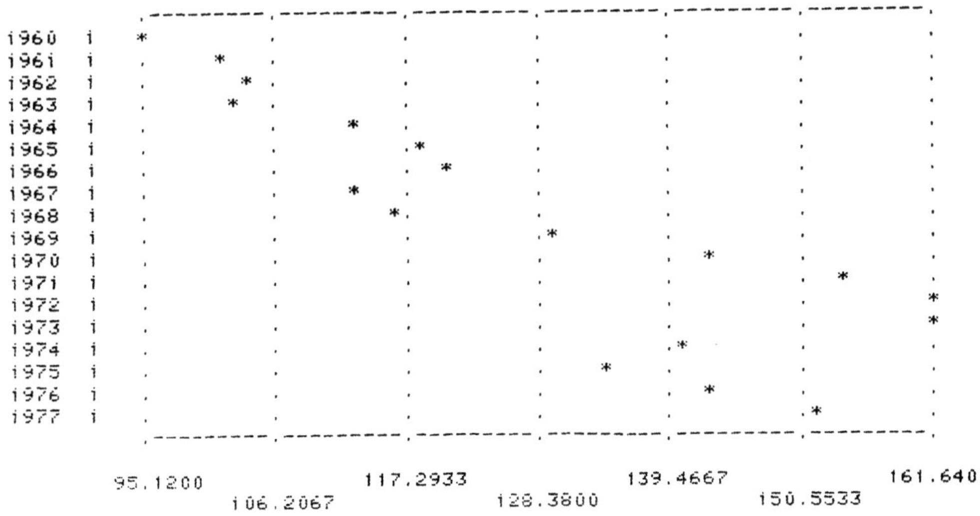

INDEPENDENT VARIABLE: TIME

DEPENDENT VARIABLES: IM ****

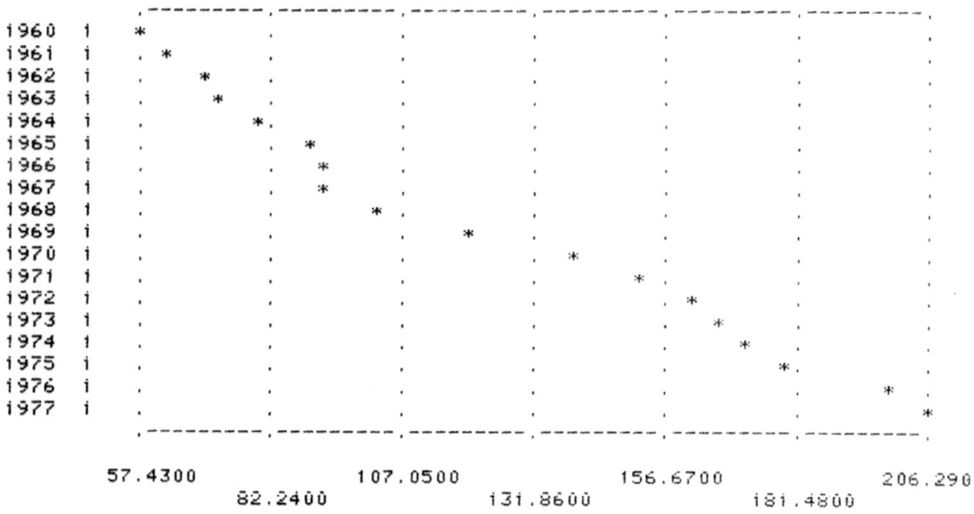

INDEPENDENT VARIABLE: TIME

DEPENDENT VARIABLES: Y ****

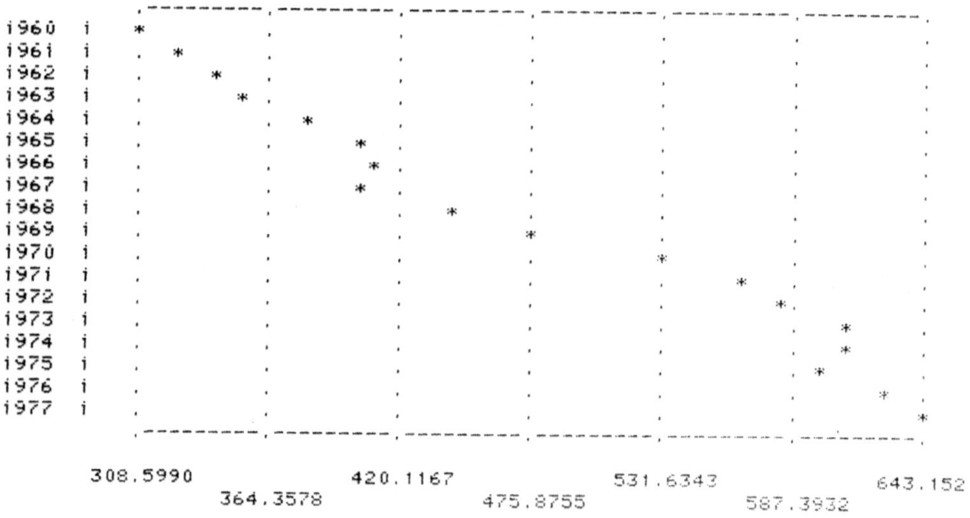

INDEPENDENT VARIABLE: TIME

DEPENDENT VARIABLES: G ****

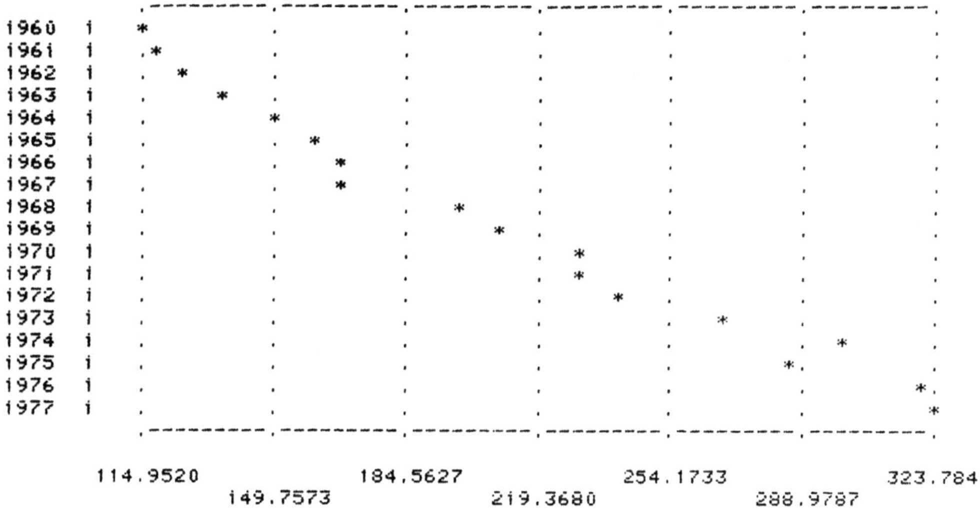

ALL REQUIRED COMBINATIONS ARE PLOTTED

```
MODEL FILE CREATED: MODFILE
THE FOLLOWING HIERARCHY WILL BE USED:
MODFILE
MODFILE .KONSUM  STORED
MODFILE .INVEST  STORED
MODFILE .IMPORT  STORED
MODFILE .EINKOMN STORED
MODFILE .LUEDEKE2 MODEL STORED
MODEL FILES COPIED IN SAVE-FILE
VARIABLES WERE COPIED IN SAVE-FILE
```

CHECK ON I D E N T I F I A B I L I T Y BY THE ORDER CONDITION:

EQUATION	END.EXCL.	END.INCL.	PRED.EXCL.	PRED.INCL.	RESULT
KONSUM	2	2	3	2	OVERIDENTIFIED
INVEST	2	2	3	2	OVERIDENTIFIED
IMPORT	2	2	3	2	OVERIDENTIFIED
EINKOMN	0	4	4	1	OVERIDENTIFIED

LIST OF ALL MODELVARIABLES IN MODEL: 'LUEDEKE2'

ENDOGENOUS MODELVARIABLES :

```
C( T );
I( T );
IM( T );
Y( T );
```

PREDETERMINED MODELVARIABLES :

```
1.;
+C( T-1 );
+U( T-1 );
+IM( T-1 );
G( T );
```

```
=====================================================================
EPS-DEMONSTRATION MIT DEM LUEDEKE-MODELL II
MODEL : LUEDEKE2
EQUATION NAME: IMPORT
PERIOD : 1961  1 TO  1977  1  ,PERIODICITY:  1 ,METHOD: TSLS
EQUATION :IM
       = C0
        +C1*Y
        +C2*IM(T-1)
=====================================================================

PARAM-NAME      ESTIMATION       STD.-ERROR       T-STATISTIC  SIGN.LEVEL

C0               -22.12018        13.54834         -1.63268       0.1248
C1                 0.13128         0.06445          2.03676       0.0610
C2                 0.71747         0.15771          4.54933       0.0005
---------------------------------------------------------------------


PARSTORE DONE


CONFIDENCE-INTERVALS:

  P(    -0.00696 <= C1        <=       0.26952  ) = 0.95
  P(  -51.17852 <= C0        <=       6.93816  ) = 0.95
  P(    0.37922 <= C2        <=       1.05572  ) = 0.95
---------------------------------------------------------------------

COEFF. OF DETERMINATION R**2=0.99902 ADJUSTED R**2 =          0.99881
DURBIN-WATSON( 17, 2)=          1.38241
SS RESIDUALS=                303.31776 ESTIMATED  VAR(RES)=     21.66555
TEST ON HOMOSC.:F(  5,  5)=  0.03110 SIGN.-LEVEL =             0.99917
---------------------------------------------------------------------

AUTOCOR.-COEFF 1.ORDER :   0.30534   SIGN.LEVEL.:               0.20366

CONFIDENCE-INTERVALS FOR VARIANCE AND STD.ERR. OF THE RESIDUALS:
  P(   11.61294 <=     VAR(RES)    <=    53.88746 )= 0.95
  P(     3.40778 <= STD.ERR.(RES) <=     7.34081 )= 0.95
---------------------------------------------------------------------

ZEROTEST (TEST ON ZERO FOR ALL PARAMETERS EXEPT CONSTANT TERM):
  F(  2, 14)=            830.43201   SIGN.LEVEL=               0.0
---------------------------------------------------------------------
```

PLOT OF DEPENDENT VARIABLE IN EQUAT. IMPORT (EMPIRICAL (*), FITTED (+))

```
          .---------.---------.---------.---------.---------.---------.
1961  I   +         .         .         .         .         .         .
1962  I   .  +      .         .         .         .         .         .
1963  I   .   *+    .         .         .         .         .         .
1964  I   .      +  .         .         .         .         .         .
1965  I   .         .+*       .         .         .         .         .
1966  I   .         .  *+     .         .         .         .         .
1967  I   .         . *  +    .         .         .         .         .
1968  I   .         .      +  .         .         .         .         .
1969  I   .         .         . + *     .         .         .         .
1970  I   .         .         .         + *       .         .         .
1971  I   .         .         .         .      +  .         .         .
1972  I   .         .         .         .         .*+       .         .
1973  I   .         .         .         .         .  *  +   .         .
1974  I   .         .         .         .         .     * + .         .
1975  I   .         .         .         .         .       *+.         .
1976  I   .         .         .         .         .         . +   *   .
1977  I   .         .         .         .         .         .        +*
          .---------.---------.---------.---------.---------.---------.

        62.0855            110.1537            158.2218            206.290
                  86.1196             134.1877            182.2559
```

```
   EMPIRICAL        FITTED       RESIDUALS    -2   -1   0    1    2STD

0.627800E+02  0.620855E+02   0.694524E+00  .    .    *    .    . 1961  I
0.696200E+02  0.681369E+02   0.148314E+01  .    .    I*   .    . 1962  I
0.727600E+02  0.741704E+02  -0.141044E+01  .    .   *I    .    . 1963  I
0.793400E+02  0.798130E+02  -0.472987E+00  .    .    *    .    . 1964  I
0.906300E+02  0.875144E+02   0.311556E+01  .    .    I  * .    . 1965  I
0.932800E+02  0.968851E+02  -0.360514E+01  .    .*   I    .    . 1966  I
0.919500E+02  0.981067E+02  -0.615668E+01  .  * .    I    .    . 1967  I
0.103100E+03  0.101875E+03   0.122460E+01  .    .    I*   .    . 1968  I
0.119820E+03  0.114553E+03   0.526652E+01  .    .    I    .*   . 1969  I
0.138440E+03  0.133832E+03   0.460813E+01  .    .    I    *    . 1970  I
0.150780E+03  0.151035E+03  -0.254639E+00  .    .    *    .    . 1971  I
0.161170E+03  0.162607E+03  -0.143693E+01  .    .   *I    .    . 1972  I
0.166090E+03  0.173582E+03  -0.749188E+01  . *  .    I    .    . 1973  I
0.172140E+03  0.177324E+03  -0.518357E+01  .    *    I    .    . 1974  I
0.178110E+03  0.180205E+03  -0.209470E+01  .    .  * I    .    . 1975  I
0.197840E+03  0.188161E+03   0.967915E+01  .    .    I    .    + 1976  I
0.206290E+03  0.204255E+03   0.203534E+01  .    .    I *  .    . 1977  I
```

```
==============================================================================
EPS-DEMONSTRATION MIT DEM LUEDEKE-MODELL II
MODEL : LUEDEKE2
EQUATION NAME: INVEST
PERIOD : 1961  1 TO  1977  1  ,PERIODICITY:  1 ,METHOD: TSLS
EQUATION :I
        = B0
         +B1*Y
         +B2*U(T-1)
==============================================================================

PARAM-NAME       ESTIMATION        STD.-ERROR        T-STATISTIC  SIGN.LEVEL

B0                  -16.91638          25.85553         -0.65427       0.5235
B1                   -0.14042           0.11287         -1.24410       0.2339
B2                    1.43545           0.52309          2.74416       0.0158
------------------------------------------------------------------------------


PARSTORE DONE



CONFIDENCE-INTERVALS:

  P(    -0.38250 <= B1          <=       0.10166  ) = 0.95
  P(   -72.37104 <= B0          <=      38.53828  ) = 0.95
  P(     0.31353 <= B2          <=       2.55737  ) = 0.95
------------------------------------------------------------------------------

COEFF. OF DETERMINATION R**2=0.99661 ADJUSTED R**2 =                  0.99589
DURBIN-WATSON( 17, 2)=         1.74615
SS RESIDUALS=                 992.87989 ESTIMATED  VAR(RES)=         70.91999
TEST ON HOMOSC.:F(  5,  5)=  0.15667 SIGN.-LEVEL =                    0.96850
------------------------------------------------------------------------------

AUTOCOR.-COEFF 1.ORDER :   0.05234    SIGN.LEVEL.:                    0.83148

CONFIDENCE-INTERVALS FOR VARIANCE AND STD.ERR. OF THE RESIDUALS:
  P(   38.01378 <=     VAR(RES)    <=  176.39513 )= 0.95
  P(    6.16553 <= STD.ERR.(RES) <=    13.28138 )= 0.95
------------------------------------------------------------------------------

ZEROTEST (TEST ON ZERO FOR ALL PARAMETERS EXEPT CONSTANT TERM):
  F(  2, 14)=               40.44597   SIGN.LEVEL=                    0.00000
------------------------------------------------------------------------------
```

PLOT OF DEPENDENT VARIABLE IN EQUAT. INVEST   (EMPIRICAL (*), FITTED (+))

```
          ,---------,---------,---------,---------,---------,---------,
1961  I   *       + .         .         .         .         .         .
1962  I   .  *+     .         .         .         .         .         .
1963  I   . *   +   .         .         .         .         .         .
1964  I   .+        .*        .         .         .         .         .
1965  I   .         .  +   *  .         .         .         .         .
1966  I   .         .       +*.         .         .         .         .
1967  I   .         .*      + .         .         .         .         .
1968  I   .         .  + *    .         .         .         .         .
1969  I   .         .         .       * .    +    .         .         .
1970  I   .         .         .         .     +   .*        .         .
1971  I   .         .         .         .         .     +   .  *      .
1972  I   .         .         .         .         .      +  .        *.
1973  I   .         .         .         .         .         .+        *
1974  I   .         .         .         .        *.         . +       .
1975  I   .         .         .         .  *      +         .         .
1976  I   .         .         .         .    +    . *       .         .
1977  I   .         .         .         .         .         *         +
          ,---------,---------,---------,---------,---------,---------,

       101.2900            121.4067            141.5233            161.640
                 111.3483            131.4650            151.5817
```

EMPIRICAL	FITTED	RESIDUALS	-2 -1 0 1 2STD	
0.101290E+03	0.109010E+03	-0.771981E+01	. .* I . .	1961 I
0.104040E+03	0.105802E+03	-0.176160E+01	. . *I . .	1962 I
0.102850E+03	0.106839E+03	-0.398926E+01	. . * I . .	1963 I
0.112390E+03	0.102382E+03	0.100076E+02	. . I .* .	1964 I
0.118770E+03	0.113876E+03	0.489392E+01	. . I * . .	1965 I
0.120350E+03	0.119683E+03	0.667138E+00	. . * . .	1966 I
0.112610E+03	0.119546E+03	-0.693581E+01	. .* I . .	1967 I
0.116600E+03	0.114284E+03	0.231561E+01	. . I* . .	1968 I
0.129280E+03	0.136666E+03	-0.738576E+01	. .* I . .	1969 I
0.143030E+03	0.137733E+03	0.529697E+01	. . I * . .	1970 I
0.154180E+03	0.147795E+03	0.638454E+01	. . I *. .	1971 I
0.161120E+03	0.148483E+03	0.126368E+02	. . I . * .	1972 I
0.161640E+03	0.152397E+03	0.924277E+01	. . I * .	1973 I
0.140350E+03	0.153457E+03	-0.131069E+02	. * . I . .	1974 I
0.133980E+03	0.141244E+03	-0.726351E+01	. .* I . .	1975 I
0.143250E+03	0.136590E+03	0.666003E+01	. . I *. .	1976 I
0.151460E+03	0.161403E+03	-0.994277E+01	. *. I . .	1977 I

```
=======================================================================
EPS-DEMONSTRATION MIT DEM LUEDEKE-MODELL II
MODEL : LUEDEKE2 .
EQUATION NAME: KONSUM
PERIOD : 1961  1 TO  1977  1  ,PERIODICITY:  1 ,METHOD: TSLS
EQUATION :C(T)
       =A0
        +A1*Y(T)
        +A2*C(T-1)
=======================================================================

PARAM-NAME      ESTIMATION       STD.-ERROR        T-STATISTIC  SIGN.LEVEL

A0                22.74014          6.73052           3.37866       0.0045
A1                 0.29543          0.11080           2.66623       0.0184
A2                 0.53819          0.17385           3.09576       0.0079
-----------------------------------------------------------------------


PARSTORE DONE



CONFIDENCE-INTERVALS:

  P(     0.05778 <= A1         <=       0.53308 ) = 0.95
  P(     8.30460 <= A0         <=      37.17568 ) = 0.95
  P(     0.16532 <= A2         <=       0.91105 ) = 0.95
-----------------------------------------------------------------------

COEFF. OF DETERMINATION R**2=0.99984 ADJUSTED R**2 =              0.99981
DURBIN-WATSON( 17, 2)=          1.24612
SS RESIDUALS=                331.90512 ESTIMATED  VAR(RES)=      23.70751
TEST ON HOMOSC.:F(  5,  5)=  0.06558 SIGN.-LEVEL =                0.99523
-----------------------------------------------------------------------

AUTOCOR.-COEFF 1.ORDER :   0.36345   SIGN.LEVEL.:                 0.12612

CONFIDENCE-INTERVALS FOR VARIANCE AND STD.ERR. OF THE RESIDUALS:
  P(   12.70745 <=    VAR(RES)   <=    58.96629 )= 0.95
  P(    3.56475 <= STD.ERR.(RES) <=     7.67895 )= 0.95
-----------------------------------------------------------------------

ZEROTEST (TEST ON ZERO FOR ALL PARAMETERS EXEPT CONSTANT TERM):
  F(  2, 14)=            1721.18402   SIGN.LEVEL=                  0.0
-----------------------------------------------------------------------
```

PLOT OF DEPENDENT VARIABLE IN EQUAT. KONSUM (EMPIRICAL (*), FITTED (+))

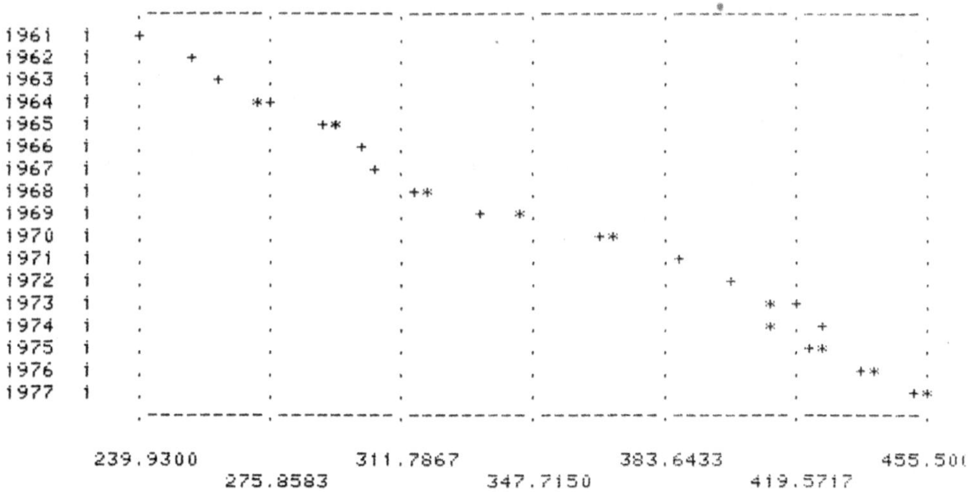

EMPIRICAL	FITTED	RESIDUALS	-2 -1 0 1 2STD	
0.239930E+03	0.241341E+03	-0.141077E+01	. . *I . .	1961 i
0.252990E+03	0.253619E+03	-0.628622E+00	. . * . .	1962 i
0.260370E+03	0.263182E+03	-0.281154E+01	. . * I . .	1963 i
0.273340E+03	0.274782E+03	-0.144158E+01	. . *I . .	1964 i
0.292110E+03	0.288469E+03	0.364075E+01	. . I * . .	1965 i
0.300620E+03	0.301430E+03	-0.810202E+00	. . * . .	1966 i
0.303630E+03	0.304480E+03	-0.850474E+00	. . * . .	1967 i
0.317390E+03	0.316729E+03	0.661022E+00	. . * . .	1968 i
0.342410E+03	0.334663E+03	0.774743E+01	. . I . * .	1969 i
0.367550E+03	0.364516E+03	0.303375E+01	. . I * . .	1970 i
0.386800E+03	0.386696E+03	0.104178E+00	. . * . .	1971 i
0.402240E+03	0.403174E+03	-0.934244E+00	. . *I . .	1972 i
0.412480E+03	0.419406E+03	-0.692633E+01	. * . I . .	1973 i
0.413790E+03	0.425394E+03	-0.116039E+02	- . I . .	1974 i
0.425930E+03	0.422814E+03	0.311561E+01	. . I * . .	1975 i
0.441680E+03	0.437613E+03	0.406655E+01	. . I *. .	1976 i
0.455500E+03	0.450452E+03	0.504840E+01	. . I * .	1977 i

KONSUM
INVEST
IMPORT
EINKOMN

MATRIX B OF THE STRUCTURAL FORM: B*Y+GAMMA*X=U

1	0.10000E+01	0.0	0.0	-0.29543E+00
2	0.0	0.10000E+01	0.0	0.14042E+00
3	0.0	0.0	0.10000E+01	-0.13128E+00
4	-0.10000E+01	-0.10000E+01	0.10000E+01	0.10000E+01

INVERSE OF MATRIX B

1	0.13026E+01	0.30261E+00	-0.30261E+00	0.30261E+00
2	-0.14383E+00	0.85617E+00	0.14383E+00	-0.14383E+00
3	0.13447E+00	0.13447E+00	0.86553E+00	0.13447E+00
4	0.10243E+01	0.10243E+01	-0.10243E+01	0.10243E+01

MATRIX GAMMA OF THE STRUCTURAL FORM

1	-0.22740E+02	-0.53819E+00	0.0	0.0	0.0
2	0.16916E+02	0.0	-0.14354E+01	0.0	0.0
3	0.22120E+02	0.0	0.0	-0.71747E+00	0.0
4	0.0	0.0	0.0	0.0	-0.10000E+01

MATRIX PI=-(B**-1)*GAMMA OF THE REDUCED FORM: Y=PI*X-(B**-1)*U

1	0.31196E+02	0.70105E+00	0.43438E+00	-0.21711E+00	0.30261E+00
2	-0.20936E+02	-0.77409E-01	0.12290E+01	0.10319E+00	-0.14383E+00
3	-0.18363E+02	0.72369E-01	0.19302E+00	0.62099E+00	0.13447E+00
4	0.28623E+02	0.55127E+00	0.14703E+01	-0.73491E+00	0.10243E+01

COVARIANCE-MATRIX OF THE STRUCTURAL-FORM RESIDUALS OF MODEL : LUEDEKE2

1	0.19524E+02	0.13843E+01	0.13782E+02	0.0
2	0.13843E+01	0.58405E+02	0.44213E+01	0.0
3	0.13782E+02	0.44213E+01	0.17842E+02	0.0
4	0.0	0.0	0.0	0.0

COVARIANCE-MATRIX OF THE REDUCED-FORM RESIDUALS OF MODEL : LUEDEKE2

1	0.29526E+02	0.14410E+02	0.17378E+02	0.26558E+02
2	0.14410E+02	0.43763E+02	0.10613E+02	0.47560E+02
3	0.17378E+02	0.10613E+02	0.19063E+02	0.89278E+01
4	0.26558E+02	0.47560E+02	0.89278E+01	0.65190E+02

```
=====================================================================
EPS-DEMONSTRATION MIT DEM LUEDEKE-MODELL II
MODEL : KONSUM
EQUATION NAME: KONSUM
PERIOD : 1961  1 TO  1977  1  ,PERIODICITY:  1 ,METHOD: ROLS
EQUATION :C(T)
       =A0
        +A1*Y(T)
        +A2*C(T-1)

RESTRICTIONS:

FILE    ,NAME    ,RESTRICTION
MODFILE  R1       A1-3*A2=0
=====================================================================

PARAM-NAME      ESTIMATION       STD.-ERROR       T-STATISTIC  SIGN.LEVEL

A0                31.49032          5.49711           5.72853      0.0001
A1                 0.52481          0.00431         121.71516      0.0
A2                 0.17494          0.00144         121.71516      0.0
---------------------------------------------------------------------


PARSTORE DONE


CONFIDENCE-INTERVALS:

  P(   19.70018 <= A0        <=     43.28045 ) = 0.95
  P(    0.51556 <= A1        <=      0.53406 ) = 0.95
  P(    0.17185 <= A2        <=      0.17802 ) = 0.95
---------------------------------------------------------------------

COEFF. OF DETERMINATION R**2=0.99384 ADJUSTED R**2 =          0.99252
DURBIN-WATSON( 17, 2)=        1.06304
SS RESIDUALS=             504.56388 ESTIMATED  VAR(RES)=     36.04028
TEST ON HOMOSC.:F(  5,  5)=  0.10988 SIGN.-LEVEL =            0.98499
---------------------------------------------------------------------
```

```
=====================================================================
EPS-DEMONSTRATION MIT DEM LUEDEKE-MODELL II
MODEL : KONSUM
EQUATION NAME: KONSUM
PERIOD : 1961  1 TO  1977  1  ,PERIODICITY:  1 ,METHOD: OLS
EQUATION :C(T)
       =A0
        +A1*Y(T)
        +A2*C(T-1)
=====================================================================


PARSTORE DONE


ZEROTEST (TEST ON ZERO FOR ALL PARAMETERS EXEPT CONSTANT TERM):
  F(  2, 14)=            1723.76591   SIGN.LEVEL=                0.0
---------------------------------------------------------------------

TEST ON LINEAR COMBINATIONS: H0: C'BETA=  0.8500
                             H1: NOT H0

  PAR.-NAME  C-VECTOR        PARAM.-VALUE
  =======================================

  A0              0.0           23.10025
  A1              1.00           0.30714
  A2              1.00           0.51990

  T-STATISTIC=            -0.47284   SIGN.-LEVEL =            0.64361
---------------------------------------------------------------------

TEST OF PARAMETERS ON GIVEN VALUES

  PAR.-NAME        PAR.-VALUE HYPOTHESIS
  ======================================
  A1                 0.30714        0.50
  A2                 0.51990        0.50

  F(  2, 14)=            138.74594   SIGN.-NIVEAU=               0.0
---------------------------------------------------------------------


STRUCTURAL STABILITY TEST (CHOW-TEST)


     VAR(T1)     VAR(T2)  F-TEST1 S-LEVEL1  F-TEST2  S-LEVEL2 TIME   PER
     -------     -------  ------- --------  -------  -------- --------

      7.6939     47.8233   0.1609   0.983    2.2604   0.138   1971    1
      8.0568     47.4964   0.1696   0.977    3.5879   0.050   1972    1
     12.5694     63.1992   0.1989   0.951    2.7664   0.092   1973    1

---------------------------------------------------------------------
```

```
* * * * * * * * * *  P R E D I C T O R  -  T E S T  * * * * * * * * * *

  PARAMETER-ESTIMATIONS FOR ESTIMATION RANGE:

  A0                  30.51781
  A1                   0.38140
  A2                   0.38612

  ESTIMATION RANGE :



    EMPIRICAL         FITTED        RESIDUALS    -2    -1     0     1    2STD

 0.239930E+03  0.242859E+03 -0.292892E+01   .     .  * I     .     . 1961  1
 0.252990E+03  0.254524E+03 -0.153411E+01   .     .   *I     .     . 1962  1
 0.260370E+03  0.262839E+03 -0.246859E+01   .     .  * I     .     . 1963  1
 0.273340E+03  0.275536E+03 -0.219644E+01   .     .   *I     .     . 1964  1
 0.292110E+03  0.289204E+03  0.290611E+01   .     .    I    *.     . 1965  1
 0.300620E+03  0.300143E+03  0.477317E+00   .     .    I*    .     . 1966  1
 0.303630E+03  0.301454E+03  0.217631E+01   .     .    I  *  .     . 1967  1
 0.317390E+03  0.316338E+03  0.105227E+01   .     .    I *   .     . 1968  1
 0.342410E+03  0.335243E+03  0.716708E+01   .     .    I     .    *. 1969  1
 0.367550E+03  0.366061E+03  0.148857E+01   .     .    I *   .     . 1970  1
 0.386800E+03  0.386935E+03 -0.135371E+00   .     .    I*    .     . 1971  1
 0.402240E+03  0.402267E+03 -0.271603E-01   .     .    I*    .     . 1972  1
 0.412480E+03  0.418457E+03 -0.597706E+01   .    *.    I     .     . 1973  1

  PREDICTION PERIOD FROM 1974    1:

 0.413790E+03  0.423026E+03 -0.923618E+01   -     .    I     .     . 1974  1
 0.425930E+03  0.419292E+03  0.663846E+01   .     .    I     .    *. 1975  1
 0.441680E+03  0.434650E+03  0.702997E+01   .     .    I     .    *. 1976  1
 0.455500E+03  0.446363E+03  0.913744E+01   .     .    I     .     + 1977  1

  THEIL'S INEQUALITY-COEFFICIENT

  U(INEQ.COEFF.)     =    0.09673
  U**2               =    0.00936
  UM(BIAS)           =    0.17551
  US(VARIANCE)       =    0.40658
  UC(COVARIANCE)     =    0.41792
  UM  +  US  +  UC   =    1   ---
  UR(REGRESSION)     =    0.22856
  UD(DISTURBANCE)    =    0.59593
  UM  +  UR  +  UD   =    1   ---

  WOLD'S JANUS QUOTIENT

  J      =    2.60420
  J**2   =    6.78185
```

```
  F(  4, 10)=               4.09158   SIGN.-LEVEL =               0.03220
------------------------------------------------------------------------



========================================================================
EPS-DEMONSTRATION MIT DEM LUEDEKE-MODELL II
MODEL : KONSUM
EQUATION NAME: KONSUM
PERIOD : 1961  1 TO  1977  1  ,PERIODICITY:  1 ,METHOD: OLS
EQUATION :C(T)
       =A0
        +A1*Y(T)
        +A2*C(T-1)
========================================================================

TEST ON LINEAR COMBINATIONS: H0: C'BETA=  0.8500
                             H1: NOT H0

  PAR.-NAME  C-VECTOR        PARAM.-VALUE
  ========================================

  A0              0.0          23.10025
  A1              1.00          0.30714
  A2              1.00          0.51990

  T-STATISTIC=             -0.47284   SIGN.-LEVEL =               0.64361
------------------------------------------------------------------------
```

UEPS,COMMANDS=/ **<u>Beispiel III:</u> Klein I - Modell**

```
TITLE,'DEFINITION UND SCHAETZUNG DES KLEIN I MODELLS OHNE BEZUGNAHME AUF DAS
 MODELL- BZW. DATENFILE-KONZEPT VON EPS';
C&
C&  LIT.: KLEIN,L., ECONOMIC FLUCTUATIONS IN THE UNITED STATES
C&                  1921-1941. NEWYORK 1950.
C&
C&        THEIL,H., PRINCIPLES OF ECONOMETRICS. NEWYORK 1971.
C&                  S.433 FF.
C&
C&   VARIABLEN:    C  KONSUM
C&                 I  NETTOINVESTITIONEN
C&                 W1 LOHNSUMME DER PRIVATEN WIRTSCHAFT
C&                 X  NETTOSOZIALPRODUKT DER PRIV. WIRTSCHAFT
C&                 P  UNTERNEHMERGEWINNE EINSCHL. ZINSEN
C&                 K  KAPITALSTOCK
C&                 W2 LOHNSUMME DER OEFFENTLICHEN HAND
C&                 W  =W1+W2
C&                 TAX INDIREKTE STEUERN
C&                 G  STAATSAUSGABEN (HIER: EINSCHL. W2)
C&                 TIME (1931-T)
C&                 1  SCHEINVARIABLE (ABSOLUTGLIED)
C&
C&   DIE HIER VERWENDETE NOTATION DER IDENTITAETSGLEICHUNGEN LEHNT SICH AN
C&   THEIL (1971) AN.
C&
C&****************   EINLESEN DER ZEITREIHEN   **************************
C&
DATA,NAMES=C I W1 X P K  TIME G W2 TAX ONE,BEGIN=1920 1,NOBS=22,OBSERV=
  39.8  41.9  45.0  49.2  50.6  52.6  55.1  56.2  57.3  57.8  55.0  50.9  45.6
  46.5  48.7  51.3  57.7  58.7  57.5  61.6  65.0  69.7   2.7  -0.2   1.9   5.2
   3.0   5.1   5.6   4.2   3.0   5.1   1.0  -3.4  -6.2  -5.1  -3.0  -1.3   2.1
   2.0  -1.9   1.3   3.3   4.9  28.8  25.5  29.3  34.1  33.9  35.4  37.4  37.9
  39.2  41.3  37.9  34.5  29.0  28.5  30.6  33.2  36.8  41.0  38.2  41.6  45.0
  53.3  44.9  45.6  50.1  57.2  57.1  61.0  64.0  64.4  64.5  67.0  61.2  53.4
  44.3  45.1  49.7  54.4  62.7  65.0  60.9  69.5  75.7  88.4  12.7  12.4  16.9
  18.4  19.4  20.1  19.6  19.8  21.1  21.7  15.6  11.4   7.0  11.2  12.3  14.0
  17.6  17.3  15.3  19.0  21.1  23.5 182.8 182.6 184.5 189.7 192.7 197.8 203.4
 207.6 210.6 215.7 216.7 213.3 207.1 202.0 199.0 197.7 199.8 201.8 199.9 201.2
 204.5 209.4 -11.0 -10.0  -9.0  -8.0  -7.0  -6.0  -5.0  -4.0  -3.0  -2.0  -1.0
   0.0   1.0   2.0   3.0   4.0   5.0   6.0   7.0   8.0   9.0  10.0   2.4   3.9
   3.2   2.8   3.5   3.3   3.3   4.0   4.2   4.1   5.2   5.9   4.9   3.7   4.0
   4.4   2.9   4.3   5.3   6.6   7.4  13.8   2.2   2.7   2.9   2.9   3.1   3.2
   3.3   3.6   3.7   4.0   4.2   4.8   5.3   5.6   6.0   6.1   7.4   6.7   7.7
   7.8   8.0   8.5   3.4   7.7   3.9   4.7   3.8   5.5   7.0   6.7   4.2   4.0
   7.7   7.5   8.3   5.4   6.8   7.2   8.3   6.7   7.4   8.9   9.6  11.6
1 1 1 1 1 1 1 1 1 1 1 1 1 1 1 1 1 1 1 1 1 1
;
COMPUTE,EXPRESS= W=W1+W2;
PRINTDAT,ALL;
C&
C&****************   GLEICHUNGSSPEZIFIZIERUNG   *************************
C&
STEQ,      CONSUM,     C=A10+A11*P+A12*P(T-1)+A13*W(T);
STEQ,      INVEST,     I=A20+A21*P+A22*P(T-1)+A23*K(T-1);
STEQ,      W1PRIV,     W1=A30+A31*X+A32*X(T-1)+A33*TIME;
IDENTITY, X,           X=I1*C+I2*I+I3*G+I4*W2,         PVALUE=I4 -1;
IDENTITY, PROFIT,      P=J1*X+J2*W1+J3*TAX,            PVALUE=J2 -1  J3 -1;
IDENTITY, WAGES,       W=K1*W1+K2*W2;
IDENTITY, CAPITAL,     K=L1*K(T-1)+L2*I;
C&****************   MODELLVEREINBARUNG  *********************************
C&
MODEL,KLEIN1,CONSUM INVEST W1PRIV X PROFIT WAGES CAPITAL;
C&
C&****************   UNTERSUCHEN MODELLSTRUKTUR   ************************
C&
LIST,MODEL,KLEIN1;
ANALYSE,KLEIN1;
TRIANGUL,KLEIN1;
C&
C&****************   SCHAETZUNG DER PARAMETER NACH 3SLS   ****************
THREESLS,KLEIN1,OUTPUT=MAX;
C&
C&****************   ZUSAETZLICHE BERECHNUNG DER REDUZIERTEN FORM   *******
C&
RESULTS,REDFORM=YES,PARSTORE=YES;
STOP;
```

B I E L E F E L D   U N I V E R S I T Y
D E P A R T M E N T   O F   E C O N O M I C S

E C O N O M E T R I C   P R O G R A M   S Y S T E M

EPS II (BATCH VERSION)

NONAME	.C	1920	1	1941	1	NOBS= 22	PER=	1	STORED
NONAME	.I	1920	1	1941	1	NOBS= 22	PER=	1	STORED
NONAME	.W1	1920	1	1941	1	NOBS= 22	PER=	1	STORED
NONAME	.X	1920	1	1941	1	NOBS= 22	PER=	1	STORED
NONAME	.P	1920	1	1941	1	NOBS= 22	PER=	1	STORED
NONAME	.K	1920	1	1941	1	NOBS= 22	PER=	1	STORED
NONAME	.TIME	1920	1	1941	1	NOBS= 22	PER=	1	STORED
NONAME	.G	1920	1	1941	1	NOBS= 22	PER=	1	STORED
NONAME	.W2	1920	1	1941	1	NOBS= 22	PER=	1	STORED
NONAME	.TAX	1920	1	1941	1	NOBS= 22	PER=	1	STORED
NONAME	.ONE	1920	1	1941	1	NOBS= 22	PER=	1	STORED
NONAME	.W	1920	1	1941	1	NOBS= 22	PER=	1	STORED

TIME SERIES FOR

C : FROM 1920. 1 TO 1941. 1

39.8000	41.9000	45.0000	49.2000	50.60
52.6000	55.1000	56.2000	57.3000	57.80
55.0000	50.9000	45.6000	46.5000	48.70
51.3000	57.7000	58.7000	57.5000	61.60
65.0000	69.7000			

G : FROM 1920. 1 TO 1941. 1

2.4000	3.9000	3.2000	2.8000	3.50
3.3000	3.3000	4.0000	4.2000	4.10
5.2000	5.9000	4.9000	3.7000	4.00
4.4000	2.9000	4.3000	5.3000	6.60
7.4000	13.8000			

I : FROM 1920. 1 TO 1941. 1

2.7000	-0.2000	1.9000	5.2000	3.00
5.1000	5.6000	4.2000	3.0000	5.10
1.0000	-3.4000	-6.2000	-5.1000	-3.00
-1.3000	2.1000	2.0000	-1.9000	1.30
3.3000	4.9000			

K : FROM 1920. 1 TO 1941. 1

182.8000	182.6000	184.5000	189.7000	192.70
197.8000	203.4000	207.6000	210.6000	215.70
216.7000	213.3000	207.1000	202.0000	199.00
197.7000	199.8000	201.8000	199.9000	201.20
204.5000	209.4000			

ONE : FROM 1920. 1 TO 1941. 1

1.0000	1.0000	1.0000	1.0000	1.00
1.0000	1.0000	1.0000	1.0000	1.00
1.0000	1.0000	1.0000	1.0000	1.00
1.0000	1.0000	1.0000	1.0000	1.00
1.0000	1.0000			

P : FROM 1920. 1 TO 1941. 1

12.7000	12.4000	16.9000	18.4000	19.40
20.1000	19.6000	19.8000	21.1000	21.70
15.6000	11.4000	7.0000	11.2000	12.30
14.0000	17.6000	17.3000	15.3000	19.00
21.1000	23.5000			

TAX : FROM 1920. 1 TO 1941. 1

3.4000	7.7000	3.9000	4.7000	3.80
5.5000	7.0000	6.7000	4.2000	4.00
7.7000	7.5000	8.3000	5.4000	6.80
7.2000	8.3000	6.7000	7.4000	8.90
9.6000	11.6000			

TIME : FROM 1920. 1 TO 1941. 1

-11.0000	-10.0000	-9.0000	-8.0000	-7.00
-6.0000	-5.0000	-4.0000	-3.0000	-2.00
-1.0000	0.0	1.0000	2.0000	3.00
4.0000	5.0000	6.0000	7.0000	8.00
9.0000	10.0000			

W : FROM 1920. 1 TO 1941. 1

31.0000	28.2000	32.2000	37.0000	37.00
38.6000	40.7000	41.5000	42.9000	45.30
42.1000	39.3000	34.3000	34.1000	36.60
39.3000	44.2000	47.7000	45.9000	49.40
53.0000	61.8000			

W1 : FROM 1920. 1 TO 1941. 1

28.8000	25.5000	29.3000	34.1000	33.90
35.4000	37.4000	37.9000	39.2000	41.30
37.9000	34.5000	29.0000	28.5000	30.60
33.2000	36.8000	41.0000	38.2000	41.60
45.0000	53.3000			

```
W2   :      FROM 1920.   1 TO 1941.   1

        2.2000         2.7000         2.9000         2.9000         3.10

        3.2000         3.3000         3.6000         3.7000         4.00

        4.2000         4.8000         5.3000         5.6000         6.00

        6.1000         7.4000         6.7000         7.7000         7.80

        8.0000         8.5000

X    :      FROM 1920.   1 TO 1941.   1

       44.9000        45.6000        50.1000        57.2000        57.10

       61.0000        64.0000        64.4000        64.5000        67.00

       61.2000        53.4000        44.3000        45.1000        49.70

       54.4000        62.7000        65.0000        60.9000        69.50

       75.7000        88.4000


NONAME  .CONSUM  STORED
NONAME  .INVEST  STORED
NONAME  .W1PRIV  STORED
NONAME  .X       STORED
NONAME  .PROFIT  STORED
NONAME  .WAGES   STORED
NONAME  .CAPITAL STORED
NONAME  .KLEIN1   MODEL     STORED



DESCRIPTION OF MODEL NONAME  .KLEIN1

  CREATION DATE/TIME:          16.10.80/16.22
  STOCHASTIC EQUATIONS:            3
  IDENTITY EQUATIONS:              4
  ENDOGENOUS VARIABLES:            7
  PREDETERMINED VARIABLES:         8
  PARAMETERS TO ESTIMATE:         12

  EQUATION NAMES:
             1   CONSUM
             2   INVEST
             3   W1PRIV
             4   X
             5   PROFIT
             6   WAGES
             7   CAPITAL
```

MATRIX OF RELATIONS TRIANGULATED BY ALGORITHM A:

	X	W1PRIV	PROFIT	INVEST	WAGES	CONSUM	CAPITAL
X	*	.	.	1	.	1	.
W1PRIV	1	*	.	.	.	.	.
PROFIT	1	1	*	.	.	.	.
INVEST	.	.	1	*	.	.	.
WAGES	.	1	.	.	*	.	.
CONSUM	.	.	1	.	1	*	.
CAPITAL	.	.	.	1	.	.	*

MATRIX OF RELATIONS TRIANGULATED BY ALGORITHM B:

	INVEST	X	W1PRIV	PROFIT	WAGES	CONSUM	CAPITAL
INVEST	*	.	.	1	.	.	.
X	1	*	.	.	.	1	.
W1PRIV	.	1	*	.	.	.	.
PROFIT	.	1	1	*	.	.	.
WAGES	.	.	1	.	*	.	.
CONSUM	.	.	.	1	1	*	.
CAPITAL	1	.	.	.	.	.	*

BLOCK : 1

CONSUM
INVEST
W1PRIV
X
PROFIT
WAGES
CAPITAL

CHECK ON I D E N T I F I A B I L I T Y BY THE ORDER CONDITION:

EQUATION	END.EXCL.	END.INCL.	PRED.EXCL.	PRED.INCL.	RESULT
CONSUM	4	3	6	2	OVERIDENTIFIED
INVEST	5	2	5	3	OVERIDENTIFIED
W1PRIV	5	2	5	3	OVERIDENTIFIED
X	4	3	6	2	OVERIDENTIFIED
PROFIT	4	3	7	1	OVERIDENTIFIED
WAGES	5	2	7	1	OVERIDENTIFIED
CAPITAL	5	2	7	1	OVERIDENTIFIED

LIST OF ALL MODELVARIABLES IN MODEL: 'KLEIN1

ENDOGENOUS MODELVARIABLES :

```
C(T);
I(T);
W1(T);
X(T);
P(T);
W(T);
K(T);
```

PREDETERMINED MODELVARIABLES :

```
1.;
+P(T-1);
K(T-1);
+X(T-1);
TIME(T);
G(T);
W2(T);
TAX(T);
```

NONAME .KLEIN1 BEGIN OF TRIANGULATION

MATRIX OF RELATIONS WITH ORDER AS DEFINED BY USER:

	CONSUM	INVEST	W1PRIV	X	PROFIT	WAGES	CAPITAL
CONSUM	*	.	.	.	1	1	.
INVEST	.	*	.	.	1	.	.
W1PRIV	.	.	*	1	.	.	.
X	1	1	.	*	.	.	.
PROFIT	.	.	1	1	*	.	.
WAGES	.	.	1	.	.	*	.
CAPITAL	.	1	.	.	.	.	*

```
======================================================================
DEFINITION UND SCHAETZUNG DES KLEIN I MODELLS OHNE BEZUGNAHME AUF DAS
 MODELL- BZW. DATENFILE-KONZEPT VON EPS
MODEL : KLEIN1
EQUATION NAME: CONSUM
PERIOD : 1921  1 TO  1941  1  ,PERIODICITY:  1 ,METHOD: THREESLS
EQUATION :C
       = A10
        +A11*P
        +A12*P(T-1)
        +A13*W(T)
======================================================================

PARAM-NAME      ESTIMATION      STD.-ERROR       T-STATISTIC  SIGN.LEVEL

A10               16.44079         1.30455          12.60266        0.0
A11                0.12489         0.10813           1.15501        0.2641
A12                0.16314         0.10044           1.62432        0.1227
A13                0.79008         0.03794          20.82563        0.0
----------------------------------------------------------------------


PARSTORE DONE


CONFIDENCE-INTERVALS:

  P(   13.68840 <= A10       <=     19.19318 ) = 0.95
  P(   -0.04876 <= A12       <=      0.37505 ) = 0.95
  P(   -0.10324 <= A11       <=      0.35303 ) = 0.95
  P(    0.71004 <= A13       <=      0.87012 ) = 0.95
----------------------------------------------------------------------

COEFF. OF DETERMINATION R**2=0.99970 ADJUSTED R**2 =            0.99963
DURBIN-WATSON( 21, 3)=          1.42494
SS RESIDUALS=                  18.72696 ESTIMATED  VAR(RES)=    1.10159
TEST ON HOMOSC.:F(  6,  6)=  1.31998 SIGN.-LEVEL =              0.37233
----------------------------------------------------------------------

AUTOCOR.-COEFF 1.ORDER :    0.22721   SIGN.LEVEL.:              0.29713

CONFIDENCE-INTERVALS FOR VARIANCE AND STD.ERR. OF THE RESIDUALS:
  P(     0.62028 <=     VAR(RES)   <=     2.47574 )= 0.95
  P(     0.78758 <= STD.ERR.(RES) <=     1.57345 )= 0.95
----------------------------------------------------------------------

ZEROTEST (TEST ON ZERO FOR ALL PARAMETERS EXEPT CONSTANT TERM):
  F(  3, 17)=             279.20435   SIGN.LEVEL=              0.0
----------------------------------------------------------------------
```

PLOT OF DEPENDENT VARIABLE IN EQUAT. CONSUM   (EMPIRICAL (*), FITTED (+))

```
           .---------.---------.---------.---------.---------.---------.
1921    1  *+        .         .         .         .         .         .
1922    1  .     * + .         .         .         .         .         .
1923    1  .         .    *  + .         .         .         .         .
1924    1  .         .       *+.         .         .         .         .
1925    1  .         .         . +       .         .         .         .
1926    1  .         .         .    + *  .         .         .         .
1927    1  .         .         .     +  *.         .         .         .
1928    1  .         .         .        +.*        .         .         .
1929    1  .         .         .         . *+      .         .         .
1930    1  .         .         .     *+  .         .         .         .
1931    1  .         .       *+.         .         .         .         .
1932    1  .      * +.         .         .         .         .         .
1933    1  .       +*.         .         .         .         .         .
1934    1  .         .   +     .         .         .         .         .
1935    1  .         .        +.         .         .         .         .
1936    1  .         .         .       + . *       .         .         .
1937    1  .         .         .         .   *+    .         .         .
1938    1  .         .         .         .+        .         .         .
1939    1  .         .         .         .      +  *         .         .
1940    1  .         .         .         .         .    + *  .         .
1941    1  .         .         .         .         .         .     *   +
           .---------.---------.---------.---------.---------.---------.

        41.9000             51.8150             61.7300             71.6451
                  46.8575             56.7725             66.6875
```

```
   EMPIRICAL       FITTED       RESIDUALS    -2   -1    0    1   2STD

0.419000E+02  0.423416E+02 -0.441644E+00  .    .  * I    .    . 1921   1
0.450000E+02  0.460150E+02 -0.101503E+01  .    *    I    .    . 1922   1
0.492000E+02  0.507289E+02 -0.152890E+01  .  * .    I    .    . 1923   1
0.506000E+02  0.510985E+02 -0.498511E+00  .    .  * I    .    . 1924   1
0.526000E+02  0.526132E+02 -0.132081E-01  .    .    *    .    . 1925   1
0.551000E+02  0.543241E+02  0.775866E+00  .    .    I   *.    . 1926   1
0.562000E+02  0.548996E+02  0.130040E+01  .    .    I    .*   . 1927   1
0.573000E+02  0.562007E+02  0.109930E+01  .    .    I    *    . 1928   1
0.578000E+02  0.583839E+02 -0.583920E+00  .    . *  I    .    . 1929   1
0.550000E+02  0.551917E+02 -0.191716E+00  .    .    *    .    . 1930   1
0.509000E+02  0.514598E+02 -0.559770E+00  .    .  * I    .    . 1931   1
0.456000E+02  0.462746E+02 -0.674642E+00  .    . *  I    .    . 1932   1
0.465000E+02  0.459233E+02  0.576668E+00  .    .    I *  .    . 1933   1
0.487000E+02  0.487211E+02 -0.211190E-01  .    .    *    .    . 1934   1
0.513000E+02  0.512461E+02  0.538901E-01  .    .    *    .    . 1935   1
0.577000E+02  0.558445E+02  0.185554E+01  .    .    I    .   *. 1936   1
0.587000E+02  0.591596E+02 -0.459592E+00  .    .  * I    .    . 1937   1
0.575000E+02  0.574387E+02  0.612778E-01  .    .    *    .    . 1938   1
0.616000E+02  0.603398E+02  0.126019E+01  .    .    I    .*   . 1939   1
0.650000E+02  0.640500E+02  0.949994E+00  .    .    I   *.    . 1940   1
0.697000E+02  0.716451E+02 -0.194506E+01  -    .    I    .    . 1941   1
```

```
=====================================================================
DEFINITION UND SCHAETZUNG DES KLEIN I MODELLS OHNE BEZUGNAHME AUF DAS
 MODELL- BZW. DATENFILE-KONZEPT VON EPS
MODEL : KLEIN1
EQUATION NAME: INVEST
PERIOD : 1921  1 TO  1941  1  ,PERIODICITY:  1 ,METHOD: THREESLS
EQUATION :I
       = A20
        +A21*P
        +A22*P(T-1)
        +A23*K(T-1)
=====================================================================

PARAM-NAME      ESTIMATION        STD.-ERROR       T-STATISTIC  SIGN.LEVEL

A20               28.17785          6.79377          4.14760       0.0007
A21               -0.01308          0.16190         -0.08079       0.9366
A22                0.75572          0.15293          4.94153       0.0001
A23               -0.19485          0.03253         -5.98967       0.0000
---------------------------------------------------------------------


PARSTORE DONE


CONFIDENCE-INTERVALS:

  P(    13.84408 <= A20       <=     42.51161 ) = 0.95
  P(     0.43306 <= A22       <=      1.07839 ) = 0.95
  P(    -0.26348 <= A23       <=     -0.12621 ) = 0.95
  P(    -0.35465 <= A21       <=      0.32850 ) = 0.95
---------------------------------------------------------------------

COEFF. OF DETERMINATION R**2=0.84633 ADJUSTED R**2 =          0.81017
DURBIN-WATSON( 21, 3)=         1.99588
SS RESIDUALS=                 43.95398 ESTIMATED  VAR(RES)=    2.58553
TEST ON HOMOSC.:F(  6,  6)=  1.11967 SIGN.-LEVEL =            0.44718
---------------------------------------------------------------------

AUTOCOR.-COEFF 1.ORDER :  -0.06385   SIGN.LEVEL.:              0.77223

CONFIDENCE-INTERVALS FOR VARIANCE AND STD.ERR. OF THE RESIDUALS:
  P(     1.45586 <=     VAR(RES)   <=     5.81080 )= 0.95
  P(     1.20659 <= STD.ERR.(RES) <=     2.41056 )= 0.95
---------------------------------------------------------------------

ZEROTEST (TEST ON ZERO FOR ALL PARAMETERS EXEPT CONSTANT TERM):
  F(  3, 17)=              26.86397   SIGN.LEVEL=               0.00000
---------------------------------------------------------------------
```

PLOT OF DEPENDENT VARIABLE IN EQUAT. INVEST (EMPIRICAL (*), FITTED (+))

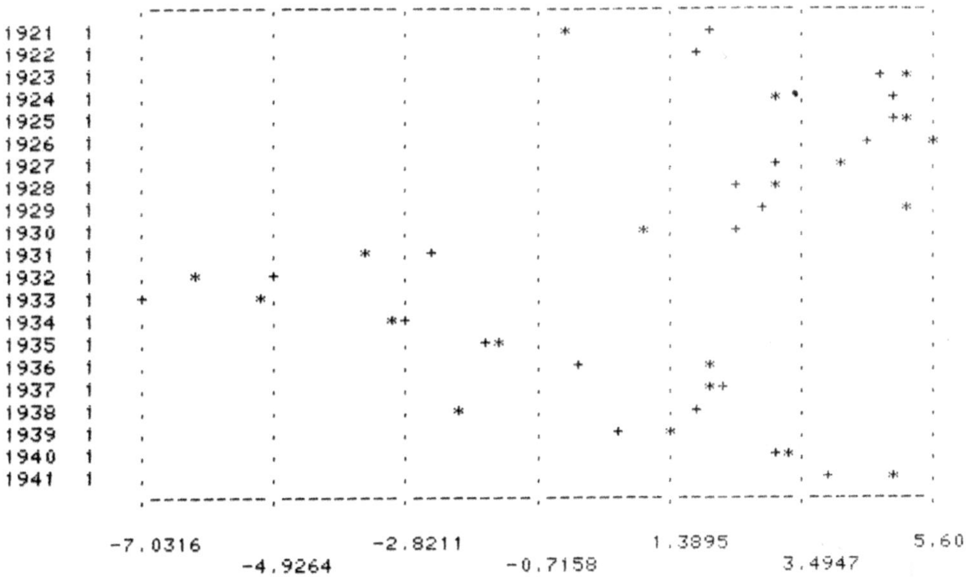

EMPIRICAL	FITTED	RESIDUALS	-2 -1 0 1 2STD		
-0.200000E+00	0.199510E+01	-0.219510E+01	. * . I . .	1921	1
0.190000E+01	0.174850E+01	0.151505E+00	. . * . .	1922	1
0.520000E+01	0.475942E+01	0.440577E+00	. . I* . .	1923	1
0.300000E+01	0.486672E+01	-0.186672E+01	. *. I . .	1924	1
0.510000E+01	0.502874E+01	0.712575E-01	. . * . .	1925	1
0.560000E+01	0.457056E+01	0.102944E+01	. . I * . .	1926	1
0.420000E+01	0.309893E+01	0.110107E+01	. . I * . .	1927	1
0.300000E+01	0.241471E+01	0.585286E+00	. . I* . .	1928	1
0.510000E+01	0.280476E+01	0.229524E+01	. . I . * .	1929	1
0.100000E+01	0.234425E+01	-0.134425E+01	. .* I . .	1930	1
-0.340000E+01	-0.240558E+01	-0.994422E+00	. . * I . .	1931	1
-0.620000E+01	-0.485959E+01	-0.134041E+01	. .* I . .	1932	1
-0.510000E+01	-0.703164E+01	0.193164E+01	. . I .* .	1933	1
-0.300000E+01	-0.287827E+01	-0.121735E+00	. . * . .	1934	1
-0.130000E+01	-0.148466E+01	0.184659E+00	. . * . .	1935	1
0.210000E+01	0.628980E-02	0.209371E+01	. . I . * .	1936	1
0.200000E+01	0.232164E+01	-0.321639E+00	. . *I . .	1937	1
-0.190000E+01	0.173138E+01	-0.363138E+01	- . I . .	1938	1
0.130000E+01	0.541754E+00	0.758246E+00	. . I * . .	1939	1
0.330000E+01	0.305716E+01	0.242836E+00	. . * . .	1940	1
0.490000E+01	0.396979E+01	0.930205E+00	. . I * . .	1941	1

```
==========================================================================
DEFINITION UND SCHAETZUNG DES KLEIN I MODELLS OHNE BEZUGNAHME AUF DAS
 MODELL- BZW. DATENFILE-KONZEPT VON EPS
MODEL : KLEIN1
EQUATION NAME: W1PRIV
PERIOD : 1921  1 TO  1941  1  ,PERIODICITY:  1 ,METHOD: THREESLS
EQUATION :W1
        = A30
         +A31*X
         +A32*X(T-1)
         +A33*TIME
==========================================================================

PARAM-NAME       ESTIMATION       STD.-ERROR        T-STATISTIC  SIGN.LEVEL

A30                 1.79722          1.11585            1.61062      0.1257
A31                 0.40049          0.03181           12.58877      0.0
A32                 0.18129          0.03416            5.30730      0.0001
A33                 0.14967          0.02794            5.35790      0.0001
--------------------------------------------------------------------------


PARSTORE DONE


CONFIDENCE-INTERVALS:

  P(    -0.55706 <= A30      <=      4.15149 ) = 0.95
  P(     0.10922 <= A32      <=      0.25336 ) = 0.95
  P(     0.09074 <= A33      <=      0.20861 ) = 0.95
  P(     0.33337 <= A31      <=      0.46761 ) = 0.95
--------------------------------------------------------------------------

COEFF. OF DETERMINATION R**2=0.99962 ADJUSTED R**2 =             0.99953
DURBIN-WATSON( 21, 3)=         2.15505
SS RESIDUALS=                 10.92056 ESTIMATED  VAR(RES)=      0.64239
TEST ON HOMOSC.:F(  6,  6)=  0.73795 SIGN.-LEVEL =               0.63923
--------------------------------------------------------------------------

AUTOCOR.-COEFF 1.ORDER :  -0.19276   SIGN.LEVEL.:                0.37820

CONFIDENCE-INTERVALS FOR VARIANCE AND STD.ERR. OF THE RESIDUALS:
  P(     0.36172 <=     VAR(RES)   <=     1.44372 )= 0.95
  P(     0.60143 <= STD.ERR.(RES) <=     1.20155 )= 0.95
--------------------------------------------------------------------------

ZEROTEST (TEST ON ZERO FOR ALL PARAMETERS EXEPT CONSTANT TERM):
  F(  3, 17)=             406.81103   SIGN.LEVEL=                0.0
--------------------------------------------------------------------------
```

PLOT OF DEPENDENT VARIABLE IN EQUAT. W1PRIV (EMPIRICAL (*), FITTED (+))

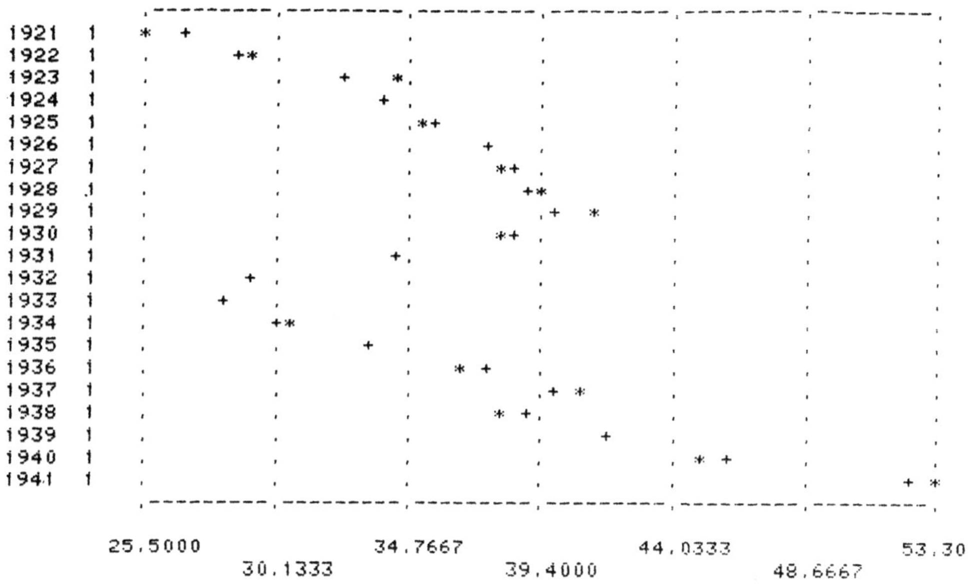

EMPIRICAL	FITTED	RESIDUALS	-2 -1 0 1 2STD		
0.255000E+02	0.267029E+02	-0.120287E+01	. * . I . .	1921	1
0.293000E+02	0.287817E+02	0.518336E+00	. . I * . .	1922	1
0.341000E+02	0.325906E+02	0.150936E+01	. . I . +	1923	1
0.339000E+02	0.339874E+02	-0.874313E-01	. . * . .	1924	1
0.354000E+02	0.356809E+02	-0.280895E+00	. . *I . .	1925	1
0.374000E+02	0.377391E+02	-0.339079E+00	. . * I . .	1926	1
0.379000E+02	0.385928E+02	-0.692823E+00	. .* I . .	1927	1
0.392000E+02	0.388551E+02	0.344937E+00	. . I * . .	1928	1
0.413000E+02	0.400241E+02	0.127590E+01	. . I . * .	1929	1
0.379000E+02	0.383041E+02	-0.404145E+00	. . * I . .	1930	1
0.345000E+02	0.342785E+02	0.221506E+00	. . I* . .	1931	1
0.290000E+02	0.293696E+02	-0.369622E+00	. . * I . .	1932	1
0.285000E+02	0.281899E+02	0.310058E+00	. . I * . .	1933	1
0.306000E+02	0.303269E+02	0.273089E+00	. . I* . .	1934	1
0.332000E+02	0.331928E+02	0.716410E-02	. . * . .	1935	1
0.368000E+02	0.375187E+02	-0.718660E+00	. .* I . .	1936	1
0.410000E+02	0.400942E+02	0.905819E+00	. . I .* .	1937	1
0.382000E+02	0.390188E+02	-0.818808E+00	. * I . .	1938	1
0.416000E+02	0.418694E+02	-0.269419E+00	. . *I . .	1939	1
0.450000E+02	0.460612E+02	-0.106125E+01	. * . I . .	1940	1
0.533000E+02	0.524212E+02	0.878829E+00	. . I * .	1941	1

CONSUM
INVEST
W1PRIV
X
PROFIT
WAGES
CAPITAL

MATRIX B OF THE STRUCTURAL FORM: B*Y+GAMMA*X=U

1	0.10000E+01	0.0	0.0	0.0	-0.12489E+00	-0.79008E+00	0.0
2	0.0	0.10000E+01	0.0	0.0	0.13079E-01	0.0	0.0
3	0.0	0.0	0.10000E+01	-0.40049E+00	0.0	0.0	0.0
4	-0.10000E+01	-0.10000E+01	0.0	0.10000E+01	0.0	0.0	0.0
5	0.0	0.0	0.10000E+01	-0.10000E+01	0.10000E+01	0.0	0.0
6	0.0	0.0	-0.10000E+01	0.0	0.0	0.10000E+01	0.0
7	0.0	-0.10000E+01	0.0	0.0	0.0	0.0	0.10000E+01

INVERSE OF MATRIX B

1	0.16347E+01	0.63465E+00	0.10957E+01	0.63465E+00	0.19585E+00	0.12915E+01	0.0
2	-0.12718E-01	0.98728E+00	0.44531E-02	-0.12718E-01	-0.14501E-01	-0.10048E-01	0.0
3	0.64957E+00	0.64957E+00	0.14406E+01	0.64957E+00	0.72629E-01	0.51321E+00	0.0
4	0.16219E+01	0.16219E+01	0.11001E+01	0.16219E+01	0.18135E+00	0.12815E+01	0.0
5	0.97236E+00	0.97236E+00	-0.34048E+00	0.97236E+00	0.11087E+01	0.76825E+00	0.0
6	0.64957E+00	0.64957E+00	0.14406E+01	0.64957E+00	0.72629E-01	0.15132E+01	0.0
7	-0.12718E-01	0.98728E+00	0.44531E-02	-0.12718E-01	-0.14501E-01	-0.10048E-01	0.10000E+01

MATRIX GAMMA OF THE STRUCTURAL FORM

1	-0.16441E+02	-0.16314E+00	0.0	0.0	0.0
	0.0	0.0	0.0		
2	-0.28178E+02	-0.75572E+00	0.19485E+00	0.0	0.0
	0.0	0.0	0.0		
3	-0.17972E+01	0.0	0.0	-0.18129E+00	-0.14967E+00
	0.0	0.0	0.0		
4	0.0	0.0	0.0	0.0	0.0
	-0.10000E+01	0.10000E+01	0.0		
5	0.0	0.0	0.0	0.0	0.0
	0.0	0.0	0.10000E+01		
6	0.0	0.0	0.0	0.0	0.0
	0.0	-0.10000E+01	0.0		
7	0.0	0.0	-0.10000E+01	0.0	0.0
	0.0	0.0	0.0		

MATRIX PI=-(B**-1)*GAMMA OF THE REDUCED FORM: Y=PI*X-(B**-1)*U

1	0.46727E+02	0.74631E+00	-0.12366E+00	0.19863E+00	0.16399E+00
	0.63465E+00	0.65686E+00	-0.19585E+00		
2	0.27618E+02	0.74404E+00	-0.19237E+00	0.80732E-03	0.66652E-03
	-0.12718E-01	0.26697E-02	0.14501E-01		
3	0.31572E+02	0.59687E+00	-0.12657E+00	0.26117E+00	0.21562E+00
	0.64957E+00	-0.13636E+00	-0.72629E-01		
4	0.74346E+02	0.14903E+01	-0.31603E+00	0.19944E+00	0.16466E+00
	0.16219E+01	-0.34048E+00	-0.18135E+00		
5	0.42774E+02	0.89347E+00	-0.18946E+00	-0.61725E-01	-0.50960E-01
	0.97236E+00	-0.20412E+00	-0.11087E+01		
6	0.31572E+02	0.59687E+00	-0.12657E+00	0.26117E+00	0.21562E+00
	0.64957E+00	0.86364E+00	-0.72629E-01		
7	0.27618E+02	0.74404E+00	0.80763E+00	0.80732E-03	0.66652E-03
	-0.12718E-01	0.26697E-02	0.14501E-01		

STRUCTURAL FORM COVARIANCE MATRIX OF THE 2SLS-RESIDUALS (USED FOR 3SLS)

1	0.10441E+01	0.43785E+00	-0.38523E+00
2	0.43785E+00	0.13832E+01	0.19261E+00
3	-0.38523E+00	0.19261E+00	0.47643E+00

COVARIANCE-MATRIX OF THE STRUCTURAL-FORM RESIDUALS OF MODEL : KLEIN1

1	0.89176E+00	0.41132E+00	-0.39361E+00	0.0	0.0	0.0	0.0
2	0.41132E+00	0.20930E+01	0.40305E+00	0.0	0.0	0.0	0.0
3	-0.39361E+00	0.40305E+00	0.52003E+00	0.0	0.0	0.0	0.0
4	0.0	0.0	0.0	0.0	0.0	0.0	0.0
5	0.0	0.0	0.0	0.0	0.0	0.0	0.0
6	0.0	0.0	0.0	0.0	0.0	0.0	0.0
7	0.0	0.0	0.0	0.0	0.0	0.0	0.0

COVARIANCE-MATRIX OF THE REDUCED-FORM RESIDUALS OF MODEL : KLEIN1

1	0.38542E+01	0.23957E+01	0.26852E+01	0.62499E+01	0.35647E+01	0.26852E+01	0.23957E+01
2	0.23957E+01	0.20336E+01	0.21791E+01	0.44293E+01	0.22501E+01	0.21791E+01	0.20336E+01
3	0.26852E+01	0.21791E+01	0.27034E+01	0.48643E+01	0.21609E+01	0.27034E+01	0.21791E+01
4	0.62499E+01	0.44293E+01	0.48643E+01	0.10679E+02	0.58149E+01	0.48643E+01	0.44293E+01
5	0.35647E+01	0.22501E+01	0.21609E+01	0.58149E+01	0.36539E+01	0.21609E+01	0.22501E+01
6	0.26852E+01	0.21791E+01	0.27034E+01	0.48643E+01	0.21609E+01	0.27034E+01	0.21791E+01
7	0.23957E+01	0.20336E+01	0.21791E+01	0.44293E+01	0.22501E+01	0.21791E+01	0.20336E+01

Beispiel IV-1: Pindyck-Modell.
1. Anlegen des Modellfiles USDATA.

```
Ö ANFANG,EPS

ÖEPS,SMF=MF&PINDYCK,LFD(UWIA03),COMMANDS=/

TITLE,'ANLEGEN DES MODELLFILES *USMODEL* MIT DEM PINDYCK-MODELL';
C&
C&    LIT.:  PINDYCK,R.S., OPTIMAL PLANNING FOR ECONOMIC STABILIZATION.
C&                          AMSTERDAM 1973.
C&
C&    DIE DATEN ENTSTAMMEN DEM FIML-DISTRIBUTION-TAPE, FILE 5, VON
C&           CHAPMAN,D.R. U. R.C.FAIR, FULL-INFORMATION MAXIMUM
C&                          LIKELIHOOD PROGRAM: USER'S GUIDE. RESEARCH
C&                          MEMORANDUM NO. 137, ECONOMETRIC REASEARCH
C&                          PROGRAM, PRINCETON UNIVERSITY, PRINCETON 1972.
C&
C&
C&***************    ANLEGEN MODELLFILE USMODEL   ***************
C&
MFDEFINE USMODEL;
C&
C&***************    DEFINITION MODELLFILE-HIERARCHIE   *********
C&
MFHIER USMODEL;
C&
C&***************    STOCHASTISCHE GLEICHUNGEN   ***************
C&

STEQ,USMODEL.C,
     C=A1*YD + A2*YD(T-1) + A3*W(T-1) + A4*P1 + A5*C(T-1) + ABSA;
STEQ,USMODEL.INR1,
     INR1=B1*YD1 + B2*(YD(T-3)-YD(T-4)) + B3*(RL(T-5)-RL(T-6))
              + B4*(INR(T-1)-INR(T-2)) + B5*(INR(T-1)+INR(T-2));
STEQ,USMODEL.IR,
     IR=C1*YD + C2*(R(T-2)+R(T-3)) + C3*IR(T-1) + ABSC;
STEQ,USMODEL.IIN,
     IIN=D1*YD + D2*YD2 + D3*C2 + D4*IIN(T-1) + ABSD;
STEQ,USMODEL.R,
     R=E1*YD + E2*YD1 + E3*DM +E4*P1 + E5*R(T-1) + ABSE;
STEQ,USMODEL.RL,
     RL=F1*R + F2*YD2 + F3*RL(T-1) + ABSF;
STEQ,USMODEL.P,
     P=G1*W(T-1) + G2*YDMYDP + G3*IIN(T-2) + G4*YD + G5*P(T-1) + ABSG;
STEQ,USMODEL.UR,
     UR=H1*YD1 + H2*(YD(T-1)-YD(T-2)) + H3*W(T-1) + H4*YDMYDP
             + H5*UR(T-1) + ABSH;
STEQ,USMODEL.W,
     W=I1*P(T-3) + I2*YD(T-1) + I3*YD1 + I4*UR(T-4) + I5*W(T-1) + ABSI;
```

```
C&
C&*****************   IDENTITAETSGLEICHUNGEN   ******************
C&
IDENTITY,USMODEL.INR,
          INR=J1*INR1 + J2*(INR(T-1)-INR(T-2)) + J3*(INR(T-1)+INR(T-2));
IDENTITY,USMODEL.YD,
          YD=K1*C + K2*INR + K3*IIN + K4*IR + K5*G,
      PVALUE=K1 0.85 K2 0.85  K3 0.85  K4 0.85  K5 0.85;
IDENTITY,USMODEL.YD1,
          YD1=L1*YD+L2*YD(T-1),
      PVALUE=L2 -1.0;
IDENTITY,USMODEL.YD2,
          YD2=M1*YD1 + M2*(YD(T-1)-YD(T-2));
IDENTITY,USMODEL.P1,
          P1=N1*P + N2*P(T-1),
     PVALUE=N2 -1;
IDENTITY,USMODEL.C2,
          C2=O1*C+O2*C(T-2),
     PVALUE=O2 -1.0;
C&
C&*****************   DEFINITION DES PINDYCK-MODELLS   ***********
C&
MODEL,USMODEL.PINDYCK,EQUATION=C INR1 IR IIN R RL P UR W YD INR
                                  YD1 YD2 P1 C2;
C&
C&*****************   AUFLISTUNG DES PINDYCK-MODELLS   ***********
C&
LIST,MODEL,PINDYCK;
C&
C&*****************   UNTERSUCHUNG DES MODELLS AUF   ************
C&*****************   ENDOGENE UND VORHERBESTIMMTE VARIABLE   *****
C&
ANALYSE,PINDYCK;
C&
C&*****************   UNTERSUCHUNG DES MODELLS AUF BLOECKE   ******
C&
TRIANGUL,PINDYCK;
C&
C&*****************   WEGSPEICHERN DES MODELLFILES *USMODEL*   ***
C&
MFSAVE;
STOP;
```

```
MODEL FILE CREATED: USMODEL
THE FOLLOWING HIERARCHY WILL BE USED:
USMODEL
USMODEL .C        STORED
USMODEL .INR1     STORED
USMODEL .IR       STORED
USMODEL .IIN      STORED
USMODEL .R        STORED
USMODEL .RL       STORED
USMODEL .P        STORED
USMODEL .UR       STORED
USMODEL .W        STORED
USMODEL .INR      STORED
USMODEL .YD       STORED
USMODEL .YD1      STORED
USMODEL .YD2      STORED
USMODEL .P1       STORED
USMODEL .C2       STORED
USMODEL .PINDYCK  MODEL     STORED


DESCRIPTION OF MODEL USMODEL .PINDYCK

  CREATION DATE/TIME:          16.10.80/15.48
  STOCHASTIC EQUATIONS:           9
  IDENTITY EQUATIONS:             6
  ENDOGENOUS VARIABLES:          15
  PREDETERMINED VARIABLES:       23
  PARAMETERS TO ESTIMATE:        48

  EQUATION NAMES:
             1   C
             2   INR1
             3   IR
             4   IIN
             5   R
             6   RL
             7   P
             8   UR
             9   W
            10   YD
            11   INR
            12   YD1
            13   YD2
            14   P1
            15   C2
```

LIST OF ALL MODELVARIABLES IN MODEL: PINDYCK

ENDOGENOUS MODELVARIABLES :

```
C(T);
INR1(T);
IR(T);
IIN(T);
R(T);
RL(T);
P(T);
UR(T);
W(T);
YD(T);
INR(T);
YD1(T);
YD2(T);
P1(T);
C2(T);
```

PREDETERMINED MODELVARIABLES :

```
+YD(T-1);
+W(T-1);
+C(T-1);
1.;
+(YD(T-3)-YD(T-4));
+(RL(T-5)-RL(T-6));
+(INR(T-1)-INR(T-2));
+(INR(T-1)+INR(T-2));
+(R(T-2)+R(T-3));
+IR(T-1);
+IIN(T-1);
DM(T);
+R(T-1);
+RL(T-1);
YDMYDP(T);
+IIN(T-2);
+P(T-1);
+(YD(T-1)-YD(T-2));
+UR(T-1);
P(T-3);
+UR(T-4);
G(T);
+C(T-2);
```

CHECK ON I D E N T I F I A B I L I T Y BY THE ORDER CONDITION:

EQUATION	END.EXCL.	END.INCL.	PRED.EXCL.	PRED.INCL.	RESULT
C	12	3	19	4	OVERIDENTIFIED
INR1	13	2	19	4	OVERIDENTIFIED
IR	13	2	20	3	OVERIDENTIFIED
IIN	11	4	21	2	OVERIDENTIFIED
R	11	4	20	3	OVERIDENTIFIED
RL	12	3	21	2	OVERIDENTIFIED
P	13	2	18	5	OVERIDENTIFIED
UR	13	2	18	5	OVERIDENTIFIED
W	13	2	18	5	OVERIDENTIFIED
YD	10	5	22	1	OVERIDENTIFIED
INR	13	2	21	2	OVERIDENTIFIED
YD1	13	2	22	1	OVERIDENTIFIED
YD2	13	2	22	1	OVERIDENTIFIED
P1	13	2	22	1	OVERIDENTIFIED
C2	13	2	22	1	OVERIDENTIFIED

USMODEL .PINDYCK: BEGIN OF TRIANGULATION

MATRIX OF RELATIONS WITH ORDER AS DEFINED BY USER:

```
      C I I I R R P U W Y I Y Y P C
        N R I   L   R   D N D D 1 2
        R   N             R 1 2
        1
C     * . . . . . . . . 1 . . . 1 .
INR1  . * . . . . . . . . . 1 . . .
IR    . . * . . . . . . 1 . . . . .
IIN   . . . * . . . . . 1 . . 1 . 1
R     . . . . * . . . . 1 . 1 . 1 .
RL    . . . . 1 * . . . . . . 1 . .
P     . . . . . . * . . 1 . . . . .
UR    . . . . . . . * . . . 1 . . .
W     . . . . . . . . * . . 1 . . .
YD    1 . 1 1 . . . . . * 1 . . . .
INR   . 1 . . . . . . . . * . . . .
YD1   . . . . . . . . . 1 . * . . .
YD2   . . . . . . . . . . . 1 * . .
P1    . . . . . . 1 . . . . . . * .
C2    1 . . . . . . . . . . . . . *
```

BLOCK : 1

C
INR1
IR
IIN
R
RL
P
UR
W
YD
INR
YD1
YD2
P1
C2

MATRIX OF RELATIONS TRIANGULATED BY ALGORITHM A:

	YD1	INR1	INR	YD	IR	P	P1	C	C2	YD2	IIN	R	W	UR	RL
YD1	*	.	.	1	.	.	.	.	.	.	.	.	.	.	.
INR1	1	*	.	.	.	.	.	.	.	.	.	.	.	.	.
INR	.	1	*	.	.	.	.	.	.	.	.	.	.	.	.
YD	.	.	1	*	1	.	.	1	.	.	1	.	.	.	.
IR	.	.	.	1	*	.	.	.	.	.	.	.	.	.	.
P	.	.	.	1	.	*	.	.	.	.	.	.	.	.	.
P1	.	.	.	.	.	1	*	.	.	.	.	.	.	.	.
C	.	.	.	1	.	.	1	*	.	.	.	.	.	.	.
C2	.	.	.	.	.	.	.	1	*	.	.	.	.	.	.
YD2	1	.	.	.	.	.	.	.	.	*	.	.	.	.	.
IIN	.	.	.	1	.	.	.	.	1	1	*	.	.	.	.
R	1	.	.	1	.	.	1	.	.	.	.	*	.	.	.
W	1	.	.	.	.	.	.	.	.	.	.	.	*	.	.
UR	1	.	.	.	.	.	.	.	.	.	.	.	.	*	.
RL	.	.	.	.	.	.	.	.	.	1	.	1	.	.	*

MATRIX OF RELATIONS TRIANGULATED BY ALGORITHM B:

	INR1	IR	INR	YD	P	YD1	W	UR	P1	R	YD2	RL	C	C2	IIN
INR1	*	.	.	.	.	1	.	.	.	.	.	.	.	.	.
IR	.	*	.	1	.	.	.	.	.	.	.	.	.	.	.
INR	1	.	*	.	.	.	.	.	.	.	.	.	.	.	.
YD	.	1	1	*	.	.	.	.	.	.	.	.	1	.	1
P	.	.	.	1	*	.	.	.	.	.	.	.	.	.	.
YD1	.	.	.	1	.	*	.	.	.	.	.	.	.	.	.
W	.	.	.	.	.	1	*	.	.	.	.	.	.	.	.
UR	.	.	.	.	.	1	.	*	.	.	.	.	.	.	.
P1	.	.	.	.	1	.	.	.	*	.	.	.	.	.	.
R	.	.	.	1	.	1	.	.	1	*	.	.	.	.	.
YD2	.	.	.	.	.	1	.	.	.	.	*	.	.	.	.
RL	.	.	.	.	.	.	.	.	.	1	1	*	.	.	.
C	.	.	.	1	.	.	.	.	1	.	.	.	*	.	.
C2	.	.	.	.	.	.	.	.	.	.	.	.	1	*	.
IIN	.	.	.	1	.	.	.	.	.	.	1	.	.	1	*

MODEL FILES COPIED IN SAVE-FILE

Beispiel IV-2: Pindyck-Modell
2. Anlegen des Datenfiles USDATA

```
ÜEPS,SDF=DF&PINDYCK,LFD(UWIA03),COMMANDS=/

TITLE,'ANLEGEN DES DATENFILES *USDATA* FUER DAS PINDYCK-MODELL';
C&
C&****************    ANLEGEN DES DATENFILES *USDATA*    *********
C&
DFDEFINE USDATA;
C&
C&****************    FESTLEGEN DATENFILE-HIERARCHIE    **********
C&
DFHIER USDATA;
C&
C&****************    DATEN IN DEN FILE *USDATA* LESEN    ********
C&
DATA, USDATA,BEGIN= 1953 3,PER=4,NOBS=58,MISSING=-999.99, *)
      NAMES= YD C INR IR IIN R RL P UR W DM YDMYDP G,
      OBSERV=
    -999.99  -999.99
     343.792        347.850        345.036        354.456
     365.374        373.116        379.35         386.006
     383.695        382.125        381.4          385.831
     386.636        387.784        392.135        386.125
     376.092        374.493        381.68         390.175
     399.276        410.94         407.477        413.94
     422.364        420.767        419.213        416.078
     415.014        423.004        431.344        439.143
     443.606        448.797        454.29         459.112
     462.427        465.516        471.998        476.614
     483.469        491.629        500.539        506.122
     522.517        530.177        540.747        556.395
     566.662        568.031        572.371        578.855
     578.5          582.073        586.603        593.734

    -999.99  -999.99   -999.99   -999.99
                                   256.818        261.972
     267.494        272.894        276.426        280.0
      279.914        280.382        280.692        284.76
     286.66         287.05         289.296        289.746
     285.643        287.4          291.908        295.314
     302.187        307.037        309.842        310.098
     313.881        317.721        316.408        316.312
     316.377        320.443        324.062        329.587
     333.301        335.912        340.19         344.729
     348.674        350.943        356.215        357.544
     366.417        370.55         378.584        379.313
     387.985        393.29         400.275        409.332
     415.804        414.658        420.143        420.693
     424.823        431.222        431.996        434.053
```

---

*) Die Daten für die Schätzung des Modells wurden von Chapman und Fair gemäß der Terminierung der Modellvariablen, d.h. mit unterschiedlichen Anfangszeitpunkten zur Verfügung gestellt. Um alle Zeitreihen mit einem DATA-Kommando einlesen zu können, wurden sie auf einen gemeinsamen Anfangszeitpunkt (1953, 3. Quartal) festgelegt und fehlende Werte durch -999.99 aufgefüllt.

-999.99 -999.99 -999.99 -999.99

		39.9527	39.6714
40.2339	43.007	45.4023	47.1719
46.4602	47.2588	48.0129	47.4683
47.7131	47.2765	47.9675	46.4393
43.2596	41.2825	40.4595	41.369
42.2397	44.227	45.0732	44.9219
46.5433	47.619	47.0359	47.0359
44.9219	44.6169	45.7611	46.5964
47.5961	49.2795	51.0086	50.6244
49.8562	51.1472	52.531	54.3021
55.471	56.9668	58.9235	59.6987
63.015	64.5853	66.8215	69.8339
71.9008	71.6758	73.5507	74.1935
74.1	73.5	73.1	73.8

-999.99 -999.99 -999.99 -999.99 -999.99

			23.8225
25.5321	25.7625	25.1138	23.8241
22.8996	22.567	21.8834	21.4296
20.7342	20.1467	19.9829	20.0054
19.8117	19.6344	20.7432	22.799
24.7793	25.2701	24.6628	23.8439
23.6347	22.0619	21.0521	20.7422
20.8604	21.0677	21.6705	22.5614
23.1109	23.8611	24.2037	23.8489
24.2796	24.7227	24.7454	25.401
25.083	24.2554	23.8522	23.5061
24.0889	23.6764	23.7331	23.7777
23.5651	21.9729	20.7297	18.2328
17.6237	18.6973	20.8225	22.6772

-999.99 -999.99 -999.99 -999.99

		-2.4581	1.44766
5.09978	6.73289	6.59341	7.75109
6.47948	4.60385	4.33404	4.50734
2.17842	2.36869	3.26531	-2.2335
-5.43807	-5.11535	0.0999	4.07555
3.85757	8.97436	0.392542	6.17042
9.64912	3.78641	2.99807	-2.30769
-3.3557	2.00957	3.63636	5.23311
6.35071	5.77651	4.91493	6.0207
4.40487	4.48598	5.59701	7.51391
4.43623	5.62212	4.39963	7.02555
9.89111	8.03975	8.1982	8.69955
9.70614	13.5922	11.2084	17.1875
7.24138	1.97256	4.50297	6.98066

-999.99	-999.99	-999.99	
	0.79	0.88	1.02
1.23	1.48	1.86	2.34
2.33	2.57	2.58	3.03
3.1	3.14	3.35	3.3
1.76	0.96	1.68	2.69
2.77	3.0	3.54	4.23
3.87	2.99	2.36	2.31
2.35	2.3	2.3	2.46
2.72	2.71	2.84	2.81
2.91	2.94	3.29	3.5
3.53	3.48	3.5	3.68
3.89	3.87	3.86	4.16
4.59	4.6	4.95	5.3
4.56	3.6	4.32	4.72

		3.03	2.84
2.61	2.52	2.49	2.57
2.74	2.82	2.93	2.89
2.89	2.99	3.13	3.3
3.27	3.43	3.63	3.53
3.25	3.15	3.57	3.75
3.91	4.06	4.16	4.17
4.22	4.11	3.82	3.91
3.83	3.8	3.97	4.01
4.06	3.89	3.98	3.88
3.91	3.98	4.01	4.1
4.16	4.16	4.14	4.14
4.15	4.14	4.2	4.35
4.6	4.63	4.77	4.72
4.45	4.76	4.94	5.35

-999.99	-999.99	-999.99	
	89.6	89.5	89.8
90.2	90.6	91.0	91.6
92.6	93.4	94.6	95.4
96.4	97.1	98.0	98.5
99.3	99.7	100.1	100.6
101.1	101.4	101.9	102.1
102.6	103.0	103.4	104.0
104.3	104.5	104.5	105.1
105.5	105.6	105.8	106.3
106.7	107.0	107.2	107.8
108.2	108.5	109.1	109.6
110.2	110.7	111.0	111.5
112.3	113.3	114.2	115.2
116.0	116.6	117.7	118.9

-999.99 -999.99

0.052429	0.057808	0.060049	0.053991
0.047378	0.043923	0.041693	0.0427
0.040821	0.042651	0.041753	0.041624
0.040019	0.041357	0.042737	0.04968
0.062881	0.073714	0.073531	0.063847
0.058379	0.051421	0.05324	0.056289
0.051904	0.052769	0.056069	0.063014
0.067966	0.070082	0.067973	0.062126
0.05628	0.055441	0.056107	0.055617
0.057766	0.057396	0.055768	0.056471
0.054561	0.052863	0.050828	0.05018
0.048474	0.047163	0.044558	0.042048
0.0383	0.039	0.0387	0.038
0.037	0.0383	0.0393	0.0393

-999.99 -999.99 -999.99 -999.99 -999.99

			1.60533
1.60986	1.64004	1.64405	1.65781
1.69251	1.71861	1.74463	1.79293
1.81605	1.83741	1.85328	1.88049
1.90538	1.91875	1.95065	1.97253
2.00016	2.00563	2.02378	2.04813
2.09157	2.0962	2.09971	2.11315
2.12284	2.18565	2.20853	2.23679
2.23845	2.27	2.29783	2.33342
2.34816	2.36841	2.39928	2.43011
2.47352	2.49554	2.53683	2.55823
2.57121	2.59853	2.64187	2.68385
2.72997	2.79537	2.84316	2.89141
2.92	2.943	2.97	3.016

-999.99 -999.99 -999.99 -999.99 -999.99 -999.99

1.5	0.799988	0.600006	0.199997
0.5	0.300003	0.100006	0.5
0.299988	0.200012	-0.100006	-0.699997
-0.199997	1.59999	1.40001	1.7
1.3	1.0	0.599991	-1.09999
-1.20001	-0.899994	0.5	0.100006
0.699997	0.899994	0.800003	1.5
0.800003	0.5	-0.199997	0.899994
1.60001	1.29999	1.5	1.60001
1.0	0.899994	2.5	1.8
0.900009	1.0	2.2	3.09999
2.3	2.10001	-0.699997	0.099991
1.8	2.60001	4.2	2.5

```
-999.99  -999.99   -999.99   -999.99   -999.99 -999.99

        -7.8479          -0.125977          4.42017           7.43262
        10.8413           5.24927           0.373535         -3.68359
        -2.61938         -5.21338          -7.49072          -6.5918
       -16.0862         -29.553           -34.6965          -31.0884
       -26.197          -20.7344          -12.7422          -19.9109
       -17.188          -12.5381          -17.9351          -23.3308
       -30.3418         -35.3157          -31.2695          -26.8904
       -23.0952         -22.6692          -21.5588          -20.1799
       -19.5056         -20.6787          -22.1204          -20.2114
       -20.2024         -18.0056          -14.5459          -10.3787
        -9.58984          1.96826           4.74976          10.3894
        21.0654          25.9775           21.9404           20.8228
        21.8506          15.9272           13.8821           12.7515

-999.99  -999.99   -999.99   -999.99   -999.99 -999.99

        91.4918          90.5639           92.7586           95.3777
        95.6522          94.7484           93.7835           95.7537
        97.5815          99.375           100.823           100.308
        99.1862          97.379            95.825            95.4724
        96.6732          97.9512           99.4146          101.955
       103.191          103.831           105.698           107.721
       109.448          109.515           112.335           112.662
       111.531          113.168           114.141           114.909
       116.817          116.367           116.204           115.961
       117.38           120.993           123.11            125.894
       129.746          134.146           137.145           142.94
       145.686          146.373           147.746           150.7
       156.8            159.4             159.7             161.
;
C&
C&****************    ERZEUGEN ABGELEITETER REIHEN     ************
C&

COMPUTE,USDATA,INR1=INR-INR(T-1),PERIOD=1954 4 1968 1;
COMPUTE,USDATA,YD1=YD - YD(T-1),PERIOD=1954 2 1968 1;
COMPUTE,USDATA,YD2=YD - YD(T-2),PERIOD=1954 3 1968 1;
COMPUTE,USDATA,P1=P - P(T-1),PERIOD=1954 3 1968 1;
COMPUTE,USDATA,C2=C-C(T-2),PERIOD=1955 1  1968 1;
COMPUTE,USDATA,UR=UR*100,PERIOD=1954 1 1968 1;
C&
C&
C&****************    AUFLISTUNG DER ZEITREIHEN VON *USDATA*    ***
C&
PRINTDAT,USDATA.ALL;
C&
C&
C&****************    WEGSPEICHERN DES DATENFILES *USDATA*  ** ***
DFSAVE;
STOP;
```

```
B I E L E F E L D   U N I V E R S I T Y
D E P A R T M E N T   O F   E C O N O M I C S

E C O N O M E T R I C   P R O G R A M   S Y S T E M

EPS II (BATCH VERSION)


FILE CREATED: USDATA
THE FOLLOWING HIERARCHY WILL BE USED:
USDATA


USDATA   .YD        1953    3  1967    4 NOBS= 58 PER=  4 STORED
USDATA   .C         1953    3  1967    4 NOBS= 58 PER=  4 STORED
USDATA   .INR       1953    3  1967    4 NOBS= 58 PER=  4 STORED
USDATA   .IR        1953    3  1967    4 NOBS= 58 PER=  4 STORED
USDATA   .IIN       1953    3  1967    4 NOBS= 58 PER=  4 STORED
USDATA   .R         1953    3  1967    4 NOBS= 58 PER=  4 STORED
USDATA   .RL        1953    3  1967    4 NOBS= 58 PER=  4 STORED
USDATA   .P         1953    3  1967    4 NOBS= 58 PER=  4 STORED
USDATA   .UR        1953    3  1967    4 NOBS= 58 PER=  4 STORED
USDATA   .W         1953    3  1967    4 NOBS= 58 PER=  4 STORED
USDATA   .DM        1953    3  1967    4 NOBS= 58 PER=  4 STORED
USDATA   .YDMYDP    1953    3  1967    4 NOBS= 58 PER=  4 STORED
USDATA   .G         1953    3  1967    4 NOBS= 58 PER=  4 STORED
WARNUNG:PERIOD =        1954          4       1968          1

USDATA   .INR1      1954    4  1967    4 NOBS= 53 PER=  4 STORED
WARNUNG:PERIOD =        1954          2       1968          1

USDATA   .YD1       1954    2  1967    4 NOBS= 55 PER=  4 STORED
WARNUNG:PERIOD =        1954          3       1968          1

USDATA   .YD2       1954    3  1967    4 NOBS= 54 PER=  4 STORED
WARNUNG:PERIOD =        1954          3       1968          1

USDATA   .P1        1954    3  1967    4 NOBS= 54 PER=  4 STORED
WARNUNG:PERIOD =        1955          1       1968          1

USDATA   .C2        1955    1  1967    4 NOBS= 52 PER=  4 STORED
WARNUNG:PERIOD =        1954          1       1968          1

USDATA   .UR        REPLACED:
USDATA   .UR        1954    1  1967    4 NOBS= 56 PER=  4 STORED
```

Die Zeitreihenwerte werden nur auszugweise wiedergegeben. Sternreihen bedeuten 'missing values'

TIME SERIES FOR

C : FROM 1953. 3 TO 1967. 4

*************	*************	*************	*************	256.8180
261.9720	267.4940	272.8940	276.4260	280.0000
279.9140	280.3820	280.6920	284.7600	286.6600
287.0500	289.2960	289.7460	285.6430	287.4000
291.9080	295.3140	302.1870	307.0370	309.8420
310.0980	313.8810	317.7210	316.4080	316.3120
316.3770	320.4430	324.0620	329.5870	333.3010
335.9120	340.1900	344.7290	348.6740	350.9430
356.2150	357.5440	366.4170	370.5500	378.5840
379.3130	387.9850	393.2900	400.2750	409.3320
415.8040	414.6580	420.1430	420.6930	424.8230
431.2220	431.9960	434.0530		

C2 : FROM 1955. 1 TO 1967. 4

10.6760	10.9220	8.9320	7.1060	3.4880
0.3820	0.7780	4.3780	5.9680	2.2900
2.6360	2.6960	-3.6530	-2.3460	6.2650
7.9140	10.2790	11.7230	7.6550	3.0610
4.0390	7.6230	2.5270	-1.4090	-0.0310
4.1310	7.6850	9.1440	9.2390	6.3250
6.8890	8.8170	8.4840	6.2140	7.5410
6.6010	10.2020	13.0060	12.1670	8.7630
9.4010	13.9770	12.2900	16.0420	15.5290
5.3260	4.3390	6.0350	4.6800	10.5290
7.1730	2.8310			

Beispiel IV-3: Pindyck-Modell
3. Zugriff auf Datenfile USDATA, gespeichert auf TR440-Datei DF&PINDYCK, Träger LFD(UWIA03), und auf Modellfile USMODEL, gespeichert auf TR440-Datei MF&PINDYCK, Träger LFD(UWIA03). Die Parameter des in USMODEL gespeicherten Modells PINDYCK werden nach 3SLS geschätzt.

```
ÜEPS,DF=DF&PINDYCK,LFD(UWIA03),MF=MF&PINDYCK,LFD(UWIA03),COMMANDS=/
   ▽
TITLE,'WIEDERZUGRIFF AUF MODELLFILE *USMODEL* UND DATENFILE *USDATA*
SCHAETZUNG DER PARAMETER DES PINDYCK-MODELLS NACH DER 3SLS-METHODE';
C&
C&
C&****************   DIE TR440-DATEINAMEN UND TRÄGER   ,AUF DENEN
C&                   *USDATA* UND *USMODEL*  LIEGEN, WERDEN IM
C&                   EPS-STARTE-KOMMANDO ANGEGEBEN (ANHANG IV)
C&
C&                   *USDATA* UND *USMODEL* STEHEN DANACH ZUR
C&                   VERFUEGUNG.
C&
C&****************   DATEN- UND MODELLFILE-HIERARCHIE FESTLEGEN   ********
C&
DFHIERAR,USDATA;
MFHIERAR,USMODEL;
C&
C&****************   SCHAETZEN  DER PARAMETER  NACH DER   ****************
C&                   DREISTUFIGEN METHODE DER KLEINSTEN
C&                   QUADRATE (THREESLS)
C&
THREESLS,PINDYCK,OUTPUT=MAX;
C&
C&****************   ZUSAETZLICH WIRD NOCH DIE AUSGABE DER PARAMETER-  ***
C&                   MATRIZEN DER REDUZIERTEN FORM VERLANGT.
C&
RESULTS,PARSTORE=YES,REDFORM=YES;
C&
STOP;
```

```
=====================================================================
WIEDERZUGRIFF AUF MODELLFILE *USMODEL* UND DATENFILE *USDATA*
SCHAETZUNG DER PARAMETER DES PINDYCK-MODELLS NACH DER 3SLS-METHODE
MODEL : PINDYCK
EQUATION NAME: C
PERIOD : 1955  1 TO  1967  4  ,PERIODICITY:  4 ,METHOD: THREESLS
EQUATION :C
        = A1*YD
         +A2*YD(T-1)
         +A3*W(T-1)
         +A4*P1
         +A5*C(T-1)
         +ABSA
=====================================================================

PARAM-NAME     ESTIMATION       STD.-ERROR        T-STATISTIC  SIGN.LEVEL

A1                 0.44340         0.05819           7.62048       0.0
A2                -0.24779         0.07381          -3.35715       0.0016
A3                11.44637         5.24353           2.18295       0.0342
A4                -2.30293         1.17101          -1.96663       0.0553
A5                 0.64765         0.10364           6.24929       0.0
ABSA               7.37474         2.78169           2.65117       0.0110
---------------------------------------------------------------------


PARSTORE DONE



CONFIDENCE-INTERVALS:

  P(   -0.39636 <= A2       <=     -0.09922 ) = 0.95
  P(    0.89150 <= A3       <=     22.00124 ) = 0.95
  P(    0.43904 <= A5       <=      0.85626 ) = 0.95
  P(    1.77538 <= ABSA     <=     12.97410 ) = 0.95
  P(    0.32628 <= A1       <=      0.56052 ) = 0.95
  P(   -4.66009 <= A4       <=      0.05422 ) = 0.95
---------------------------------------------------------------------

COEFF. OF DETERMINATION R**2=0.99998 ADJUSTED R**2 =          0.99998
DURBIN-WATSON( 52, 5)=          2.53509
SS RESIDUALS=                 132.63295 ESTIMATED  VAR(RES)=    2.88332
TEST ON HOMOSC.:F( 20, 20)=  0.31049 SIGN.-LEVEL =             0.99405
---------------------------------------------------------------------

AUTOCOR.-COEFF 1.ORDER :  -0.30325   SIGN.LEVEL.:              0.02581

CONFIDENCE-INTERVALS FOR VARIANCE AND STD.ERR. OF THE RESIDUALS:
  P(     1.99099 <=    VAR(RES)   <=     4.54845 )= 0.95
  P(     1.41103 <= STD.ERR.(RES) <=     2.13271 )= 0.95
---------------------------------------------------------------------

ZEROTEST (TEST ON ZERO FOR ALL PARAMETERS EXEPT CONSTANT TERM):
  F(  5, 46)=            9407.66456   SIGN.LEVEL=              0.0
---------------------------------------------------------------------
```

PLOT OF DEPENDENT VARIABLE IN EQUAT. C (EMPIRICAL (*), FITTED (+))

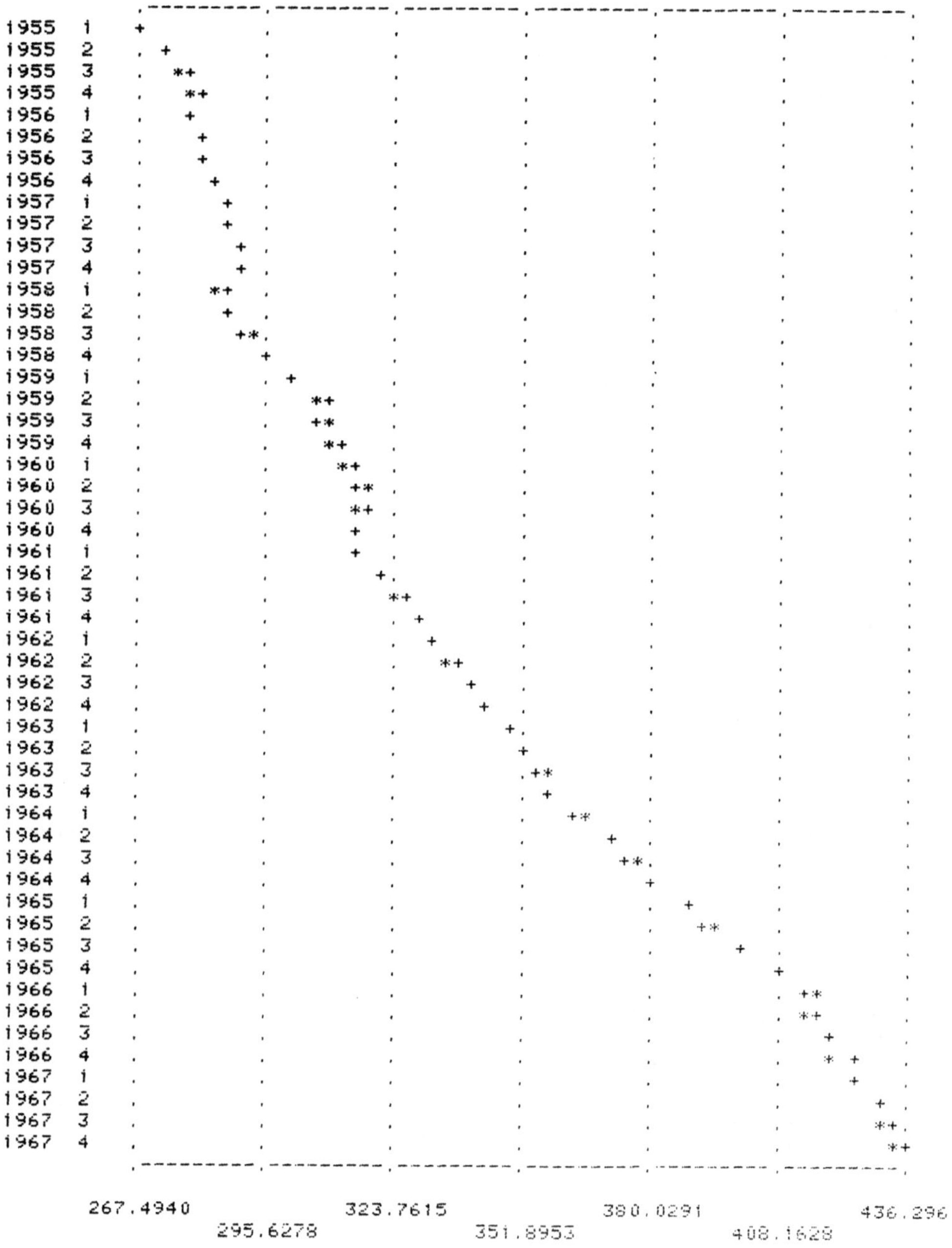

EMPIRICAL	FITTED	RESIDUALS	-2 -1 0 1 2STD		
0.267494E+03	0.268671E+03	-0.117718E+01	. .* I . .	1955	1
0.272894E+03	0.273027E+03	-0.132801E+00	. . * . .	1955	2
0.276426E+03	0.277715E+03	-0.128933E+01	. .* I . .	1955	3
0.280000E+03	0.280995E+03	-0.994694E+00	. . * I . .	1955	4
0.279914E+03	0.279872E+03	0.422478E-01	. . * . .	1956	1
0.280382E+03	0.280550E+03	-0.168331E+00	. . * . .	1956	2
0.280692E+03	0.280299E+03	0.393430E+00	. . I* . .	1956	3
0.284760E+03	0.283863E+03	0.897305E+00	. . I * . .	1956	4
0.286660E+03	0.285849E+03	0.811407E+00	. . I * . .	1957	1
0.287050E+03	0.288344E+03	-0.129420E+01	. .* I . .	1957	2
0.289296E+03	0.290025E+03	-0.729456E+00	. . * I . .	1957	3
0.289746E+03	0.288840E+03	0.906046E+00	. . I * . .	1957	4
0.285643E+03	0.285793E+03	-0.149557E+00	. . * . .	1958	1
0.287400E+03	0.286118E+03	0.128161E+01	. . I * . .	1958	2
0.291908E+03	0.290992E+03	0.915740E+00	. . I * . .	1958	3
0.295314E+03	0.296033E+03	-0.718529E+00	. . * I . .	1958	4
0.302187E+03	0.300419E+03	0.176772E+01	. . I * .	1959	1
0.307037E+03	0.308564E+03	-0.152711E+01	. .* I . .	1959	2
0.309842E+03	0.306882E+03	0.296045E+01	. . I . *.	1959	3
0.310098E+03	0.313321E+03	-0.322261E+01	- . I . .	1959	4
0.313881E+03	0.315208E+03	-0.132699E+01	. .* I . .	1960	1
0.317721E+03	0.315590E+03	0.213090E+01	. . I .* .	1960	2
0.316408E+03	0.317837E+03	-0.142874E+01	. .* I . .	1960	3
0.316312E+03	0.315561E+03	0.751026E+00	. . I * . .	1960	4
0.316377E+03	0.316649E+03	-0.271557E+00	. . * . .	1961	1
0.320443E+03	0.320838E+03	-0.395263E+00	. . *I . .	1961	2
0.324062E+03	0.326369E+03	-0.230726E+01	. * . I . .	1961	3
0.329587E+03	0.328985E+03	0.602250E+00	. . I* . .	1961	4
0.333301E+03	0.333393E+03	-0.924644E-01	. . * . .	1962	1
0.335912E+03	0.337705E+03	-0.179252E+01	. * I . .	1962	2
0.340190E+03	0.340676E+03	-0.485694E+00	. . *I . .	1962	3
0.344729E+03	0.343851E+03	0.878021E+00	. . I * . .	1962	4
0.348674E+03	0.347703E+03	0.970638E+00	. . I * . .	1963	1
0.350943E+03	0.351206E+03	-0.262593E+00	. . * . .	1963	2
0.356215E+03	0.355246E+03	0.969115E+00	. . I * . .	1963	3
0.357544E+03	0.358533E+03	-0.989034E+00	. . * I . .	1963	4
0.366417E+03	0.362103E+03	0.431405E+01	. . I . +	1964	1
0.370550E+03	0.370496E+03	0.537338E-01	. . * . .	1964	2
0.378584E+03	0.374663E+03	0.392110E+01	. . I . +	1964	3
0.379313E+03	0.380837E+03	-0.152374E+01	. .* I . .	1964	4
0.387985E+03	0.387210E+03	0.775348E+00	. . I * . .	1965	1
0.393290E+03	0.392539E+03	0.751112E+00	. . I * . .	1965	2
0.400275E+03	0.399537E+03	0.738363E+00	. . I * . .	1965	3
0.409332E+03	0.408415E+03	0.916850E+00	. . I * . .	1965	4
0.415804E+03	0.414746E+03	0.105846E+01	. . I * . .	1966	1
0.414658E+03	0.417067E+03	-0.240942E+01	. * . I . .	1966	2
0.420143E+03	0.418889E+03	0.125377E+01	. . I * . .	1966	3
0.420693E+03	0.424558E+03	-0.386491E+01	- . I . .	1966	4
0.424823E+03	0.424163E+03	0.660069E+00	. . I * . .	1967	1
0.431222E+03	0.429298E+03	0.192421E+01	. . I * .	1967	2
0.431996E+03	0.433677E+03	-0.168114E+01	. * I . .	1967	3
0.434053E+03	0.436297E+03	-0.224358E+01	. *. I . .	1967	4

```
=======================================================================
WIEDERZUGRIFF AUF MODELLFILE *USMODEL* UND DATENFILE *USDATA*
SCHAETZUNG DER PARAMETER DES PINDYCK-MODELLS NACH DER 3SLS-METHODE
MODEL : PINDYCK
EQUATION NAME: INR1
PERIOD : 1955  1 TO  1967  4  ,PERIODICITY:  4 ,METHOD: THREESLS
EQUATION :INR1
       = B1*YD1
        +B2*(YD(T-3)-YD(T-4))
        +B3*(RL(T-5)-RL(T-6))
        +B4*(INR(T-1)-INR(T-2))
        +B5*(INR(T-1)+INR(T-2))
=======================================================================

PARAM-NAME      ESTIMATION        STD.-ERROR       T-STATISTIC  SIGN.LEVEL

B1                 0.14074           0.02636           5.33930       0.0
B2                 0.06209           0.02162           2.87169       0.0061
B3                -1.17884           0.83051          -1.41942       0.1624
B4                 0.26712           0.08773           3.04489       0.0038
B5                -0.00397           0.00181          -2.19073       0.0335
-----------------------------------------------------------------------


PARSTORE DONE



CONFIDENCE-INTERVALS:

  P(     0.01859 <= B2          <=       0.10559 ) = 0.95
  P(    -2.84965 <= B3          <=       0.49196 ) = 0.95
  P(     0.09063 <= B4          <=       0.44360 ) = 0.95
  P(    -0.00762 <= B5          <=      -0.00032 ) = 0.95
  P(     0.08771 <= B1          <=       0.19377 ) = 0.95
-----------------------------------------------------------------------

COEFF. OF DETERMINATION R**2=0.73123 ADJUSTED R**2 =             0.70264
  DURBIN-WATSON BIASED. EQUATION HAS NO CONSTANT TERM.
  FOR AN EXACT DW-STATISTIC, USE SPECIFICATION: DWTEST=YES.
DURBIN-WATSON( 52, 5)=         2.49012
SS RESIDUALS=                 30.29926 ESTIMATED  VAR(RES)=      0.64467
TEST ON HOMOSC.:F( 21, 21)=  1.92045 SIGN.-LEVEL =               0.07148
-----------------------------------------------------------------------

AUTOCOR.-COEFF 1.ORDER :  -0.27191   SIGN.LEVEL.:                0.04670

CONFIDENCE-INTERVALS FOR VARIANCE AND STD.ERR. OF THE RESIDUALS:
  P(     0.44676 <=    VAR(RES)   <=     1.01145 )= 0.95
  P(     0.66840 <= STD.ERR.(RES) <=     1.00571 )= 0.95
-----------------------------------------------------------------------

ZEROTEST NOT EXECUTABLE. THIS EQUATION HAS NO CONSTANT TERM.
```

PLOT OF DEPENDENT VARIABLE IN EQUAT. INR1 (EMPIRICAL (*), FITTED (+))

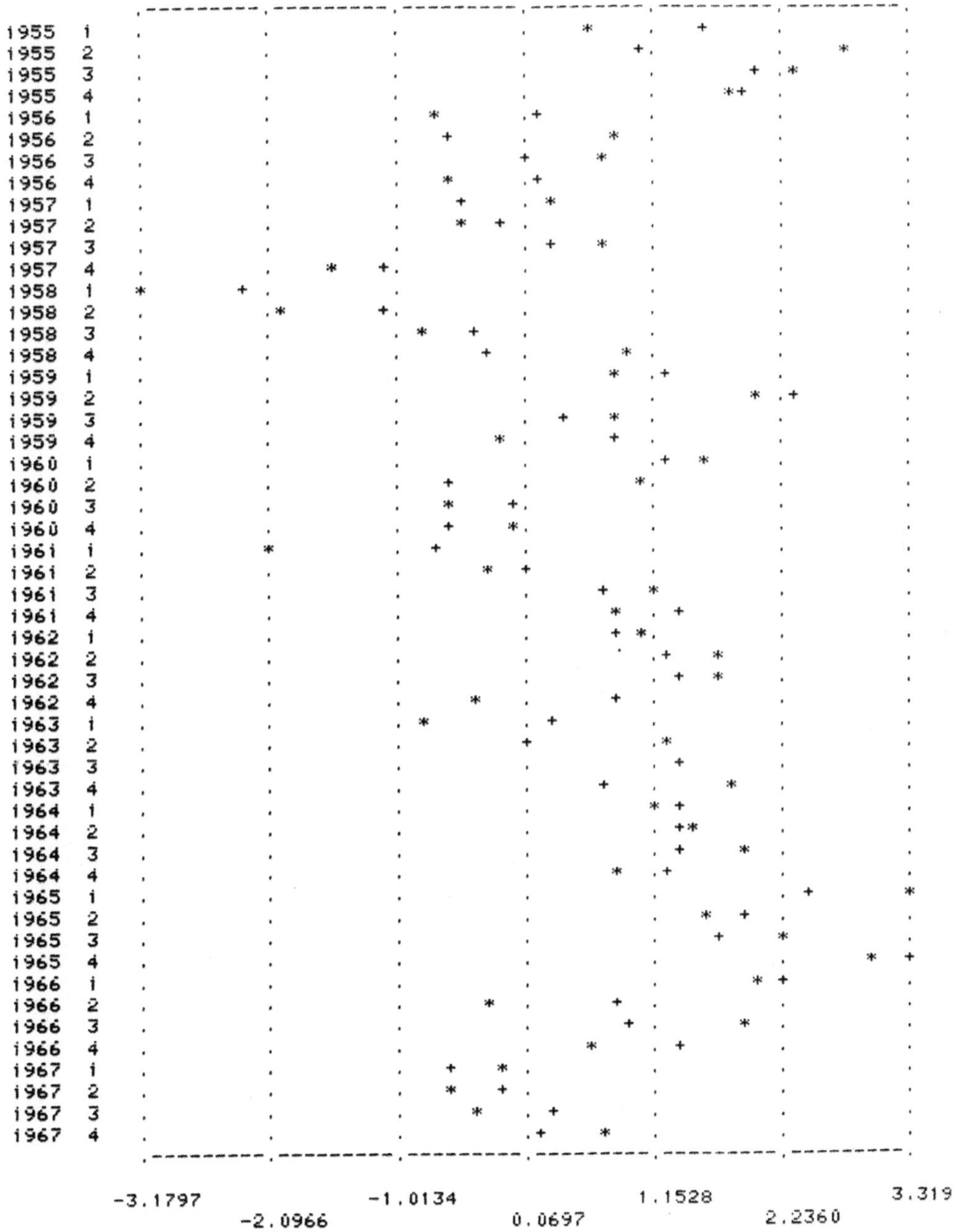

EMPIRICAL	FITTED	RESIDUALS	-2 -1 0 1 2STD		
0.562500E+00	0.162108E+01	-0.105858E+01	. *. I . .	1955	1
0.277310E+01	0.101882E+01	0.175428E+01	. . I . +	1955	2
0.239530E+01	0.197839E+01	0.416914E+00	. . I * . .	1955	3
0.176960E+01	0.193861E+01	-0.169009E+00	. . *I . .	1955	4
-0.711700E+00	0.166001E+00	-0.877701E+00	. * I . .	1956	1
0.798600E+00	-0.596436E+00	0.139504E+01	. . I . * .	1956	2
0.754100E+00	0.578720E-01	0.696228E+00	. . I *. .	1956	3
-0.544600E+00	0.173361E+00	-0.717961E+00	. .* I . .	1956	4
0.244800E+00	-0.461878E+00	0.706678E+00	. . I *. .	1957	1
-0.436600E+00	-0.196237E+00	-0.240363E+00	. . *I . .	1957	2
0.691000E+00	0.275570E+00	0.415430E+00	. . I * . .	1957	3
-0.152820E+01	-0.115478E+01	-0.373416E+00	. . * I . .	1957	4
-0.317970E+01	-0.232452E+01	-0.855175E+00	. * I . .	1958	1
-0.197710E+01	-0.112528E+01	-0.851820E+00	. * I . .	1958	2
-0.823000E+00	-0.414279E+00	-0.408721E+00	. . * I . .	1958	3
0.909500E+00	-0.207725E+00	0.111723E+01	. . I . * .	1958	4
0.870700E+00	0.121733E+01	-0.346626E+00	. . * I . .	1959	1
0.198730E+01	0.231834E+01	-0.331036E+00	. . * I . .	1959	2
0.846200E+00	0.345228E+00	0.500972E+00	. . I * . .	1959	3
-0.151300E+00	0.850817E+00	-0.100212E+01	. *. I . .	1959	4
0.162140E+01	0.129967E+01	0.321732E+00	. . I * . .	1960	1
0.107570E+01	-0.558720E+00	0.163442E+01	. . I . +	1960	2
-0.583100E+00	-0.810509E-01	-0.502049E+00	. . * I . .	1960	3
0.0	-0.567915E+00	0.567915E+00	. . I * . .	1960	4
-0.211400E+01	-0.634476E+00	-0.147952E+01	.* . I . .	1961	1
-0.305000E+00	0.390537E-01	-0.344054E+00	. . * I . .	1961	2
0.114420E+01	0.671589E+00	0.472611E+00	. . I * . .	1961	3
0.835300E+00	0.132000E+01	-0.484699E+00	. . * I . .	1961	4
0.999700E+00	0.874306E+00	0.125394E+00	. . * . .	1962	1
0.168340E+01	0.123553E+01	0.447874E+00	. . I * . .	1962	2
0.172910E+01	0.135746E+01	0.371636E+00	. . I * . .	1962	3
-0.384200E+00	0.818770E+00	-0.120297E+01	. * . I . .	1962	4
-0.768200E+00	0.235279E+00	-0.100348E+01	. *. I . .	1963	1
0.129100E+01	0.112440E+00	0.117856E+01	. . I . * .	1963	2
0.138380E+01	0.135564E+01	0.281631E-01	. . * . .	1963	3
0.177110E+01	0.707099E+00	0.106400E+01	. . I .* .	1963	4
0.116890E+01	0.132309E+01	-0.154192E+00	. . *I . .	1964	1
0.149580E+01	0.139165E+01	0.104153E+00	. . * . .	1964	2
0.195670E+01	0.141092E+01	0.545777E+00	. . I * . .	1964	3
0.775200E+00	0.123824E+01	-0.463038E+00	. . * I . .	1964	4
0.331630E+01	0.244381E+01	0.872491E+00	. . I * .	1965	1
0.157030E+01	0.195885E+01	-0.388555E+00	. . * I . .	1965	2
0.223620E+01	0.174677E+01	0.489426E+00	. . I * . .	1965	3
0.301240E+01	0.331912E+01	-0.306721E+00	. . * I . .	1965	4
0.206690E+01	0.218232E+01	-0.115421E+00	. . * . .	1966	1
-0.225000E+00	0.826134E+00	-0.105113E+01	. *. I . .	1966	2
0.187490E+01	0.963635E+00	0.911265E+00	. . I * .	1966	3
0.642800E+00	0.140312E+01	-0.760324E+00	. * I . .	1966	4
-0.935000E-01	-0.557120E+00	0.463620E+00	. . I * . .	1967	1
-0.600000E+00	-0.136551E+00	-0.463449E+00	. . * I . .	1967	2
-0.400000E+00	0.258070E+00	-0.658070E+00	. .* I . .	1967	3
0.700000E+00	0.127232E+00	0.572768E+00	. . I * . .	1967	4

```
==========================================================================
WIEDERZUGRIFF AUF MODELLFILE *USMODEL* UND DATENFILE *USDATA*
SCHAETZUNG DER PARAMETER DES PINDYCK-MODELLS NACH DER 3SLS-METHODE
MODEL : PINDYCK
EQUATION NAME: IR
PERIOD : 1955  1 TO  1967  4  ,PERIODICITY:  4 ,METHOD: THREESLS
EQUATION :IR
       = C1*YD
        +C2*(R(T-2)+R(T-3))
        +C3*IR(T-1)
        +ABSC
==========================================================================

PARAM-NAME      ESTIMATION       STD.-ERROR       T-STATISTIC  SIGN.LEVEL

C1                 0.00860          0.00234          3.67594       0.0006
C2                -0.45824          0.08772         -5.22391       0.0
C3                 0.81032          0.05273         15.36729       0.0
ABSC               3.08039          1.33796          2.30231       0.0257
--------------------------------------------------------------------------


PARSTORE DONE



CONFIDENCE-INTERVALS:

  P(   -0.63462 <= C2        <=    -0.28187 ) = 0.95
  P(    0.70430 <= C3        <=     0.91635 ) = 0.95
  P(    0.39020 <= ABSC      <=     5.77058 ) = 0.95
  P(    0.00389 <= C1        <=     0.01330 ) = 0.95
--------------------------------------------------------------------------

COEFF. OF DETERMINATION R**2=0.99886 ADJUSTED R**2 =           0.99877
DURBIN-WATSON( 52, 3)=        0.69424
SS RESIDUALS=                30.48235 ESTIMATED  VAR(RES)=     0.63505
TEST ON HOMOSC.:F( 22, 22)=  0.52155 SIGN.-LEVEL =            0.93274
--------------------------------------------------------------------------

AUTOCOR.-COEFF 1.ORDER :   0.65233   SIGN.LEVEL.:              0.0

CONFIDENCE-INTERVALS FOR VARIANCE AND STD.ERR. OF THE RESIDUALS:
  P(    0.44163 <=    VAR(RES)   <=     0.99115 )= 0.95
  P(    0.66455 <= STD.ERR.(RES) <=     0.99557 )= 0.95
--------------------------------------------------------------------------

ZEROTEST (TEST ON ZERO FOR ALL PARAMETERS EXEPT CONSTANT TERM):
  F(  3, 48)=             95.70203   SIGN.LEVEL=               0.0
--------------------------------------------------------------------------
```

PLOT OF DEPENDENT VARIABLE IN EQUAT. IR (EMPIRICAL (*), FITTED (+))

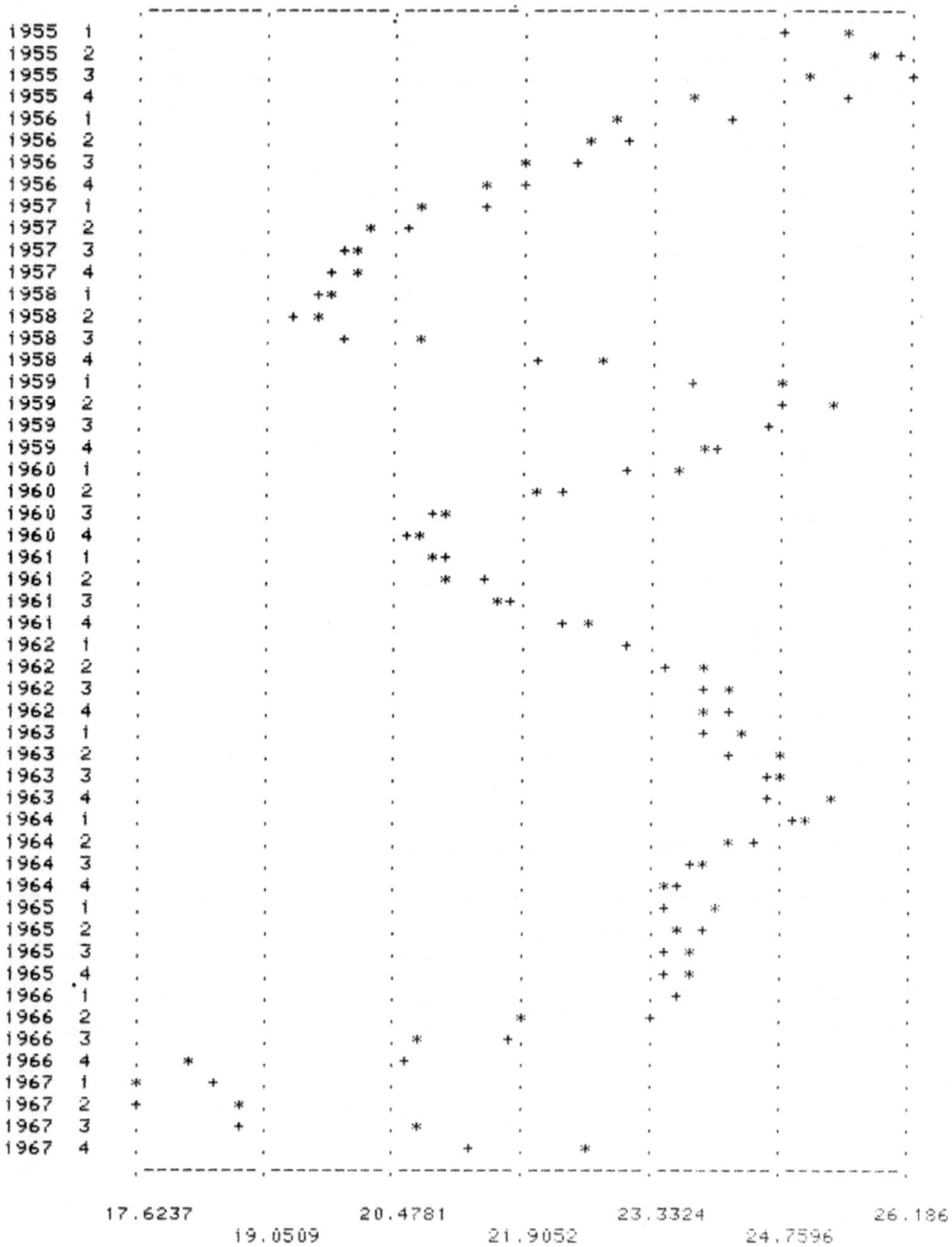

EMPIRICAL	FITTED	RESIDUALS	-2 -1 0 1 2STD		
0.255321E+02	0.247604E+02	0.771746E+00	. . I *. .	1955	1
0.257625E+02	0.261069E+02	-0.344351E+00	. . * I . .	1955	2
0.251138E+02	0.261868E+02	-0.107296E+01	. *. I . .	1955	3
0.238241E+02	0.255075E+02	-0.168344E+01	- . I . .	1955	4
0.228996E+02	0.241539E+02	-0.125430E+01	. * . I . .	1956	1
0.225670E+02	0.229972E+02	-0.430167E+00	. . * I . .	1956	2
0.218834E+02	0.225060E+02	-0.622646E+00	. .* I . .	1956	3
0.214296E+02	0.218848E+02	-0.455207E+00	. . * I . .	1956	4
0.207342E+02	0.214094E+02	-0.675242E+00	. .* I . .	1957	1
0.201467E+02	0.206450E+02	-0.498321E+00	. . * I . .	1957	2
0.199829E+02	0.199681E+02	0.148238E-01	. . * . .	1957	3
0.200054E+02	0.197333E+02	0.272132E+00	. . I* . .	1957	4
0.198117E+02	0.195507E+02	0.261018E+00	. . I* . .	1958	1
0.196344E+02	0.193067E+02	0.327744E+00	. . I * . .	1958	2
0.207432E+02	0.199534E+02	0.789819E+00	. . I * .	1958	3
0.227990E+02	0.219972E+02	0.801809E+00	. . I * .	1958	4
0.247793E+02	0.237780E+02	0.100134E+01	. . I .* .	1959	1
0.252701E+02	0.246902E+02	0.579932E+00	. . I * . .	1959	2
0.246628E+02	0.245586E+02	0.104183E+00	. . * . .	1959	3
0.238439E+02	0.239800E+02	-0.136117E+00	. . * . .	1959	4
0.236347E+02	0.230360E+02	0.598680E+00	. . I * . .	1960	1
0.220619E+02	0.222891E+02	-0.227232E+00	. . *I . .	1960	2
0.210521E+02	0.208501E+02	0.202027E+00	. . I* . .	1960	3
0.207422E+02	0.205731E+02	0.169125E+00	. . I* . .	1960	4
0.208604E+02	0.210048E+02	-0.144354E+00	. . * . .	1961	1
0.210677E+02	0.214808E+02	-0.413133E+00	. . * I . .	1961	2
0.216705E+02	0.217251E+02	-0.545980E-01	. . * . .	1961	3
0.225614E+02	0.222852E+02	0.276205E+00	. . I* . .	1961	4
0.231109E+02	0.230684E+02	0.425041E-01	. . * . .	1962	1
0.238611E+02	0.234850E+02	0.376120E+00	. . I * . .	1962	2
0.242037E+02	0.239476E+02	0.256051E+00	. . I* . .	1962	3
0.238489E+02	0.241522E+02	-0.303262E+00	. . *I . .	1962	4
0.242796E+02	0.238382E+02	0.441430E+00	. . I * . .	1963	1
0.247227E+02	0.241679E+02	0.554790E+00	. . I * . .	1963	2
0.247454E+02	0.245506E+02	0.194784E+00	. . I* . .	1963	3
0.254010E+02	0.245491E+02	0.851875E+00	. . I * .	1963	4
0.250830E+02	0.249652E+02	0.117823E+00	. . * . .	1964	1
0.242554E+02	0.245210E+02	-0.265633E+00	. . *I . .	1964	2
0.238522E+02	0.238170E+02	0.351673E-01	. . * . .	1964	3
0.235061E+02	0.235475E+02	-0.413741E-01	. . * . .	1964	4
0.240889E+02	0.234217E+02	0.667177E+00	. . I *. .	1965	1
0.236764E+02	0.238682E+02	-0.191787E+00	. . *I . .	1965	2
0.237331E+02	0.234461E+02	0.287011E+00	. . I* . .	1965	3
0.237777E+02	0.235395E+02	0.238200E+00	. . I* . .	1965	4
0.235651E+02	0.236777E+02	-0.112558E+00	. . * . .	1966	1
0.219729E+02	0.233843E+02	-0.141136E+01	.* . I . .	1966	2
0.207297E+02	0.217969E+02	-0.106716E+01	. *. I . .	1966	3
0.182328E+02	0.206436E+02	-0.241078E+01	- . I . .	1966	4
0.176237E+02	0.184523E+02	-0.828563E+00	. * I . .	1967	1
0.186973E+02	0.176686E+02	0.102866E+01	. . I .* .	1967	2
0.208225E+02	0.187563E+02	0.206623E+01	. . I . +	1967	3
0.226772E+02	0.213187E+02	0.135851E+01	. . I . * .	1967	4

```
=====================================================================
WIEDERZUGRIFF AUF MODELLFILE *USMODEL* UND DATENFILE *USDATA*
SCHAETZUNG DER PARAMETER DES PINDYCK-MODELLS NACH DER 3SLS-METHODE
MODEL : PINDYCK
EQUATION NAME: IIN
PERIOD : 1955  1 TO  1967  4  ,PERIODICITY:  4 ,METHOD: THREESLS
EQUATION :IIN
      = D1*YD
       +D2*YD2
       +D3*C2
       +D4*IIN(T-1)
       +ABSD
=====================================================================

PARAM-NAME     ESTIMATION      STD.-ERROR      T-STATISTIC  SIGN.LEVEL

D1                0.00989         0.00493         2.00518       0.0507
D2                0.25591         0.06855         3.73300       0.0005
D3               -0.14194         0.13409        -1.05852       0.2952
D4                0.40904         0.07413         5.51757       0.0
ABSD             -2.89460         2.06315        -1.40300       0.1672
---------------------------------------------------------------------


PARSTORE DONE


CONFIDENCE-INTERVALS:

  P(    0.25990 <= D4       <=      0.55818 ) = 0.95
  P(   -7.04521 <= ABSD     <=      1.25600 ) = 0.95
  P(   -0.00003 <= D1       <=      0.01980 ) = 0.95
  P(    0.11800 <= D2       <=      0.39383 ) = 0.95
  P(   -0.41169 <= D3       <=      0.12782 ) = 0.95
---------------------------------------------------------------------

COEFF. OF DETERMINATION R**2=0.87529 ADJUSTED R**2 =          0.86202
DURBIN-WATSON( 52, 4)=         2.09877
SS RESIDUALS=                274.23805 ESTIMATED  VAR(RES)=   5.83485
TEST ON HOMOSC.:F( 21, 21)=  0.97631 SIGN.-LEVEL =            0.52165
---------------------------------------------------------------------

AUTOCOR.-COEFF 1.ORDER :  -0.04975   SIGN.LEVEL.:              0.72088

CONFIDENCE-INTERVALS FOR VARIANCE AND STD.ERR. OF THE RESIDUALS:
  P(    4.04358 <=    VAR(RES)   <=     9.15464 )= 0.95
  P(    2.01086 <= STD.ERR.(RES) <=     3.02566 )= 0.95
---------------------------------------------------------------------

ZEROTEST (TEST ON ZERO FOR ALL PARAMETERS EXEPT CONSTANT TERM):
  F(  4, 47)=             26.71753   SIGN.LEVEL=               0.0
---------------------------------------------------------------------
```

PLOT OF DEPENDENT VARIABLE IN EQUAT. IIN (EMPIRICAL (*), FITTED (+))

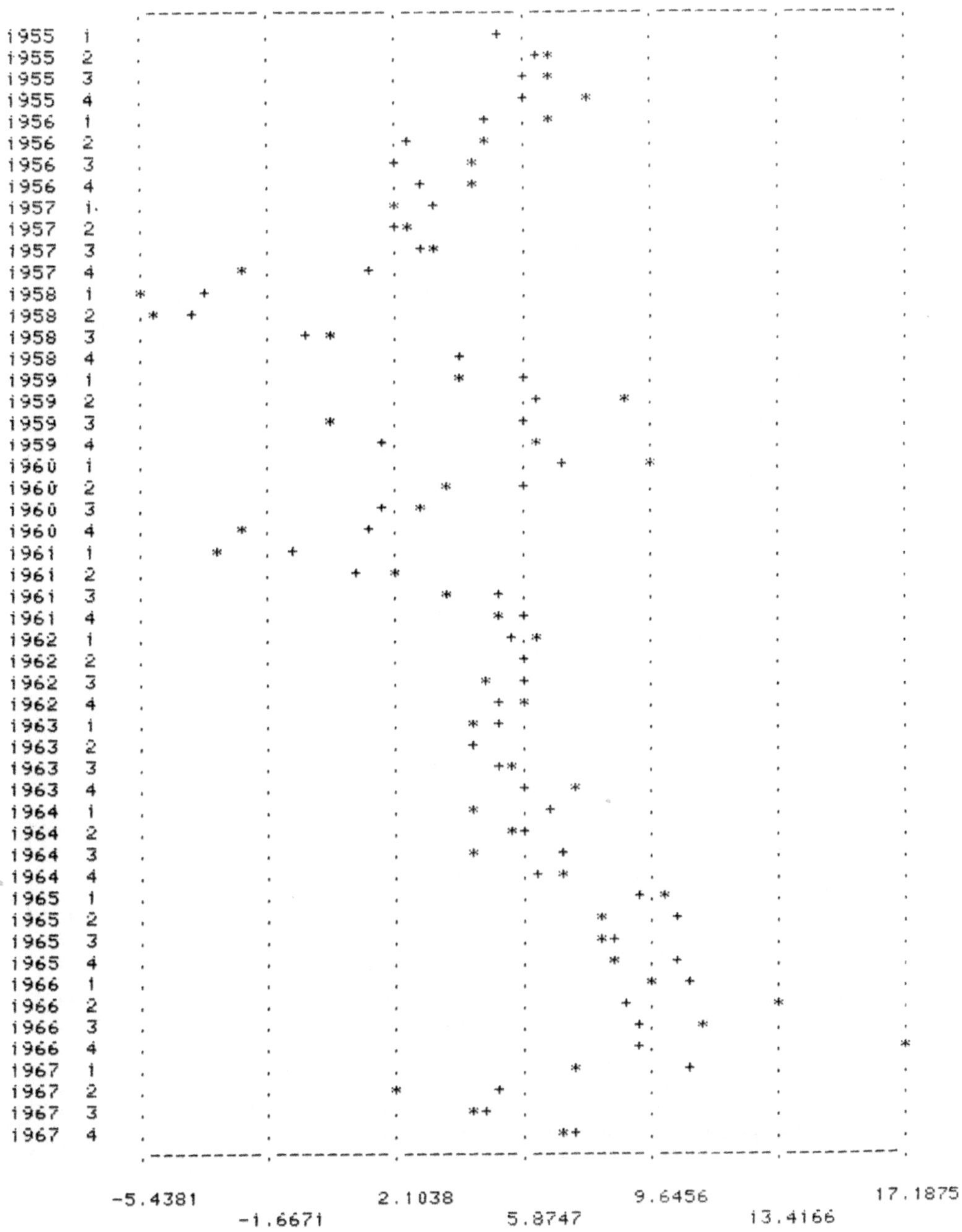

EMPIRICAL	FITTED	RESIDUALS	-2 -1 0 1 2STD		
0.509978E+01	0.499899E+01	0.100791E+00	. . * . .	1955	1
0.673289E+01	0.610504E+01	0.627847E+00	. . I* . .	1955	2
0.659341E+01	0.591843E+01	0.674981E+00	. . I* . .	1955	3
0.775109E+01	0.590843E+01	0.184266E+01	. . I * . .	1955	4
0.647948E+01	0.468586E+01	0.179362E+01	. . I * . .	1956	1
0.460385E+01	0.248591E+01	0.211794E+01	. . I *. .	1956	2
0.433404E+01	0.206121E+01	0.227283E+01	. . I *. .	1956	3
0.450734E+01	0.301942E+01	0.148792E+01	. . I * . .	1956	4
0.217842E+01	0.326413E+01	-0.108571E+01	. . * I . .	1957	1
0.236869E+01	0.200474E+01	0.363950E+00	. . * . .	1957	2
0.326531E+01	0.298394E+01	0.281370E+00	. . * . .	1957	3
-0.223350E+01	0.145094E+01	-0.368444E+01	. * . I . .	1957	4
-0.543807E+01	-0.367738E+01	-0.176069E+01	. . * I . .	1958	1
-0.511535E+01	-0.406066E+01	-0.105469E+01	. . * I . .	1958	2
0.999000E-01	-0.672985E+00	0.772885E+00	. . I* . .	1958	3
0.407555E+01	0.389337E+01	0.182179E+00	. . * . .	1958	4
0.385757E+01	0.576368E+01	-0.190611E+01	. .* I . .	1959	1
0.897436E+01	0.639586E+01	0.257850E+01	. . I * .	1959	2
0.392542E+00	0.581668E+01	-0.542414E+01	- . I . .	1959	3
0.617042E+01	0.169133E+01	0.447909E+01	. . I . *.	1959	4
0.964912E+01	0.704121E+01	0.260791E+01	. . I * .	1960	1
0.378641E+01	0.587699E+01	-0.209058E+01	. .* I . .	1960	2
0.299807E+01	0.163335E+01	0.136472E+01	. . I * . .	1960	3
-0.230769E+01	0.144496E+01	-0.375265E+01	. * . I . .	1960	4
-0.335570E+01	-0.806011E+00	-0.254969E+01	. * I . .	1961	1
0.200957E+01	0.110060E+01	0.908971E+00	. . I* . .	1961	2
0.363636E+01	0.527982E+01	-0.164346E+01	. . * I . .	1961	3
0.523311E+01	0.576637E+01	-0.533265E+00	. . *I . .	1961	4
0.635071E+01	0.545797E+01	0.892743E+00	. . I* . .	1962	1
0.577651E+01	0.571260E+01	0.639063E-01	. . * . .	1962	2
0.491493E+01	0.571558E+01	-0.800645E+00	. . *I . .	1962	3
0.602070E+01	0.504274E+01	0.977959E+00	. . I * . .	1962	4
0.440487E+01	0.501770E+01	-0.612830E+00	. . *I . .	1963	1
0.448598E+01	0.426600E+01	0.219985E+00	. . * . .	1963	2
0.559701E+01	0.498538E+01	0.611629E+00	. . I* . .	1963	3
0.751391E+01	0.600967E+01	0.150424E+01	. . I * . .	1963	4
0.443623E+01	0.644587E+01	-0.200964E+01	. .* I . .	1964	1
0.562212E+01	0.577661E+01	-0.154492E+00	. . * . .	1964	2
0.439963E+01	0.699475E+01	-0.259512E+01	. * I . .	1964	3
0.702555E+01	0.637356E+01	0.651989E+00	. . I* . .	1964	4
0.989111E+01	0.943470E+01	0.456414E+00	. . * . .	1965	1
0.803975E+01	0.105640E+02	-0.252483E+01	. * I . .	1965	2
0.819820E+01	0.866054E+01	-0.462345E+00	. . * . .	1965	3
0.869955E+01	0.103917E+02	-0.169219E+01	. . * I . .	1965	4
0.970614E+01	0.106936E+02	-0.987441E+00	. . * I . .	1966	1
0.135922E+02	0.891283E+01	0.467937E+01	. . I . +	1966	2
0.112084E+02	0.916857E+01	0.203983E+01	. . I *. .	1966	3
0.171875E+02	0.932588E+01	0.786162E+01	. . I . +	1966	4
0.724138E+01	0.107589E+02	-0.351748E+01	. * . I . .	1967	1
0.197256E+01	0.515069E+01	-0.317813E+01	. *. I . .	1967	2
0.450297E+01	0.476680E+01	-0.263827E+00	. . * . .	1967	3
0.698066E+01	0.739915E+01	-0.418492E+00	. . * . .	1967	4

```
=====================================================================
WIEDERZUGRIFF AUF MODELLFILE *USMODEL* UND DATENFILE *USDATA*
SCHAETZUNG DER PARAMETER DES PINDYCK-MODELLS NACH DER 3SLS-METHODE
MODEL : PINDYCK
EQUATION NAME: R
PERIOD : 1955  1 TO  1967  4   ,PERIODICITY:   4 ,METHOD: THREESLS
EQUATION :R
        = E1*YD
         +E2*YD1
         +E3*DM
         +E4*P1
         +E5*R(T-1)
         +ABSE
=====================================================================

PARAM-NAME     ESTIMATION       STD.-ERROR       T-STATISTIC  SIGN.LEVEL

E1                0.00317         0.00178          1.78197        0.0814
E2                0.04251         0.01390          3.05741        0.0037
E3               -0.12250         0.06750         -1.81481        0.0761
E4                0.65012         0.21983          2.95745        0.0049
E5                0.64154         0.11064          5.79827        0.0
ABSE             -0.71822         0.47624         -1.50811        0.1384
---------------------------------------------------------------------


PARSTORE DONE



CONFIDENCE-INTERVALS:

  P(   -0.25837 <= E3       <=       0.01337 ) = 0.95
  P(    0.41882 <= E5       <=       0.86426 ) = 0.95
  P(   -1.67686 <= ABSE     <=       0.24042 ) = 0.95
  P(   -0.00041 <= E1       <=       0.00676 ) = 0.95
  P(    0.01452 <= E2       <=       0.07049 ) = 0.95
  P(    0.20763 <= E4       <=       1.09261 ) = 0.95
---------------------------------------------------------------------

COEFF. OF DETERMINATION R**2=0.98959 ADJUSTED R**2 =          0.98823
DURBIN-WATSON( 52, 5)=        1.67003
SS RESIDUALS=                 5.76181 ESTIMATED  VAR(RES)=    0.12526
TEST ON HOMOSC.:F( 20, 20)=  3.65693 SIGN.-LEVEL =            0.00278
---------------------------------------------------------------------

AUTOCOR.-COEFF 1.ORDER :   0.15069   SIGN.LEVEL.:             0.27676

CONFIDENCE-INTERVALS FOR VARIANCE AND STD.ERR. OF THE RESIDUALS:
  P(    0.08649 <=     VAR(RES)   <=      0.19759 )= 0.95
  P(    0.29410 <= STD.ERR.(RES) <=      0.44451 )= 0.95
---------------------------------------------------------------------

ZEROTEST (TEST ON ZERO FOR ALL PARAMETERS EXEPT CONSTANT TERM):
  F(  5, 46)=               66.36455   SIGN.LEVEL=              0.0
---------------------------------------------------------------------
```

PLOT OF DEPENDENT VARIABLE IN EQUAT. R (EMPIRICAL (*), FITTED (+))

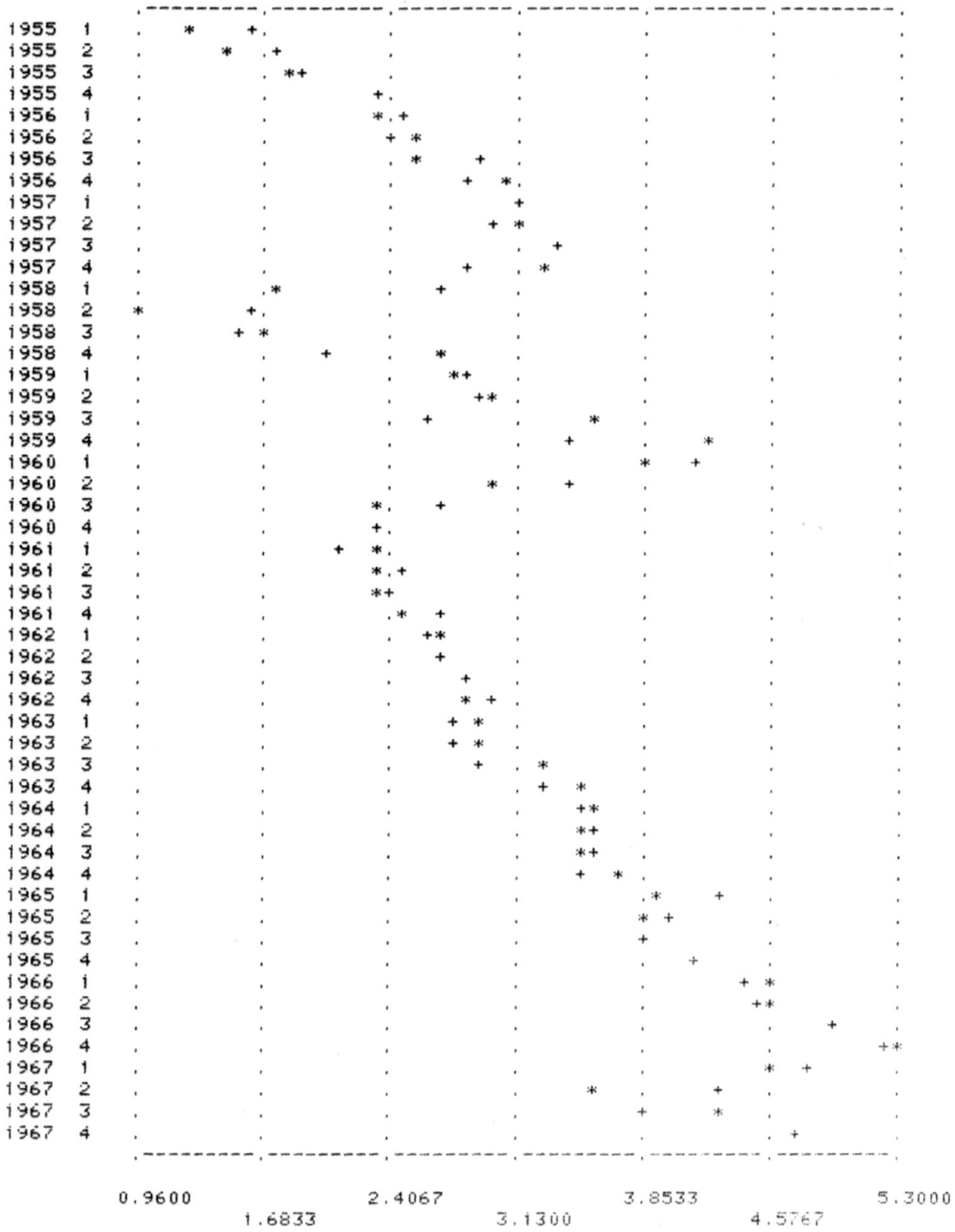

EMPIRICAL	FITTED	RESIDUALS	-2 -1 0 1 2STD		
0.123000E+01	0.163586E+01	-0.405861E+00	. *. I . .	1955	1
0.148000E+01	0.174590E+01	-0.265903E+00	. . * I . .	1955	2
0.186000E+01	0.188647E+01	-0.264679E-01	. . * . .	1955	3
0.234000E+01	0.234833E+01	-0.833399E-02	. . * . .	1955	4
0.233000E+01	0.249110E+01	-0.161095E+00	. . * I . .	1956	1
0.257000E+01	0.240567E+01	0.164331E+00	. . I * . .	1956	2
0.258000E+01	0.287780E+01	-0.297803E+00	. .* I . .	1956	3
0.303000E+01	0.280839E+01	0.221612E+00	. . I * . .	1956	4
0.310000E+01	0.310004E+01	-0.366631E-04	. . * . .	1957	1
0.314000E+01	0.298038E+01	0.159623E+00	. . I * . .	1957	2
0.335000E+01	0.332276E+01	0.272362E-01	. . * . .	1957	3
0.330000E+01	0.281147E+01	0.488531E+00	. . I . * .	1957	4
0.176000E+01	0.271035E+01	-0.950347E+00	- . I . .	1958	1
0.960000E+00	0.159525E+01	-0.635250E+00	.* . I . .	1958	2
0.168000E+01	0.150277E+01	0.177230E+00	. . I * . .	1958	3
0.269000E+01	0.207549E+01	0.614505E+00	. . I . *.	1958	4
0.277000E+01	0.282708E+01	-0.570845E-01	. . * . .	1959	1
0.300000E+01	0.293108E+01	0.689165E-01	. . I* . .	1959	2
0.354000E+01	0.260370E+01	0.936303E+00	. . I . +	1959	3
0.423000E+01	0.340575E+01	0.824251E+00	. . I . +	1959	4
0.387000E+01	0.416578E+01	-0.295782E+00	. .* I . .	1960	1
0.299000E+01	0.340205E+01	-0.412052E+00	. *. I . .	1960	2
0.236000E+01	0.266290E+01	-0.302899E+00	. .* I . .	1960	3
0.231000E+01	0.236060E+01	-0.506032E-01	. . * . .	1960	4
0.235000E+01	0.214465E+01	0.205355E+00	. . I * . .	1961	1
0.230000E+01	0.249099E+01	-0.190990E+00	. . * I . .	1961	2
0.230000E+01	0.238248E+01	-0.824774E-01	. . *I . .	1961	3
0.246000E+01	0.268855E+01	-0.228554E+00	. . * I . .	1961	4
0.272000E+01	0.261929E+01	0.100713E+00	. . I* . .	1962	1
0.271000E+01	0.267522E+01	0.347845E-01	. . * . .	1962	2
0.284000E+01	0.284983E+01	-0.982556E-02	. . * . .	1962	3
0.281000E+01	0.298030E+01	-0.170296E+00	. . * I . .	1962	4
0.291000E+01	0.275675E+01	0.153249E+00	. . I * . .	1963	1
0.294000E+01	0.279284E+01	0.147160E+00	. . I * . .	1963	2
0.329000E+01	0.288736E+01	0.402639E+00	. . I * .	1963	3
0.350000E+01	0.329503E+01	0.204970E+00	. . I * . .	1963	4
0.353000E+01	0.349015E+01	0.398517E-01	. . * . .	1964	1
0.348000E+01	0.353799E+01	-0.579940E-01	. . * . .	1964	2
0.350000E+01	0.356511E+01	-0.651082E-01	. . * . .	1964	3
0.368000E+01	0.347497E+01	0.205025E+00	. . I * . .	1964	4
0.389000E+01	0.427730E+01	-0.387298E+00	. * I . .	1965	1
0.387000E+01	0.398778E+01	-0.117783E+00	. . *I . .	1965	2
0.386000E+01	0.385516E+01	0.483898E-02	. . * . .	1965	3
0.416000E+01	0.413402E+01	0.259832E-01	. . * . .	1965	4
0.459000E+01	0.442337E+01	0.166632E+00	. . I * . .	1966	1
0.460000E+01	0.447989E+01	0.120115E+00	. . I* . .	1966	2
0.495000E+01	0.490433E+01	0.456657E-01	. . * . .	1966	3
0.530000E+01	0.520759E+01	0.924055E-01	. . I* . .	1966	4
0.456000E+01	0.480204E+01	-0.242044E+00	. . * I . .	1967	1
0.360000E+01	0.427758E+01	-0.677579E+00	- . I . .	1967	2
0.432000E+01	0.384582E+01	0.474181E+00	. . I . * .	1967	3
0.472000E+01	0.471417E+01	0.583263E-02	. . * . .	1967	4

```
=====================================================================
WIEDERZUGRIFF AUF MODELLFILE *USMODEL* UND DATENFILE *USDATA*
SCHAETZUNG DER PARAMETER DES PINDYCK-MODELLS NACH DER 3SLS-METHODE
MODEL : PINDYCK
EQUATION NAME: RL
PERIOD : 1955  1 TO  1967  4  ,PERIODICITY:  4 ,METHOD: THREESLS
EQUATION :RL
       = F1*R
        +F2*YD2
        +F3*RL(T-1)
        +ABSF
=====================================================================

PARAM-NAME      ESTIMATION       STD.-ERROR       T-STATISTIC  SIGN.LEVEL

F1                 0.03440         0.03383           1.01692       0.3143
F2                 0.00445         0.00220           2.02148       0.0488
F3                 0.90246         0.05420          16.65116       0.0
ABSF               0.27989         0.14052           1.99187       0.0521
---------------------------------------------------------------------


PARSTORE DONE



CONFIDENCE-INTERVALS:

  P(     0.79349 <= F3        <=      1.01143 ) = 0.95
  P(   -0.00264 <= ABSF      <=      0.56242 ) = 0.95
  P(   -0.03361 <= F1        <=      0.10241 ) = 0.95
  P(     0.00002 <= F2        <=      0.00887 ) = 0.95
---------------------------------------------------------------------

COEFF. OF DETERMINATION R**2=0.99887 ADJUSTED R**2 =         0.99877
DURBIN-WATSON( 52, 3)=        1.54844
SS RESIDUALS=                 0.91490 ESTIMATED  VAR(RES)=   0.01906
TEST ON HOMOSC.:F( 22, 22)=  0.82394 SIGN.-LEVEL =           0.67318
---------------------------------------------------------------------

AUTOCOR.-COEFF 1.ORDER :   0.16842   SIGN.LEVEL.:              0.22347

CONFIDENCE-INTERVALS FOR VARIANCE AND STD.ERR. OF THE RESIDUALS:
  P(     0.01326 <=     VAR(RES)    <=     0.02975 )= 0.95
  P(     0.11513 <= STD.ERR.(RES) <=     0.17248 )= 0.95
---------------------------------------------------------------------

ZEROTEST (TEST ON ZERO FOR ALL PARAMETERS EXEPT CONSTANT TERM):
  F(  3, 48)=            281.32742   SIGN.LEVEL=                0.0
---------------------------------------------------------------------
```

PLOT OF DEPENDENT VARIABLE IN EQUAT. RL (EMPIRICAL (*), FITTED (+))

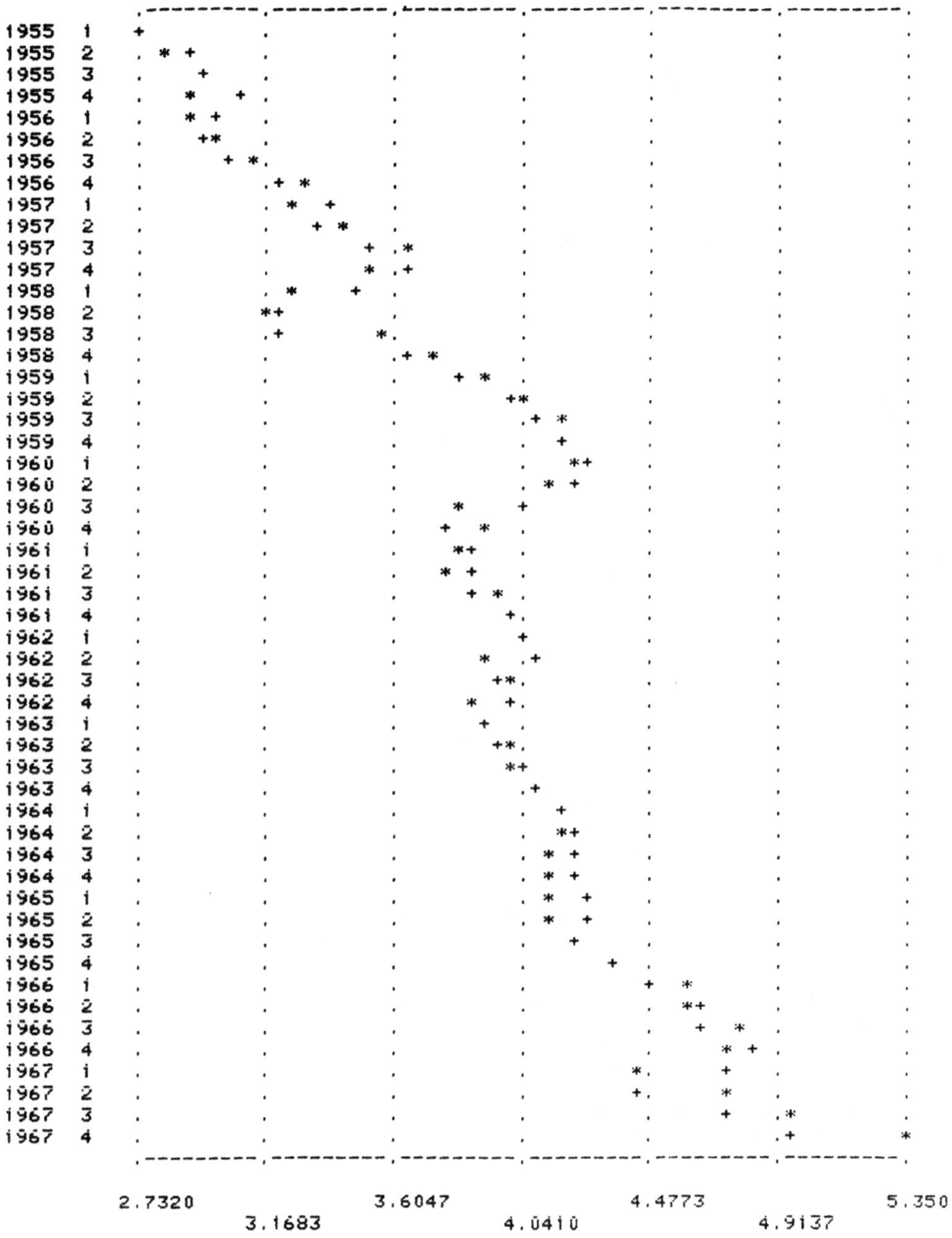

EMPIRICAL	FITTED	RESIDUALS	-2 -1 0 1 2STD		
0.274000E+01	0.273201E+01	0.798924E-02	. . * . .	1955	1
0.282000E+01	0.288656E+01	-0.665628E-01	. . * I . .	1955	2
0.293000E+01	0.295099E+01	-0.209910E-01	. . * . .	1955	3
0.289000E+01	0.306194E+01	-0.171941E+00	. *. I . .	1955	4
0.289000E+01	0.298748E+01	-0.974803E-01	. . * I . .	1956	1
0.299000E+01	0.295914E+01	0.308631E-01	. . I* . .	1956	2
0.313000E+01	0.305678E+01	0.732167E-01	. . I * . .	1956	3
0.330000E+01	0.322531E+01	0.746937E-01	. . I * . .	1956	4
0.327000E+01	0.338794E+01	-0.117940E+00	. .* I . .	1957	1
0.343000E+01	0.334764E+01	0.823649E-01	. . I * . .	1957	2
0.363000E+01	0.351503E+01	0.114971E+00	. . I *. .	1957	3
0.353000E+01	0.366195E+01	-0.131954E+00	. .* I . .	1957	4
0.325000E+01	0.345474E+01	-0.204738E+00	. * . I . .	1958	1
0.315000E+01	0.319416E+01	-0.441564E-01	. . *I . .	1958	2
0.357000E+01	0.320529E+01	0.364708E+00	. . I . +	1958	3
0.375000E+01	0.366398E+01	0.860231E-01	. . I * . .	1958	4
0.391000E+01	0.383769E+01	0.723127E-01	. . I * . .	1959	1
0.406000E+01	0.400409E+01	0.559081E-01	. . I * . .	1959	2
0.416000E+01	0.410214E+01	0.578635E-01	. . I * . .	1959	3
0.417000E+01	0.419298E+01	-0.229770E-01	. . * . .	1959	4
0.422000E+01	0.424251E+01	-0.225056E-01	. . * . .	1960	1
0.411000E+01	0.422150E+01	-0.111498E+00	. .* I . .	1960	2
0.382000E+01	0.405616E+01	-0.236163E+00	. * . I . .	1960	3
0.391000E+01	0.378589E+01	0.124113E+00	. . I *. .	1960	4
0.383000E+01	0.387066E+01	-0.406641E-01	. . *I . .	1961	1
0.380000E+01	0.384624E+01	-0.462444E-01	. . *I . .	1961	2
0.397000E+01	0.386101E+01	0.108989E+00	. . I *. .	1961	3
0.401000E+01	0.401908E+01	-0.908277E-02	. . * . .	1961	4
0.406000E+01	0.404688E+01	0.131248E-01	. . * . .	1962	1
0.389000E+01	0.408005E+01	-0.190051E+00	. * . I . .	1962	2
0.398000E+01	0.393569E+01	0.443131E-01	. . I* . .	1962	3
0.388000E+01	0.401423E+01	-0.134235E+00	. * I . .	1962	4
0.391000E+01	0.391774E+01	-0.773814E-02	. . * . .	1963	1
0.398000E+01	0.393813E+01	0.418665E-01	. . I* . .	1963	2
0.401000E+01	0.402744E+01	-0.174355E-01	. . * . .	1963	3
0.410000E+01	0.406853E+01	0.314732E-01	. . I* . .	1963	4
0.416000E+01	0.415244E+01	0.756029E-02	. . * . .	1964	1
0.416000E+01	0.422064E+01	-0.606353E-01	. . * I . .	1964	2
0.414000E+01	0.423047E+01	-0.904663E-01	. . * I . .	1964	3
0.414000E+01	0.420714E+01	-0.671432E-01	. . * I . .	1964	4
0.415000E+01	0.424767E+01	-0.976688E-01	. . * I . .	1965	1
0.414000E+01	0.426525E+01	-0.125246E+00	. .* I . .	1965	2
0.420000E+01	0.422996E+01	-0.299614E-01	. . *I . .	1965	3
0.435000E+01	0.432997E+01	0.200316E-01	. . * . .	1965	4
0.460000E+01	0.447878E+01	0.121220E+00	. . I *. .	1966	1
0.463000E+01	0.464121E+01	-0.112098E-01	. . * . .	1966	2
0.477000E+01	0.465395E+01	0.116047E+00	. . I *. .	1966	3
0.472000E+01	0.481509E+01	-0.950940E-01	. . * I . .	1966	4
0.445000E+01	0.472363E+01	-0.273628E+00	- . I . .	1967	1
0.476000E+01	0.443399E+01	0.326010E+00	. . I . +	1967	2
0.494000E+01	0.476025E+01	0.179747E+00	. . I .* .	1967	3
0.535000E+01	0.495229E+01	0.397715E+00	. . I . +	1967	4

```
=========================================================================
WIEDERZUGRIFF AUF MODELLFILE *USMODEL* UND DATENFILE *USDATA*
SCHAETZUNG DER PARAMETER DES PINDYCK-MODELLS NACH DER 3SLS-METHODE
MODEL : PINDYCK
EQUATION NAME: P
PERIOD : 1955  1 TO  1967  4  ,PERIODICITY:  4 ,METHOD: THREESLS
EQUATION :P
       = G1*W(T-1)
        +G2*YDMYDP
        +G3*IIN(T-2)
        +G4*YD
        +G5*P(T-1)
        +ABSG
=========================================================================

PARAM-NAME      ESTIMATION       STD.-ERROR        T-STATISTIC  SIGN.LEVEL

G1                 1.97221          1.25248            1.57464       0.1222
G2                 0.02780          0.00396            7.01348       0.0
G3                -0.02153          0.00760           -2.83393       0.0068
G4                -0.01342          0.00443           -3.03300       0.0040
G5                 1.00961          0.03631           27.80558       0.0
ABSG               1.64326          2.46567            0.66646       0.5084
-------------------------------------------------------------------------


PARSTORE DONE


CONFIDENCE-INTERVALS:

  P(   -0.54895 <= G1        <=      4.49337 ) = 0.95
  P(    0.01982 <= G2        <=      0.03578 ) = 0.95
  P(   -0.03682 <= G3        <=     -0.00624 ) = 0.95
  P(    0.93652 <= G5        <=      1.08270 ) = 0.95
  P(   -3.31998 <= ABSG      <=      6.60650 ) = 0.95
  P(   -0.02233 <= G4        <=     -0.00451 ) = 0.95
-------------------------------------------------------------------------

COEFF. OF DETERMINATION R**2=1.00000 ADJUSTED R**2 =            1.00000
DURBIN-WATSON( 52, 5)=          1.71315
SS RESIDUALS=                   1.62245 ESTIMATED  VAR(RES)=     0.03527
TEST ON HOMOSC.:F( 20, 20)=  1.53752 SIGN.-LEVEL =              0.17198
-------------------------------------------------------------------------

AUTOCOR.-COEFF 1.ORDER :    0.11878    SIGN.LEVEL.:               0.39232

CONFIDENCE-INTERVALS FOR VARIANCE AND STD.ERR. OF THE RESIDUALS:
  P(    0.02436 <=    VAR(RES)   <=     0.05564 )= 0.95
  P(    0.15606 <= STD.ERR.(RES) <=     0.23588 )= 0.95
-------------------------------------------------------------------------

ZEROTEST (TEST ON ZERO FOR ALL PARAMETERS EXEPT CONSTANT TERM):
  F(  5, 46)=           15847.81077   SIGN.LEVEL=                 0.0
-------------------------------------------------------------------------
```

PLOT OF DEPENDENT VARIABLE IN EQUAT. P (EMPIRICAL (*), FITTED (+))

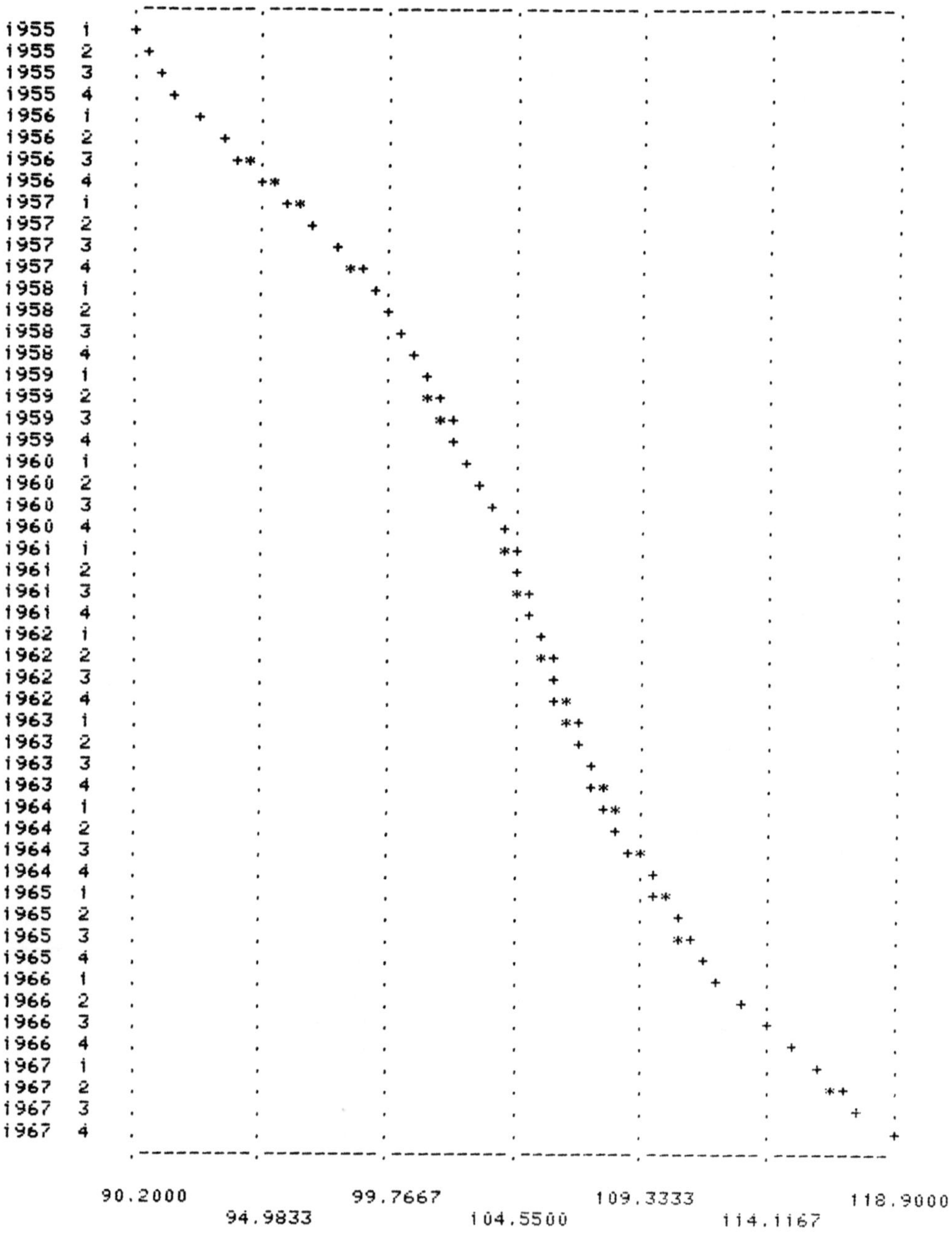

EMPIRICAL	FITTED	RESIDUALS	-2 -1 0 1 2STD		
0.902000E+02	0.904024E+02	-0.202403E+00	. * I . .	1955	1
0.906000E+02	0.908418E+02	-0.241829E+00	. *. I . .	1955	2
0.910000E+02	0.912693E+02	-0.269262E+00	. * . I . .	1955	3
0.916000E+02	0.916402E+02	-0.402497E-01	. . *I . .	1955	4
0.926000E+02	0.924019E+02	0.198063E+00	. . I * .	1956	1
0.934000E+02	0.933207E+02	0.793196E-01	. . I * . .	1956	2
0.946000E+02	0.940814E+02	0.518588E+00	. . I . +	1956	3
0.954000E+02	0.952124E+02	0.187623E+00	. . I * .	1956	4
0.964000E+02	0.961399E+02	0.260090E+00	. . I . * .	1957	1
0.971000E+02	0.971039E+02	-0.386559E-02	. . * . .	1957	2
0.980000E+02	0.977811E+02	0.218855E+00	. . I .* .	1957	3
0.985000E+02	0.988227E+02	-0.322662E+00	.* . I . .	1957	4
0.993000E+02	0.992326E+02	0.674281E-01	. . I* . .	1958	1
0.997000E+02	0.998548E+02	-0.154835E+00	. .* I . .	1958	2
0.100100E+03	0.100115E+03	-0.145791E-01	. . * . .	1958	3
0.100600E+03	0.100561E+03	0.393437E-01	. . I* . .	1958	4
0.101100E+03	0.101010E+03	0.898606E-01	. . I * . .	1959	1
0.101400E+03	0.101479E+03	-0.791245E-01	. . * I . .	1959	2
0.101900E+03	0.102066E+03	-0.166151E+00	. .* I . .	1959	3
0.102100E+03	0.102211E+03	-0.110549E+00	. . * I . .	1959	4
0.102600E+03	0.102608E+03	-0.786913E-02	. . * . .	1960	1
0.103000E+03	0.103225E+03	-0.224653E+00	. *. I . .	1960	2
0.103400E+03	0.103434E+03	-0.335628E-01	. . * . .	1960	3
0.104000E+03	0.103863E+03	0.137362E+00	. . I * . .	1960	4
0.104300E+03	0.104331E+03	-0.312667E-01	. . * . .	1961	1
0.104500E+03	0.104522E+03	-0.219654E-01	. . * . .	1961	2
0.104500E+03	0.104871E+03	-0.370852E+00	- . I . .	1961	3
0.105100E+03	0.104818E+03	0.282492E+00	. . I . * .	1961	4
0.105500E+03	0.105490E+03	0.104215E-01	. . * . .	1962	1
0.105600E+03	0.105804E+03	-0.204479E+00	. * I . .	1962	2
0.105800E+03	0.105901E+03	-0.100734E+00	. . * I . .	1962	3
0.106300E+03	0.106144E+03	0.156492E+00	. . I *. .	1962	4
0.106700E+03	0.106711E+03	-0.112987E-01	. . * . .	1963	1
0.107000E+03	0.107046E+03	-0.463297E-01	. . *I . .	1963	2
0.107200E+03	0.107297E+03	-0.968476E-01	. . * I . .	1963	3
0.107800E+03	0.107549E+03	0.250990E+00	. . I . * .	1963	4
0.108200E+03	0.108100E+03	0.100110E+00	. . I * . .	1964	1
0.108500E+03	0.108500E+03	0.389962E-03	. . * . .	1964	2
0.109100E+03	0.108889E+03	0.211247E+00	. . I * .	1964	3
0.109600E+03	0.109591E+03	0.867974E-02	. . * . .	1964	4
0.110200E+03	0.109966E+03	0.233502E+00	. . I .* .	1965	1
0.110700E+03	0.110760E+03	-0.598084E-01	. . *I . .	1965	2
0.111000E+03	0.111192E+03	-0.192235E+00	. * I . .	1965	3
0.111500E+03	0.111567E+03	-0.671753E-01	. . *I . .	1965	4
0.112300E+03	0.112310E+03	-0.103244E-01	. . * . .	1966	1
0.113300E+03	0.113316E+03	-0.163519E-01	. . * . .	1966	2
0.114200E+03	0.114263E+03	-0.627868E-01	. . *I . .	1966	3
0.115200E+03	0.115064E+03	0.136084E+00	. . I * . .	1966	4
0.116000E+03	0.116253E+03	-0.253344E+00	. * . I . .	1967	1
0.116600E+03	0.116776E+03	-0.176063E+00	. .* I . .	1967	2
0.117700E+03	0.117524E+03	0.176336E+00	. . I *. .	1967	3
0.118900E+03	0.118674E+03	0.226235E+00	. . I .* .	1967	4

```
=======================================================================
WIEDERZUGRIFF AUF MODELLFILE *USMODEL* UND DATENFILE *USDATA*
SCHAETZUNG DER PARAMETER DES PINDYCK-MODELLS NACH DER 3SLS-METHODE
MODEL : PINDYCK
EQUATION NAME: UR
PERIOD : 1955  1 TO  1967  4  ,PERIODICITY:  4 ,METHOD: THREESLS
EQUATION :UR
       = H1*YD1
        +H2*(YD(T-1)-YD(T-2))
        +H3*W(T-1)
        +H4*YDMYDP
        +H5*UR(T-1)
        +ABSH
=======================================================================

PARAM-NAME     ESTIMATION       STD.-ERROR       T-STATISTIC  SIGN.LEVEL

H1               -0.02335         0.00893          -2.61327       0.0121
H2               -0.03915         0.00705          -5.55408       0.0
H3                0.20889         0.08880           2.35248       0.0230
H4               -0.01169         0.00479          -2.43943       0.0186
H5                0.77129         0.07822           9.86022       0.0
ABSH              0.86895         0.36809           2.36069       0.0225
-----------------------------------------------------------------------


PARSTORE DONE


CONFIDENCE-INTERVALS:

  P(    -0.05334 <= H2          <=      -0.02496 ) = 0.95
  P(     0.03015 <= H3          <=       0.38763 ) = 0.95
  P(    -0.02133 <= H4          <=      -0.00204 ) = 0.95
  P(     0.61384 <= H5          <=       0.92875 ) = 0.95
  P(     0.12801 <= ABSH        <=       1.60990 ) = 0.95
  P(    -0.04133 <= H1          <=      -0.00536 ) = 0.95
-----------------------------------------------------------------------

COEFF. OF DETERMINATION R**2=0.99812 ADJUSTED R**2 =           0.99787
DURBIN-WATSON( 52, 5)=        1.17906
SS RESIDUALS=                 2.64054 ESTIMATED  VAR(RES)=     0.05740
TEST ON HOMOSC.:F( 20, 20)=   3.32911 SIGN.-LEVEL =            0.00490
-----------------------------------------------------------------------

AUTOCOR.-COEFF 1.ORDER :    0.40829   SIGN.LEVEL.:             0.00218

CONFIDENCE-INTERVALS FOR VARIANCE AND STD.ERR. OF THE RESIDUALS:
  P(     0.03964 <=     VAR(RES)   <=     0.09055 )= 0.95
  P(     0.19909 <= STD.ERR.(RES) <=      0.30092 )= 0.95
-----------------------------------------------------------------------

ZEROTEST (TEST ON ZERO FOR ALL PARAMETERS EXEPT CONSTANT TERM):
  F(  5, 46)=             170.40104   SIGN.LEVEL=                 0.0
-----------------------------------------------------------------------
```

PLOT OF DEPENDENT VARIABLE IN EQUAT. UR (EMPIRICAL (*), FITTED (+))

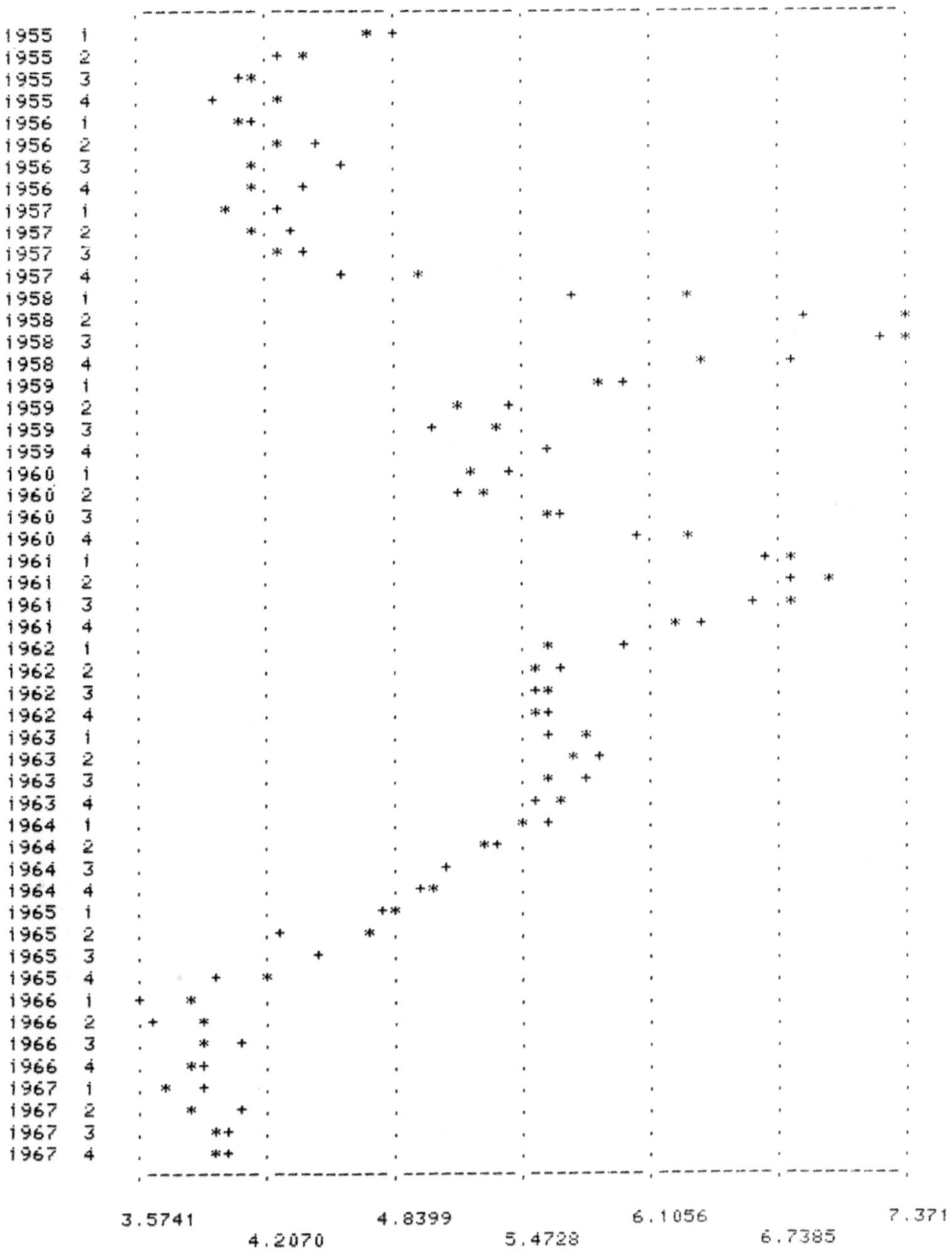

EMPIRICAL	FITTED	RESIDUALS	-2 -1 0 1 2STD		
0.473780E+01	0.483654E+01	-0.987414E-01	. . * I . .	1955	1
0.439230E+01	0.425270E+01	0.139605E+00	. . I * . .	1955	2
0.416930E+01	0.409895E+01	0.703455E-01	. . I* . .	1955	3
0.427000E+01	0.394178E+01	0.328220E+00	. . I . * .	1955	4
0.408210E+01	0.417534E+01	-0.932401E-01	. . * I . .	1956	1
0.426510E+01	0.443680E+01	-0.171705E+00	. . * I . .	1956	2
0.417530E+01	0.459164E+01	-0.416339E+00	.* . I . .	1956	3
0.416240E+01	0.442175E+01	-0.259350E+00	. * I . .	1956	4
0.400190E+01	0.429224E+01	-0.290340E+00	. *. I . .	1957	1
0.413570E+01	0.433755E+01	-0.201855E+00	. .* I . .	1957	2
0.427370E+01	0.438361E+01	-0.109911E+00	. . * I . .	1957	3
0.496800E+01	0.459937E+01	0.368628E+00	. . I . * .	1957	4
0.628810E+01	0.575113E+01	0.536970E+00	. . I . +	1958	1
0.737140E+01	0.689248E+01	0.478921E+00	. . I . +	1958	2
0.735310E+01	0.725555E+01	0.975498E-01	. . I * . .	1958	3
0.638470E+01	0.683139E+01	-0.446685E+00	.* . I . .	1958	4
0.583790E+01	0.596651E+01	-0.128609E+00	. . * I . .	1959	1
0.514210E+01	0.540313E+01	-0.261028E+00	. * I . .	1959	2
0.532400E+01	0.502706E+01	0.296941E+00	. . I .* .	1959	3
0.562890E+01	0.561544E+01	0.134576E-01	. . * . .	1959	4
0.519040E+01	0.538944E+01	-0.199045E+00	. .* I . .	1960	1
0.527690E+01	0.516317E+01	0.113731E+00	. . I * . .	1960	2
0.560690E+01	0.568528E+01	-0.783830E-01	. . *I . .	1960	3
0.630140E+01	0.603883E+01	0.262570E+00	. . I * .	1960	4
0.679660E+01	0.667278E+01	0.123820E+00	. . I * . .	1961	1
0.700820E+01	0.682238E+01	0.185818E+00	. . I *. .	1961	2
0.679730E+01	0.658875E+01	0.208550E+00	. . I *. .	1961	3
0.621260E+01	0.637862E+01	-0.166017E+00	. . * I . .	1961	4
0.562800E+01	0.598827E+01	-0.360269E+00	. * . I . .	1962	1
0.554410E+01	0.564636E+01	-0.102258E+00	. . * I . .	1962	2
0.561070E+01	0.553970E+01	0.709952E-01	. . I* . .	1962	3
0.556170E+01	0.558462E+01	-0.229153E-01	. . * . .	1962	4
0.577660E+01	0.560784E+01	0.168764E+00	. . I * . .	1963	1
0.573960E+01	0.585466E+01	-0.115058E+00	. . * I . .	1963	2
0.557680E+01	0.577682E+01	-0.200022E+00	. .* I . .	1963	3
0.564710E+01	0.554612E+01	0.100985E+00	. . I * . .	1963	4
0.545610E+01	0.562745E+01	-0.171354E+00	. . * I . .	1964	1
0.528630E+01	0.534540E+01	-0.590961E-01	. . *I . .	1964	2
0.508280E+01	0.510999E+01	-0.271912E-01	. . * . .	1964	3
0.501800E+01	0.496128E+01	0.567231E-01	. . I* . .	1964	4
0.484740E+01	0.478436E+01	0.630391E-01	. . I* . .	1965	1
0.471630E+01	0.430104E+01	0.415258E+00	. . I . *.	1965	2
0.445580E+01	0.444719E+01	0.860895E-02	. . * . .	1965	3
0.420480E+01	0.395691E+01	0.247890E+00	. . I * .	1965	4
0.383000E+01	0.357414E+01	0.255859E+00	. . I * .	1966	1
0.390000E+01	0.365574E+01	0.244260E+00	. . I * .	1966	2
0.387000E+01	0.404959E+01	-0.179593E+00	. . * I . .	1966	3
0.380000E+01	0.388311E+01	-0.831099E-01	. . *I . .	1966	4
0.370000E+01	0.390293E+01	-0.202927E+00	. .* I . .	1967	1
0.383000E+01	0.407705E+01	-0.247051E+00	. * I . .	1967	2
0.393000E+01	0.402988E+01	-0.998802E-01	. . * I . .	1967	3
0.393000E+01	0.402766E+01	-0.976601E-01	. . * I . .	1967	4

```
=========================================================================
WIEDERZUGRIFF AUF MODELLFILE *USMODEL* UND DATENFILE *USDATA*
SCHAETZUNG DER PARAMETER DES PINDYCK-MODELLS NACH DER 3SLS-METHODE
MODEL : PINDYCK
EQUATION NAME: W
PERIOD : 1955  1 TO  1967  4  ,PERIODICITY:  4 ,METHOD: THREESLS
EQUATION :W
       = I1*P(T-3)
        +I2*YD(T-1)
        +I3*YD1
        +I4*UR(T-4)
        +I5*W(T-1)
        +ABSI
=========================================================================

PARAM-NAME     ESTIMATION      STD.-ERROR      T-STATISTIC  SIGN.LEVEL

I1                0.00691         0.00249          2.77193      0.0080
I2                0.00056         0.00021          2.69723      0.0097
I3                0.00074         0.00046          1.59188      0.1183
I4               -0.00586         0.00235         -2.49042      0.0164
I5                0.78768         0.07920          9.94512      0.0
ABSI             -0.43779         0.16018         -2.73306      0.0089
-------------------------------------------------------------------------


PARSTORE DONE



CONFIDENCE-INTERVALS:

  P(     0.00189 <= I1        <=      0.01193 ) = 0.95
  P(     0.00014 <= I2        <=      0.00098 ) = 0.95
  P(    -0.01059 <= I4        <=     -0.00112 ) = 0.95
  P(     0.62825 <= I5        <=      0.94710 ) = 0.95
  P(    -0.76022 <= ABSI      <=     -0.11535 ) = 0.95
  P(    -0.00019 <= I3        <=      0.00167 ) = 0.95
-------------------------------------------------------------------------

COEFF. OF DETERMINATION R**2=0.99997 ADJUSTED R**2 =           0.99997
DURBIN-WATSON( 52, 5)=          1.82528
SS RESIDUALS=                   0.00746 ESTIMATED  VAR(RES)=       0.00016
TEST ON HOMOSC.:F( 20, 20)=     1.40471 SIGN.-LEVEL =              0.22702
-------------------------------------------------------------------------

AUTOCOR.-COEFF 1.ORDER :    0.07744   SIGN.LEVEL.:                0.57783

CONFIDENCE-INTERVALS FOR VARIANCE AND STD.ERR. OF THE RESIDUALS:
  P(     0.00011 <=    VAR(RES)    <=     0.00026 )= 0.95
  P(     0.01058 <= STD.ERR.(RES) <=      0.01600 )= 0.95
-------------------------------------------------------------------------

ZEROTEST (TEST ON ZERO FOR ALL PARAMETERS EXEPT CONSTANT TERM):
  F(  5, 46)=          10082.09433   SIGN.LEVEL=                  0.0
-------------------------------------------------------------------------
```

PLOT OF DEPENDENT VARIABLE IN EQUAT. W (EMPIRICAL (*), FITTED (+))

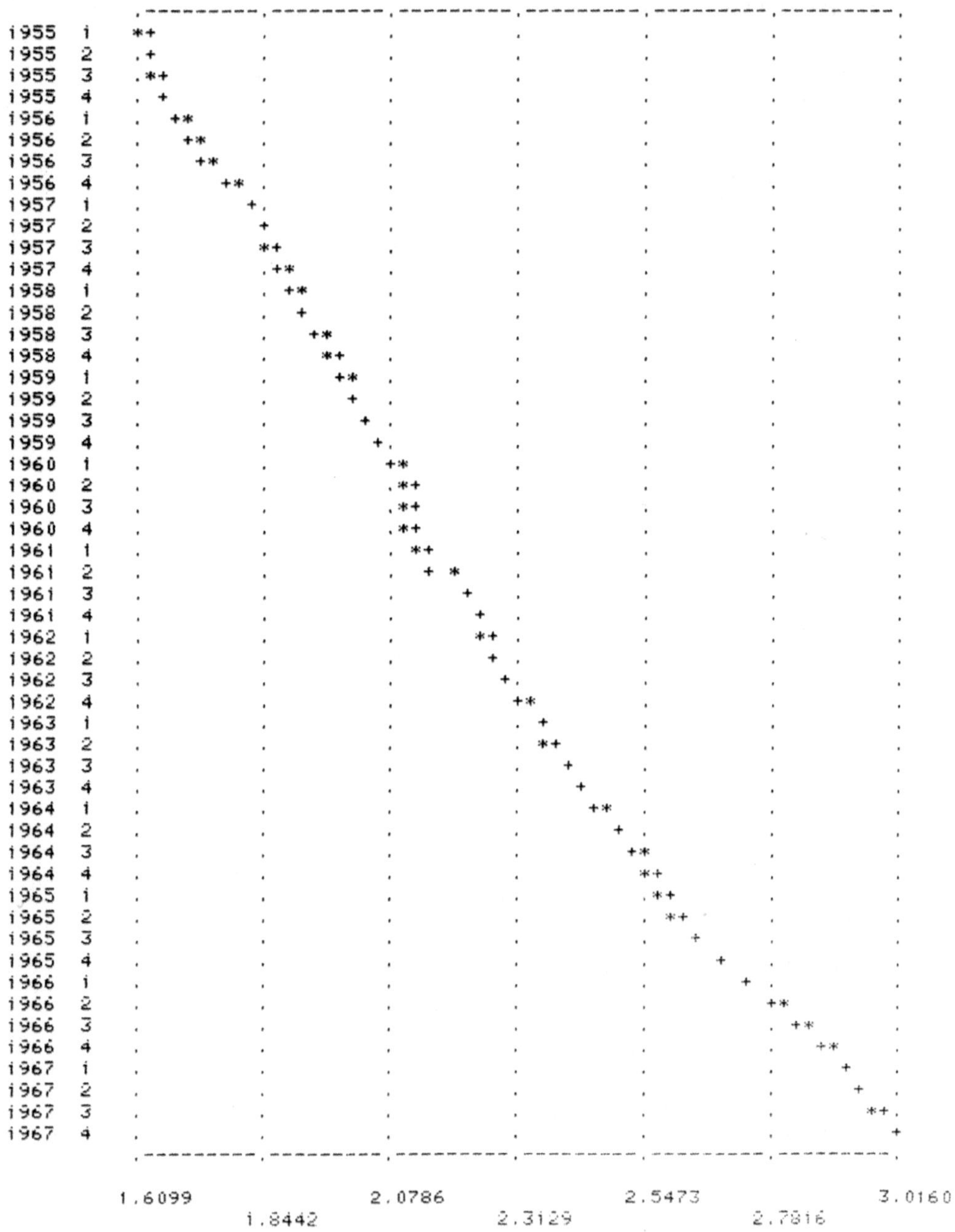

EMPIRICAL	FITTED	RESIDUALS	-2 -1 0 1 2STD		
0.160986E+01	0.162201E+01	-0.121492E-01	. * I . .	1955	1
0.164004E+01	0.162551E+01	0.145252E-01	. . I .* .	1955	2
0.164405E+01	0.165328E+01	-0.922604E-02	. . * I . .	1955	3
0.165781E+01	0.166655E+01	-0.874355E-02	. . * I . .	1955	4
0.169251E+01	0.168116E+01	0.113532E-01	. . I *. .	1956	1
0.171861E+01	0.171253E+01	0.608136E-02	. . I * . .	1956	2
0.174463E+01	0.173828E+01	0.634685E-02	. . I * . .	1956	3
0.179293E+01	0.176849E+01	0.244380E-01	. . I . +	1956	4
0.181605E+01	0.181298E+01	0.307006E-02	. . I* . .	1957	1
0.183741E+01	0.183912E+01	-0.170719E-02	. . * . .	1957	2
0.185328E+01	0.186500E+01	-0.117204E-01	. .* I . .	1957	3
0.188049E+01	0.187930E+01	0.119459E-02	. . * . .	1957	4
0.190538E+01	0.190018E+01	0.520498E-02	. . I * . .	1958	1
0.191875E+01	0.192581E+01	-0.705622E-02	. . * I . .	1958	2
0.195065E+01	0.194456E+01	0.608960E-02	. . I * . .	1958	3
0.197253E+01	0.197614E+01	-0.361090E-02	. . *I . .	1958	4
0.200016E+01	0.199361E+01	0.654625E-02	. . I * . .	1959	1
0.200563E+01	0.201878E+01	-0.131542E-01	. * I . .	1959	2
0.202378E+01	0.202205E+01	0.172874E-02	. . * . .	1959	3
0.204813E+01	0.205085E+01	-0.271751E-02	. . *I . .	1959	4
0.209157E+01	0.208037E+01	0.111986E-01	. . I *. .	1960	1
0.209620E+01	0.211946E+01	-0.232608E-01	.* . I . .	1960	2
0.209971E+01	0.212256E+01	-0.228510E-01	.* . I . .	1960	3
0.211315E+01	0.212496E+01	-0.118099E-01	. .* I . .	1960	4
0.212284E+01	0.214065E+01	-0.178085E-01	. * . I . .	1961	1
0.218565E+01	0.215661E+01	0.290382E-01	. . I . +	1961	2
0.220853E+01	0.221304E+01	-0.450568E-02	. . *I . .	1961	3
0.223679E+01	0.223334E+01	0.345156E-02	. . I* . .	1961	4
0.223845E+01	0.225599E+01	-0.175433E-01	. * . I . .	1962	1
0.227000E+01	0.225910E+01	0.109011E-01	. . I *. .	1962	2
0.229783E+01	0.229246E+01	0.536519E-02	. . I * . .	1962	3
0.233342E+01	0.232316E+01	0.102593E-01	. . I *. .	1962	4
0.234816E+01	0.235690E+01	-0.874291E-02	. . * I . .	1963	1
0.236841E+01	0.237208E+01	-0.366875E-02	. . *I . .	1963	2
0.239928E+01	0.239533E+01	0.395440E-02	. . I* . .	1963	3
0.243011E+01	0.242495E+01	0.515834E-02	. . I * . .	1963	4
0.247352E+01	0.245429E+01	0.192333E-01	. . I . * .	1964	1
0.249554E+01	0.249488E+01	0.657741E-03	. . * . .	1964	2
0.253683E+01	0.252245E+01	0.143761E-01	. . I * .	1964	3
0.255823E+01	0.255987E+01	-0.164333E-02	. . * . .	1964	4
0.257121E+01	0.259102E+01	-0.198054E-01	. * . I . .	1965	1
0.259853E+01	0.260914E+01	-0.106066E-01	. .* I . .	1965	2
0.264187E+01	0.264174E+01	0.129074E-03	. . * . .	1965	3
0.268385E+01	0.269007E+01	-0.622039E-02	. . * I . .	1965	4
0.272997E+01	0.273240E+01	-0.242947E-02	. . *I . .	1966	1
0.279537E+01	0.277077E+01	0.246008E-01	. . I . +	1966	2
0.284316E+01	0.283022E+01	0.129390E-01	. . I * .	1966	3
0.289141E+01	0.287888E+01	0.125340E-01	. . I * .	1966	4
0.292000E+01	0.292459E+01	-0.458593E-02	. . *I . .	1967	1
0.294300E+01	0.295561E+01	-0.126107E-01	. * I . .	1967	2
0.297000E+01	0.298352E+01	-0.135226E-01	. * I . .	1967	3
0.301600E+01	0.301518E+01	0.815572E-03	. . * . .	1967	4

MATRIX B OF THE STRUCTURAL FORM: B*Y+GAMMA*X=U

1	0.10000E+01	0.0	0.0	0.0	0.0
	0.0	0.0	0.0	0.0	-0.44340E+00
	0.0	0.0	0.0	0.23029E+01	0.0
2	0.0	0.10000E+01	0.0	0.0	0.0
	0.0	0.0	0.0	0.0	0.0
	0.0	-0.14074E+00	0.0	0.0	0.0
3	0.0	0.0	0.10000E+01	0.0	0.0
	0.0	0.0	0.0	0.0	-0.85974E-02
	0.0	0.0	0.0	0.0	0.0
4	0.0	0.0	0.0	0.10000E+01	0.0
	0.0	0.0	0.0	0.0	-0.98857E-02
	0.0	0.0	-0.25591E+00	0.0	0.14194E+00
5	0.0	0.0	0.0	0.0	0.10000E+01
	0.0	0.0	0.0	0.0	-0.31730E-02
	0.0	-0.42505E-01	0.0	-0.65012E+00	0.0
6	0.0	0.0	0.0	0.0	-0.34398E-01
	0.10000E+01	0.0	0.0	0.0	0.0
	0.0	0.0	-0.44492E-02	0.0	0.0
7	0.0	0.0	0.0	0.0	0.0
	0.0	0.10000E+01	0.0	0.0	0.13424E-01
	0.0	0.0	0.0	0.0	0.0
8	0.0	0.0	0.0	0.0	0.0
	0.0	0.0	0.10000E+01	0.0	0.0
	0.0	0.23349E-01	0.0	0.0	0.0
9	0.0	0.0	0.0	0.0	0.0
	0.0	0.0	0.0	0.10000E+01	0.0
	0.0	-0.73658E-03	0.0	0.0	0.0
10	-0.85000E+00	0.0	-0.85000E+00	-0.85000E+00	0.0
	0.0	0.0	0.0	0.0	0.10000E+01
	-0.85000E+00	0.0	0.0	0.0	0.0
11	0.0	-0.10000E+01	0.0	0.0	0.0
	0.0	0.0	0.0	0.0	0.0
	0.10000E+01	0.0	0.0	0.0	0.0
12	0.0	0.0	0.0	0.0	0.0
	0.0	0.0	0.0	0.0	-0.10000E+01
	0.0	0.10000E+01	0.0	0.0	0.0
13	0.0	0.0	0.0	0.0	0.0
	0.0	0.0	0.0	0.0	0.0
	0.0	-0.10000E+01	0.10000E+01	0.0	0.0
14	0.0	0.0	0.0	0.0	0.0
	0.0	-0.10000E+01	0.0	0.0	0.0
	0.0	0.0	0.0	0.10000E+01	0.0
15	-0.10000E+01	0.0	0.0	0.0	0.0
	0.0	0.0	0.0	0.0	0.0
	0.0	0.0	0.0	0.0	0.10000E+01

INVERSE OF MATRIX B

1	0.21486E+01	0.13386E+01	0.13386E+01	0.13386E+01	0.0
	0.0	-0.49481E+01	0.0	0.0	0.15748E+01
	0.13386E+01	0.53096E+00	0.34256E+00	-0.49481E+01	-0.18999E+00
2	0.34082E+00	0.13972E+01	0.39720E+00	0.39720E+00	0.0
	0.0	-0.78490E+00	0.0	0.0	0.46730E+00
	0.39720E+00	0.29830E+00	0.10165E+00	-0.78490E+00	-0.56377E-01
3	0.20819E-01	0.24263E-01	0.10243E+01	0.24263E-01	0.0
	0.0	-0.47946E-01	0.0	0.0	0.28545E-01
	0.24263E-01	0.96242E-02	0.62093E-02	-0.47946E-01	-0.34438E-02
4	0.33870E+00	0.56013E+00	0.56013E+00	0.15601E+01	0.0
	0.0	-0.77999E+00	0.0	0.0	0.65898E+00
	0.56013E+00	0.47809E+00	0.39926E+00	-0.77999E+00	-0.22144E+00
5	0.89481E-01	0.10428E+00	0.10428E+00	0.10428E+00	0.10000E+01
	0.0	0.44405E+00	0.0	0.0	0.12268E+00
	0.10428E+00	0.83869E-01	0.26687E-01	0.44405E+00	-0.14801E-01
6	0.13852E-01	0.16143E-01	0.16143E-01	0.16143E-01	0.34398E-01
	0.10000E+01	-0.95375E-02	0.0	0.0	0.18992E-01
	0.16143E-01	0.12315E-01	0.85805E-02	-0.95375E-02	-0.22913E-02
7	-0.32507E-01	-0.37884E-01	-0.37884E-01	-0.37884E-01	0.0
	0.0	0.10749E+01	0.0	0.0	-0.44569E-01
	-0.37884E-01	-0.15027E-01	-0.96949E-02	0.74861E-01	0.53770E-02
8	-0.56543E-01	-0.65895E-01	-0.65895E-01	-0.65895E-01	0.0
	0.0	0.13021E+00	0.10000E+01	0.0	-0.77524E-01
	-0.65895E-01	-0.49487E-01	-0.16864E-01	0.13021E+00	0.93529E-02
9	0.17837E-02	0.20788E-02	0.20788E-02	0.20788E-02	0.0
	0.0	-0.41078E-02	0.0	0.10000E+01	0.24456E-02
	0.20788E-02	0.15611E-02	0.53198E-03	-0.41078E-02	-0.29505E-03
10	0.24216E+01	0.28222E+01	0.28222E+01	0.28222E+01	0.0
	0.0	-0.55768E+01	0.0	0.0	0.33202E+01
	0.28222E+01	0.11194E+01	0.72223E+00	-0.55768E+01	-0.40056E+00
11	0.34082E+00	0.13972E+01	0.39720E+00	0.39720E+00	0.0
	0.0	-0.78490E+00	0.0	0.0	0.46730E+00
	0.13972E+01	0.29830E+00	0.10165E+00	-0.78490E+00	-0.56377E-01
12	0.24216E+01	0.28222E+01	0.28222E+01	0.28222E+01	0.0
	0.0	-0.55768E+01	0.0	0.0	0.33202E+01
	0.28222E+01	0.21194E+01	0.72223E+00	-0.55768E+01	-0.40056E+00
13	0.24216E+01	0.28222E+01	0.28222E+01	0.28222E+01	0.0
	0.0	-0.55768E+01	0.0	0.0	0.33202E+01
	0.28222E+01	0.21194E+01	0.17222E+01	-0.55768E+01	-0.40056E+00
14	-0.32507E-01	-0.37884E-01	-0.37884E-01	-0.37884E-01	0.0
	0.0	0.10749E+01	0.0	0.0	-0.44569E-01
	-0.37884E-01	-0.15027E-01	-0.96949E-02	0.10749E+01	0.53770E-02
15	0.21486E+01	0.13386E+01	0.13386E+01	0.13386E+01	0.0
	0.0	-0.49481E+01	0.0	0.0	0.15748E+01
	0.13386E+01	0.53096E+00	0.34256E+00	-0.49481E+01	0.81001E+00

MATRIX GAMMA OF THE STRUCTURAL FORM

1	0.24779E+00	-0.11446E+02	-0.64765E+00	-0.73747E+01	0.0
	0.0	0.0	0.0	0.0	0.0
	0.0	0.0	0.0	0.0	0.0
	0.0	0.0	0.0	0.0	0.0
	0.0	0.0	0.0		
2	0.0	0.0	0.0	0.0	-0.62091E-01
	0.11788E+01	-0.26712E+00	0.39733E-02	0.0	0.0
	0.0	0.0	0.0	0.0	0.0
	0.0	0.0	0.0	0.0	0.0
	0.0	0.0	0.0		
3	0.0	0.0	0.0	-0.30804E+01	0.0
	0.0	0.0	0.0	0.45824E+00	-0.81032E+00
	0.0	0.0	0.0	0.0	0.0
	0.0	0.0	0.0	0.0	0.0
	0.0	0.0	0.0		
4	0.0	0.0	0.0	0.28946E+01	0.0
	0.0	0.0	0.0	0.0	0.0
	-0.40904E+00	0.0	0.0	0.0	0.0
	0.0	0.0	0.0	0.0	0.0
	0.0	0.0	0.0		
5	0.0	0.0	0.0	0.71822E+00	0.0
	0.0	0.0	0.0	0.0	0.0
	0.0	0.12250E+00	-0.64154E+00	0.0	0.0
	0.0	0.0	0.0	0.0	0.0
	0.0	0.0	0.0		
6	0.0	0.0	0.0	-0.27989E+00	0.0
	0.0	0.0	0.0	0.0	0.0
	0.0	0.0	0.0	-0.90246E+00	0.0
	0.0	0.0	0.0	0.0	0.0
	0.0	0.0	0.0		
7	0.0	-0.19722E+01	0.0	-0.16433E+01	0.0
	0.0	0.0	0.0	0.0	0.0
	0.0	0.0	0.0	0.0	-0.27799E-01
	0.21529E-01	-0.10096E+01	0.0	0.0	0.0
	0.0	0.0	0.0		
8	0.0	-0.20889E+00	0.0	-0.86895E+00	0.0
	0.0	0.0	0.0	0.0	0.0
	0.0	0.0	0.0	0.0	0.11686E-01
	0.0	0.0	0.39154E-01	-0.77129E+00	0.0
	0.0	0.0	0.0		
9	-0.56049E-03	-0.78768E+00	0.0	0.43779E+00	0.0
	0.0	0.0	0.0	0.0	0.0
	0.0	0.0	0.0	0.0	0.0
	0.0	0.0	0.0	0.0	-0.69121E-02
	0.58587E-02	0.0	0.0		

Fortsetzung Matrix GAMMA

10	0.0	0.0	0.0	0.0	0.0
	0.0	0.0	0.0	0.0	0.0
	0.0	0.0	0.0	0.0	0.0
	0.0	0.0	0.0	0.0	0.0
	0.0	-0.85000E+00	0.0		
11	0.0	0.0	0.0	0.0	0.0
	0.0	-0.10000E+01	-0.10000E+01	0.0	0.0
	0.0	0.0	0.0	0.0	0.0
	0.0	0.0	0.0	0.0	0.0
	0.0	0.0	0.0		
12	0.10000E+01	0.0	0.0	0.0	0.0
	0.0	0.0	0.0	0.0	0.0
	0.0	0.0	0.0	0.0	0.0
	0.0	0.0	0.0	0.0	0.0
	0.0	0.0	0.0		
13	0.0	0.0	0.0	0.0	0.0
	0.0	0.0	0.0	0.0	0.0
	0.0	0.0	0.0	0.0	0.0
	0.0	0.0	-0.10000E+01	0.0	0.0
	0.0	0.0	0.0		
14	0.0	0.0	0.0	0.0	0.0
	0.0	0.0	0.0	0.0	0.0
	0.0	0.0	0.0	0.0	0.0
	0.0	0.10000E+01	0.0	0.0	0.0
	0.0	0.0	0.0		
15	0.0	0.0	0.0	0.0	0.0
	0.0	0.0	0.0	0.0	0.0
	0.0	0.0	0.0	0.0	0.0
	0.0	0.0	0.0	0.0	0.0
	0.0	0.0	0.10000E+01		

MATRIX PI=-(B**-1)*GAMMA OF THE REDUCED FORM: Y=PI*X-(B**-1)*U

1	-0.10634E+01	0.14835E+02	0.13915E+01	0.79630E+01	0.83113E-01
	-0.15780E+01	0.16961E+01	0.13333E+01	-0.61340E+00	0.10847E+01
	0.54753E+00	0.0	0.0	0.0	-0.13755E+00
	0.10653E+00	-0.47553E-01	0.34256E+00	0.0	0.0
	0.0	0.13386E+01	0.18999E+00		
2	-0.38275E+00	0.23532E+01	0.22073E+00	0.12975E+01	0.86753E-01
	-0.16471E+01	0.77042E+00	0.39165E+00	-0.18201E+00	0.32186E+00
	0.16247E+00	0.0	0.0	0.0	-0.21819E-01
	0.16898E-01	-0.75431E-02	0.10165E+00	0.0	0.0
	0.0	0.39720E+00	0.56377E-01		
3	-0.14783E-01	0.14375E+00	0.13484E-01	0.31596E+01	0.15065E-02
	-0.28603E-01	0.30744E-01	0.24167E-01	-0.46936E+00	0.82999E+00
	0.99246E-02	0.0	0.0	0.0	-0.13328E-02
	0.10322E-02	-0.46078E-03	0.62093E-02	0.0	0.0
	0.0	0.24263E-01	0.34438E-02		
4	-0.56202E+00	0.23385E+01	0.21936E+00	-0.15745E+01	0.34779E-01
	-0.66031E+00	0.70975E+00	0.55791E+00	-0.25668E+00	0.45389E+00
	0.63815E+00	0.0	0.0	0.0	-0.21683E-01
	0.16793E-01	-0.74960E-02	0.39926E+00	0.0	0.0
	0.0	0.56013E+00	0.22144E+00		
5	-0.10604E+00	0.19000E+01	0.57952E-01	0.69074E+00	0.64749E-02
	-0.12293E+00	0.13214E+00	0.10387E+00	-0.47786E-01	0.84502E-01
	0.42655E-01	-0.12250E+00	0.64154E+00	0.0	0.12344E-01
	-0.95602E-02	0.42675E-02	0.26687E-01	0.0	0.0
	0.0	0.10428E+00	0.14801E-01		
6	-0.15747E-01	0.13975E+00	0.89712E-02	0.34467E+00	0.10023E-02
	-0.19030E-01	0.20455E-01	0.16079E-01	-0.73976E-02	0.13081E-01
	0.66032E-02	-0.42136E-02	0.22068E-01	0.90246E+00	-0.26513E-03
	0.20534E-03	-0.91658E-04	0.85805E-02	0.0	0.0
	0.0	0.16143E-01	0.22913E-02		
7	0.23082E-01	0.17478E+01	-0.21053E-01	0.15195E+01	-0.23522E-02
	0.44659E-01	-0.48003E-01	-0.37733E-01	0.17360E-01	-0.30698E-01
	-0.15496E-01	0.0	0.0	0.0	0.29880E-01
	-0.23141E-01	0.10103E+01	-0.96949E-02	0.0	0.0
	0.0	-0.37884E-01	-0.53770E-02		
8	0.63498E-01	-0.18151E+00	-0.36620E-01	0.65370E+00	-0.40915E-02
	0.77681E-01	-0.83497E-01	-0.65634E-01	0.30196E-01	-0.53397E-01
	-0.26954E-01	0.0	0.0	0.0	-0.80664E-02
	-0.28034E-02	0.12514E-02	-0.56018E-01	0.77129E+00	0.0
	0.0	-0.65895E-01	-0.93529E-02		
9	-0.14426E-02	0.79999E+00	0.11552E-02	-0.43100E+00	0.12907E-03
	-0.24505E-02	0.26340E-02	0.20705E-02	-0.95257E-03	0.16845E-02
	0.85029E-03	0.0	0.0	0.0	-0.11419E-03
	0.88438E-04	-0.39477E-04	0.53198E-03	0.0	0.69121E-02
	-0.58587E-02	0.20788E-02	0.29505E-03		

Fortsetzung Pi-Matrix

10	-0.17195E+01	0.16720E+02	0.15683E+01	0.92188E+01	0.17523E+00
	-0.33269E+01	0.35760E+01	0.28109E+01	-0.12932E+01	0.22869E+01
	0.11544E+01	0.0	0.0	0.0	-0.15503E+00
	0.12006E+00	-0.53595E-01	0.72223E+00	0.0	0.0
	0.0	0.28222E+01	0.40056E+00		
11	-0.38275E+00	0.23532E+01	0.22073E+00	0.12975E+01	0.86753E-01
	-0.16471E+01	0.17704E+01	0.13917E+01	-0.18201E+00	0.32186E+00
	0.16247E+00	0.0	0.0	0.0	-0.21819E-01
	0.16898E-01	-0.75431E-02	0.10165E+00	0.0	0.0
	0.0	0.39720E+00	0.56377E-01		
12	-0.27195E+01	0.16720E+02	0.15683E+01	0.92188E+01	0.17523E+00
	-0.33269E+01	0.35760E+01	0.28109E+01	-0.12932E+01	0.22869E+01
	0.11544E+01	0.0	0.0	0.0	-0.15503E+00
	0.12006E+00	-0.53595E-01	0.72223E+00	0.0	0.0
	0.0	0.28222E+01	0.40056E+00		
13	-0.27195E+01	0.16720E+02	0.15683E+01	0.92188E+01	0.17523E+00
	-0.33269E+01	0.35760E+01	0.28109E+01	-0.12932E+01	0.22869E+01
	0.11544E+01	0.0	0.0	0.0	-0.15503E+00
	0.12006E+00	-0.53595E-01	0.17222E+01	0.0	0.0
	0.0	0.28222E+01	0.40056E+00		
14	0.23082E-01	0.17478E+01	-0.21053E-01	0.15195E+01	-0.23522E-02
	0.44659E-01	-0.48003E-01	-0.37733E-01	0.17360E-01	-0.30698E-01
	-0.15496E-01	0.0	0.0	0.0	0.29880E-01
	-0.23141E-01	0.10330E-01	-0.96949E-02	0.0	0.0
	0.0	-0.37884E-01	-0.53770E-02		
15	-0.10634E+01	0.14835E+02	0.13915E+01	0.79630E+01	0.83113E-01
	-0.15780E+01	0.16961E+01	0.13333E+01	-0.61340E+00	0.10847E+01
	0.54753E+00	0.0	0.0	0.0	-0.13755E+00
	0.10653E+00	-0.47553E-01	0.34256E+00	0.0	0.0
	0.0	0.13386E+01	-0.81001E+00		

STRUCTURAL FORM COVARIANCE MATRIX OF THE 2SLS-RESIDUALS (USED FOR 3SLS)

1	0.24886E+01	0.16609E+00	0.16536E+00	-0.17544E+01	-0.49949E-01
	-0.37900E-02	0.15196E-01	0.30200E-01	0.16224E-02	
2	0.16609E+00	0.56375E+00	0.42322E-01	-0.28472E+00	0.12457E-01
	0.77063E-02	-0.39414E-02	-0.32092E-01	-0.50877E-03	
3	0.16536E+00	0.42322E-01	0.56391E+00	-0.55780E+00	0.14625E-01
	0.34443E-01	0.22327E-02	-0.10283E-01	-0.19689E-02	
4	-0.17544E+01	-0.28472E+00	-0.55780E+00	0.46932E+01	0.50391E-01
	-0.98715E-03	0.82545E-01	-0.13041E+00	0.63065E-02	
5	-0.49949E-01	0.12457E-01	0.14625E-01	0.50391E-01	0.11071E+00
	0.90041E-02	-0.11216E-02	-0.96941E-02	0.37388E-03	
6	-0.37900E-02	0.77063E-02	0.34443E-01	-0.98715E-03	0.90041E-02
	0.17823E-01	0.44044E-02	-0.63087E-02	0.62528E-04	
7	0.15196E-01	-0.39414E-02	0.22327E-02	0.82545E-01	-0.11216E-02
	0.44044E-02	0.31170E-01	-0.12512E-01	0.45599E-03	
8	0.30200E-01	-0.32092E-01	-0.10283E-01	-0.13041E+00	-0.96941E-02
	-0.63087E-02	-0.12512E-01	0.49070E-01	-0.16004E-03	
9	0.16224E-02	-0.50877E-03	-0.19689E-02	0.63065E-02	0.37388E-03
	0.62528E-04	0.45599E-03	-0.16004E-03	0.14107E-03	

Auf die Ausgabe der Matrixelemente, die zu Identitäten gehören (Nullzeilen), wird verzichtet.

COVARIANCE-MATRIX OF THE STRUCTURAL-FORM RESIDUALS OF MODEL : PINDYCK

1	0.25506E+01	0.19389E+00	0.17959E+00	-0.23851E+01	-0.69368E-01
	0.12517E-02	0.17560E-01	0.21236E-01	0.13930E-02	0.0
	0.0	0.0	0.0	0.0	0.0
2	0.19389E+00	0.58268E+00	0.28404E-01	-0.22700E+00	0.58010E-02
	0.81451E-02	-0.29382E-02	-0.37911E-01	-0.21307E-03	0.0
	0.0	0.0	0.0	0.0	0.0
3	0.17959E+00	0.28404E-01	0.58620E+00	-0.73132E+00	0.68064E-02
	0.45326E-01	0.25200E-02	-0.12569E-01	-0.28601E-02	0.0
	0.0	0.0	0.0	0.0	0.0
4	-0.23851E+01	-0.22700E+00	-0.73132E+00	0.52738E+01	0.66968E-01
	-0.11727E-01	0.10468E+00	-0.15418E+00	0.80597E-02	0.0
	0.0	0.0	0.0	0.0	0.0
5	-0.69368E-01	0.58010E-02	0.68064E-02	0.66968E-01	0.11080E+00
	0.94035E-02	-0.23062E-02	-0.92939E-02	0.34774E-03	0.0
	0.0	0.0	0.0	0.0	0.0
6	0.12517E-02	0.81451E-02	0.45326E-01	-0.11727E-01	0.94035E-02
	0.17594E-01	0.38121E-02	-0.65901E-02	-0.81432E-05	0.0
	0.0	0.0	0.0	0.0	0.0
7	0.17560E-01	-0.29382E-02	0.25200E-02	0.10468E+00	-0.23062E-02
	0.38121E-02	0.31201E-01	-0.13927E-01	0.43903E-03	0.0
	0.0	0.0	0.0	0.0	0.0
8	0.21236E-01	-0.37911E-01	-0.12569E-01	-0.15418E+00	-0.92939E-02
	-0.65901E-02	-0.13927E-01	0.50780E-01	-0.18565E-03	0.0
	0.0	0.0	0.0	0.0	0.0
9	0.13930E-02	-0.21307E-03	-0.28601E-02	0.80597E-02	0.34774E-03
	-0.81432E-05	0.43903E-03	-0.18565E-03	0.14353E-03	0.0
	0.0	0.0	0.0	0.0	0.0
10	0.0	0.0	0.0	0.0	0.0
	0.0	0.0	0.0	0.0	0.0
	0.0	0.0	0.0	0.0	0.0
11	0.0	0.0	0.0	0.0	0.0
	0.0	0.0	0.0	0.0	0.0
	0.0	0.0	0.0	0.0	0.0
12	0.0	0.0	0.0	0.0	0.0
	0.0	0.0	0.0	0.0	0.0
	0.0	0.0	0.0	0.0	0.0
13	0.0	0.0	0.0	0.0	0.0
	0.0	0.0	0.0	0.0	0.0
	0.0	0.0	0.0	0.0	0.0
14	0.0	0.0	0.0	0.0	0.0
	0.0	0.0	0.0	0.0	0.0
	0.0	0.0	0.0	0.0	0.0
15	0.0	0.0	0.0	0.0	0.0
	0.0	0.0	0.0	0.0	0.0
	0.0	0.0	0.0	0.0	0.0

COVARIANCE-MATRIX OF THE REDUCED-FORM RESIDUALS OF MODEL : PINDYCK

1	0.74248E+01	0.23627E+01	0.30375E+00	0.17572E+01	0.35593E+00
	0.96757E-01	-0.11228E+00	-0.39457E+00	0.14914E-01	0.10071E+02
	0.23627E+01	0.10071E+02	0.10071E+02	-0.11228E+00	0.74248E+01
2	0.23627E+01	0.14441E+01	0.80397E-01	0.14662E+01	0.19670E+00
	0.49172E-01	-0.41112E-01	-0.20728E+00	0.52495E-02	0.45504E+01
	0.14441E+01	0.45504E+01	0.45504E+01	-0.41112E-01	0.23627E+01
3	0.30375E+00	0.80397E-01	0.58934E+00	-0.65170E+00	0.20058E-01
	0.48089E-01	0.24784E-03	-0.22811E-01	-0.25297E-02	0.27352E+00
	0.80397E-01	0.27352E+00	0.27352E+00	0.24784E-03	0.30375E+00
4	0.17572E+01	0.14662E+01	-0.65170E+00	0.92152E+01	0.55412E+00
	0.72743E-01	0.10205E-01	-0.48469E+00	0.18362E-01	0.10019E+02
	0.14662E+01	0.10019E+02	0.10019E+02	0.10205E-01	0.17572E+01
5	0.35593E+00	0.19670E+00	0.20058E-01	0.55412E+00	0.16286E+00
	0.25425E-01	0.11136E-01	-0.57284E-01	0.18928E-02	0.95779E+00
	0.19670E+00	0.95779E+00	0.95779E+00	0.11136E-01	0.35593E+00
6	0.96757E-01	0.49172E-01	0.48089E-01	0.72743E-01	0.25425E-01
	0.20456E-01	0.23178E-02	-0.15081E-01	0.26644E-03	0.22675E+00
	0.49172E-01	0.22675E+00	0.22675E+00	0.23178E-02	0.96757E-01
7	-0.11228E+00	-0.41112E-01	0.24784E-03	0.10205E-01	0.11136E-01
	0.23178E-02	0.30647E-01	-0.50702E-02	0.14821E-03	-0.12150E+00
	-0.41112E-01	-0.12150E+00	-0.12150E+00	0.30647E-01	-0.11228E+00
8	-0.39457E+00	-0.20728E+00	-0.22811E-01	-0.48469E+00	-0.57284E-01
	-0.15081E-01	-0.50702E-02	0.83269E-01	-0.12304E-02	-0.94295E+00
	-0.20728E+00	-0.94295E+00	-0.94295E+00	-0.50702E-02	-0.39457E+00
9	0.14914E-01	0.52495E-02	-0.25297E-02	0.18362E-01	0.18928E-02
	0.26644E-03	0.14821E-03	-0.12304E-02	0.17712E-03	0.30596E-01
	0.52495E-02	0.30596E-01	0.30596E-01	0.14821E-03	0.14914E-01
10	0.10071E+02	0.45504E+01	0.27352E+00	0.10019E+02	0.95779E+00
	0.22675E+00	-0.12150E+00	-0.94295E+00	0.30596E-01	0.21177E+02
	0.45504E+01	0.21177E+02	0.21177E+02	-0.12150E+00	0.10071E+02
11	0.23627E+01	0.14441E+01	0.80397E-01	0.14662E+01	0.19670E+00
	0.49172E-01	-0.41112E-01	-0.20728E+00	0.52495E-02	0.45504E+01
	0.14441E+01	0.45504E+01	0.45504E+01	-0.41112E-01	0.23627E+01
12	0.10071E+02	0.45504E+01	0.27352E+00	0.10019E+02	0.95779E+00
	0.22675E+00	-0.12150E+00	-0.94295E+00	0.30596E-01	0.21177E+02
	0.45504E+01	0.21177E+02	0.21177E+02	-0.12150E+00	0.10071E+02
13	0.10071E+02	0.45504E+01	0.27352E+00	0.10019E+02	0.95779E+00
	0.22675E+00	-0.12150E+00	-0.94295E+00	0.30596E-01	0.21177E+02
	0.45504E+01	0.21177E+02	0.21177E+02	-0.12150E+00	0.10071E+02
14	-0.11228E+00	-0.41112E-01	0.24784E-03	0.10205E-01	0.11136E-01
	0.23178E-02	0.30647E-01	-0.50702E-02	0.14821E-03	-0.12150E+00
	-0.41112E-01	-0.12150E+00	-0.12150E+00	0.30647E-01	-0.11228E+00
15	0.74248E+01	0.23627E+01	0.30375E+00	0.17572E+01	0.35593E+00
	0.96757E-01	-0.11228E+00	-0.39457E+00	0.14914E-01	0.10071E+02
	0.23627E+01	0.10071E+02	0.10071E+02	-0.11228E+00	0.74248E+01

A N H A N G VI

LISTE DER IM PROJEKTZEITRAUM ERSTELLTEN ARBEITSBERICHTE

Bericht Nr. 1/77:	J. Frohn u. H.Haas Übersicht über den Stand der Arbeiten - 36 S.
Bericht Nr. 2/77:	H. Brand: Das Programmsystem 'UPDATE' - 18 + 3o S.
Bericht Nr. 3/77:	B. Siekmann: Beschreibung der Unterprogramme GLSAUT und HETSK - 18 + 11 S.
Bericht Nr. 4/77:	H. Tschakert: Beschreibung der Unterprogramme zur OLS- und GLS-Schätzung unter Nebenbedingungen - 22 + 14 S.
Bericht Nr. 1/78:	J. Frohn u. H. Haas: Übersicht über den Stand des Projekts 'Computerunterstützte Ökonometrie-Ausbildung' - 1o S.
Bericht Nr. 2/78	H. Brand: Datenfluß und Kommandosprache - 3o S.

Bericht Nr. 3/78	H. Tschakert: Schätzverfahren und Formel- übersetzer - 116 S.
Bericht Nr. 4/78	B. Siekmann: Der Modellinterpreter im EPS - 16 S.
Bericht Nr. 5/78	Th. Garmhausen: Der Algorithmus zur Berechnung des Stütz- und Schätzbereichs - 12 S.
Bericht Nr. 6/78	J. Derschum: 1. Die Teststatistiken zu den Einzelgleichungsschätzungen 2. Die Subroutine READD - 29 S.
Bericht Nr. 1/79	H. Haas: Benutzerhandbuch der Version I des 'Econometric Program System' - 249 S.
Bericht Nr. 2/79	H. Tschakert: Parameterschätzung simultaner stochastischer linearer Glei- chungen - 18 S.
Bericht Nr. 3/79	D. Edler: Entwicklung eines Moduls zur Simulation linearer ökonome- trischer Modelle im Rahmen von EPS - 111 + IX S.

Bericht Nr. 4/79 H. Tschakert:

Benutzerhandbuch der Version II des 'Econometric Program System'
- 33 S.

L I T E R A T U R

[1] BELSLEY, D.A.: Estimation of Systems of Simultaneous Equations and Computational Specifications of GREMLIN.
In: Annals of Economic and Social Measurement, 1974, S. 551-614

[2] COCHRANE, D. u. ORCUTT, G.: Application of Least Squares Regressions to Relationships Containing Autocorrelated Error Terms.
In: JASA, Bd. 44, 1949, S. 32-61

[3] DURBIN, J.: Testing for Serial Correlation, when some of the Regressors are Lagged Dependent Variables.
In: Econometrica, Bd. 38, 197o, S. 41o-421

[4] FROHN, J.: Grundausbildung in Ökonometrie.
Berlin 198o

[5] GADD, A. u. WOLD, H.: The Janus Quotient. A Measure for the Accuracy of Prediction.
In: WOLD. H. (ed.), Econometric Model Building. 2. Ed. Amsterdam 1967, S. 229-235

[6] GOLDFELD, S.M. u. QUANDT, R.E.: Some Tests for Homoscedasticity.
In: JASA, Bd. 6o, 1965, S. 539-547

[7] HAAS, H.: Zur Entwicklung eines ökonometrischen Programmsystems. Diplomarbeit FU Berlin. Berlin 1974

[8] HAAS, H. u. ERBER, G.: An Econometric Program System - EPS. In: FERSCHL et al. (Hrsg.): COMPSTAT 74. Proceedings in Computational Statistics. Würzburg 1974

[9] JORGENSON,D., HUNTER,J. u. NADIRI,M.: The Predictive Performance of Econometric Models of Quarterly Investment Behaviour. In: Econometrica, Bd. 38,197o, S. 213-224

[1o] KMENTA, J.: Elements of Econometrics. New York 1971

[11] SCHÖNFELD,P.: Methoden der Ökonometrie. Bd. I. Berlin 1969

[12] STOER,J.: Einführung in die numerische Mathematik I. Berlin 1972

[13] THEIL,H.: Economic Forecasts and Policy. 2. Ed. Amsterdam 197o

[14] TSCHAKERT,H.: Parameterschätzung simultaner stochastischer Gleichungen. Bericht Nr. 2/1979 zum Forschungsprojekt "Computerunterstützte Ökonometrie-Ausbildung". Bielefeld 1979

GPSR Compliance

The European Union's (EU) General Product Safety Regulation (GPSR) is a set of rules that requires consumer products to be safe and our obligations to ensure this.

If you have any concerns about our products, you can contact us on ProductSafety@springernature.com

In case Publisher is established outside the EU, the EU authorized representative is:

Springer Nature Customer Service Center GmbH
Europaplatz 3
69115 Heidelberg, Germany

Batch number: 10809636

Printed by Printforce, the Netherlands